Sous la direction de Georges Masclet

Ecoles et Management

Le Management à l'école
par Georges Masclet

Psychologie des Organisations, psychologie scolaire
par Jean-Claude Guillemard

L'activité de travail des enseignants
par Francis Six

Les rythmes scolaires
par Claire Leconte-Lambert

Le stress des élèves
par Stéphane Rusinek

Aubin, éditeur

L'objectif de cet ouvrage est de fournir aux responsables des écoles et aux psychologues scolaires, s'ils ne le se sont pas procurés par d'autres voies, des outils pour comprendre le management et l'organisation des lieux où ils travaillent. Pourquoi ?
L'Education Nationale dans sa globalité reste une institution d'Etat mais les écoles de quartiers et de villages sont des organisations qu'il faut appréhender comme telles. Les directeurs d'écoles maternelles et élémentaires qui n'ont pas toujours une culture managériale solide, et c'est bien dommage, savent que les résistances et les rapports de forces y sont bien présents.
La méconnaissance du management par les leaders institués que sont les directeurs, et le peu de considération pour cette approche voire sa négation par les psychologues a de quoi surprendre. En effet, la réussite d'un maximum d'enfants confiés à l'Ecole reste, au moins dans les déclarations des responsables, l'objectif principal de l'Institution. Pourtant, la manière de traiter cet objectif ignore complètement le point de vue managérial.

Par comparaison avec l'entreprise, tout se passe comme si les mauvais rendements étaient imputés de façon unique soit à la nature de la matière première, soit à sa provenance, soit encore à la compétence des opérateurs... Sans oublier que si ces éléments sont fondamentaux, leur traitement relève aussi d'un management efficace. Face à l'origine des enfants, leur qualité, la compétence des maîtres, les directeurs auraient à adopter des stratégies managériales différenciées. Or ça, ils sont dans l'impossibilité de le concevoir dans une perspective de rationalité décidée. Au mieux, un senti adaptatif empirique et expérientiel préside à leur orientation décisionnelle. Cette procédure est aggravée dans son opérationalité et son efficacité par le fait que ces responsables n'ont pas de réels pouvoirs institutionnalisés.

Quant aux psychologues scolaires, longtemps formés à la psychométrie, à la clinique et à la psychologie des apprentissages, leurs préoccupations se sont peu portées jusqu'alors sur les problèmes de l'organisation. Attitude renforcée par certains travaux cognitivistes, selon lesquels un individu adapté pourrait s'accommoder de n'importe quel milieu. A la différence, le psychologue des entreprises, s'il ne néglige pas l'individu, son poste de travail et sa hiérarchie immédiate, a à cœur de considérer le point de vue organisationnel général. Le psychologue scolaire ne devrait pas agir autrement. Comment ignorer dans la réussite des élèves les troubles organisationnels ? Peut-on faire abstraction des conflits ouverts ou latents de l'organisation ?
Peut-on continuer à faire comme si ceux-ci n'avaient aucune répercussion sur le comportement des élèves ?
Peut-on oublier qu'un turn-over important d'enseignants fait perdre aux élèves leurs repères les plus solides ? Peut-on nier que des élèves qui n'ont pas accès aux salles de sport développent un schéma corporel différent de ceux qui y sont deux à trois heures par jour ?
Une approche plus holistique des problèmes que peut rencontrer un enfant et notamment, la compréhension du fonctionnement de l'école qu'il fréquente s'avère nécessaire pour que les solutions envisagées aient des chances d'aboutir.
A quoi sert-il de déployer l'arsenal des outils du psychologue, de rencontrer les parents, de dialoguer avec les enseignants, de construire des projets... si le management ne suit pas ?
Combien de psychologues, mais aussi d' inspecteurs, de directeurs, de conseillers pédagogiques sortis ravis d'une école, satisfaits de la semaine de travail avec les enseignants, fiers d'un projet qu'ils croyaient exceptionnel se sont trouvés déconfits, déçus, effondrés de l'accueil qu'ils recevaient de l'équipe au moment où il fallait passer aux actes. Comment ne pas avoir prévu ces lobbies qui allaient se dresser ? Comment ne pas avoir anticipé cette levée de boucliers des parents manipulés par quelques collègues influents ? Pourquoi ne pas avoir pensé que le syndicat pouvait mettre un véto contraire aux acquis des personnels ? Autant d'obstacles, de résistances, d'incompréhensions que tout responsable a rencontrés dans les écoles qu'il pensait pouvoir coacher efficacement.
Rien n'est simple quand il s'agit de manager, tout est important, surtout le détail. Celui qui veut driver une école en oubliant la maman qui a ses enfants à récupérer à 17h risque fort d'être surpris quand il va vouloir mettre en application les différents points du projet.
Une idée fréquente chez les hauts fonctionnaires et même au Ministère de l'Education Nationale est que pour pallier les résistances, il faut être de la « maison ». Tous les cadres de l'institution sont issus du rang. Cela n'est pas un problème en soi, et l'intention est même louable. Chacun sait qu'en management la mobilité est un atout. Le problème est donc bien que les managers reçoivent une formation interne. Les futurs cadres se refilent leur

« marotte » La culture « Maison » s'entretient. Et chacun connaît les projets d'écoles ficelés en catimini par le directeur à partir de « déjà réalisés ». Ils répondent aux attentes des circulaires et masquent les problèmes de fond de l'établissement.
Les hiérarchies intermédiaires s'étonnent parfois de constater une déstabilisation complète d'un groupe scolaire après le départ d'un directeur.
Ils ignorent ou dénient les équilibres que ce dernier arrivait à maintenir au prix parfois d'un horaire démentiel, de compromis limites voire d'une altération de sa santé...
Si la solution de la promotion des cadres à l'interne est une dimension qui peut être gardée, la formation de ces derniers doit être réelle.
Le management n'est pas une affaire de ressenti ou de déjà vécu. L'approche managériale ne peut pas rester une affaire de pragmatisme sensible. Si l'on veut éviter le stress d'une profession qui a fait la gloire de notre nation, il faut donner une réelle conscience managériale aux cadres de nos écoles et particulièrement aux psychologues.
Ces derniers, même sur l'injonction des précédents doivent arrêter les batteries de tests à répétition, les entretiens sans fondement, les visites aux institutions sans objet. Combien de dossiers d'élèves arrivent en C.C.P.E. (Commission de Circonscription pour l'Enseignement pré-scolaire et Elémentaire) parce que les enseignants ne savent à qui s'adresser quand ils ont des problèmes ? Combien de signalements d'enfants pourraient être écartés et de stigmatisations évitées, avec un management conscientisé. C'est cette idée surtout que nous présentons dans l'ouvrage qui suit. Les outils de la psychologie des organisations existent pour répondre aux questions préalablement posées. Leur adéquation nécessite encore des recherches et des expérimentations. Quelques unes de ces interrogations seront d'ailleurs reprises dans cet ouvrage.
Celui-ci, utilisé sans une clef de lecture, pourrait apparaître décousu tant les exposés sont divers et relatifs à des champs théoriques différents. Son unité réside dans le fait que les écoles doivent se manager...
Les théories du management en général ont puisé à différentes sources, ainsi Taylor (1909) a emprunté, au moins dans l'idée, au béhaviorisme, Weber (1971) s'est appuyé sur l'ethnologie et la sociologie. Lewin (1972) a créé la psychologie sociale, Maslow (1954) s'est inspiré de la psychologie de la motivation, Argyris (1970) à la pensée systémique et l'on est revenu à la sociologie par la micro-sociologie avec Sainsaulieu (1995). Nous ne dévoyons donc pas la pensée managériale, en allant chercher, dans divers champs de la psychologie, les moyens de construire les rapports « organisation et écoles ».
Ces champs théoriques quels sont-ils ?
Un premier texte rédigé par G. Masclet nous plonge d'entrée dans ces petites entités organisationnelles que sont les écoles. Insistant sur le fait que l'Ecole ne peut qu'être administrée, puisqu'elle est un lieu d'enjeux

idéologiques , les petites organisations scolaires qui la constituent, doivent être managées parce qu'elles sont les lieux de rencontres humaines extraordinaires, lieux de vie où se nouent et se dénouent des intrigues, des passions, des drames, des joies... Et plus nos liens sociaux se délitent, plus les interactions sociales y sont fortes. Preuve sans doute que la frénésie républicaine y est encore bien présente et que l'agora d'aujourd'hui s'y trouve en gestation. L'auteur ne va pas plus loin dans le développement idéologique. Grâce à : l'analyse systémique des organisations, à l'analyse stratégique et à l'analyse culturelle il peint l'atmosphère des écoles et rend pratique l'utilisation de ces outils. L'objet de l'article n'est pas de changer ce qui se passe comme essaie souvent de le faire la sociologie. Il s'agit ici de comprendre la scène que jouent les acteurs et d'y entrer discrètement. L'auteur délègue ce travail au moins aux psychologues scolaires dont selon lui l'action ne peut être efficace que si elle s'effectue de façon compréhensive et non pas prescriptive.

Le second sujet est proposé par J.C. Guillemard avec des concepts qu'il emprunte à la psychologie sociale, à l'éco-psychologie, à l'analyse institutionnelle et à la psychologie des organisations.

Il propose une grille de lecture des événements et des comportements scolaires interactivement complémentaire de ce que G. Masclet avançait .

Avec F. Six nous quittons les enjeux sociaux et affectifs des acteurs pour aborder l'organisation effective de leur tâche. Car si les rapports humains déterminent la qualité du travail, il ne faut pas oublier que la manière dont les hommes conçoivent leur activité a elle aussi une importance déterminante.

Aussi d'emblée et à la suite du mouvement lancé lors du premier colloque d'ergonomie scolaire il repose une question fondamentale : si l'Ecole doit être le lieu de la réussite, peut-elle être « un lieu de production, un lieu moins important que le monde industriel ? » Si la réponse est non, alors l'ergonomie y a toute sa place.

En nous montrant les sens de la stratégie spatiale il nous convainc, s'il le fallait, qu'on peut penser rentabilité du travail tout en préservant le sujet dans sa santé.

C. Leconte quant à elle va nous situer dans le temps. Chacun sait que nous sommes différemment efficaces dans notre travail selon les divers moments de la journée. La réussite scolaire passe aussi par l'organisation de la journée et de l'année scolaire. Le nombre de jours travaillés en France est le moins important d'Europe et le nombre d'heures, l'un des plus élevé. Et il semblerait en regardant le calendrier scolaire que les élèves apprennent à supporter ces rythmes de travail dès l'Ecole.

Il est clair que notre organisation scolaire dans sa dimension temporelle répond plus à des impératifs économiques et politiques à cours termes qu'à des investissements humains qui pourraient sans doute s'avérer plus efficaces dans le long terme.

Nous en trouvons une des conséquences dans le cinquième texte avec S. Rusineck que nous citons : « Le stress est donc provoqué par une incapacité momentanée ou durable à contrôler son environnement... » Si l'on sait que ce stress à trop grande dose est source d'échec on ne s'étonnera pas de la centralité que nous voulons donner au management à l'Ecole. Car il s'agit bien de cela. Si les enfants ne maîtrisent pas toujours l'environnement, c'est aussi et surtout parce que les enseignants ne le maîtrisent pas eux-mêmes. Comme n'importe quels opérateurs une instabilité relationnelle de l'équipe à laquelle ils appartiennent, ou un espace ergonomique et un temps de travail mal serrés peuvent avoir raison de leur équilibre et entraîner un stress qu'ils répercutent inévitablement sur les élèves, avec toutes les conséquences scolaires que cela peut avoir.
Pour conclure cet avant propos, nous dirons que cette idée de manager les écoles qui pouvait apparaître comme illusoire parce que l'Education Nationale est une administration, et peut-être même la mère des institutions, s'avère une nécessité qui s'impose pour la sortir du marasme où elle s'enfonce.
Comme nous l'avons dit, nous ne donnerons pas ici des recettes managériales mais des pistes de travail autour de l'organisation de l'espace, du temps et des relations humaines.

Le Management des écoles et le psychologue scolaire

par Georges MASCLET, professeur des Universites, Lille III.

Il ne s'agit pas dans ce premier chapitre de considérer l'Ecole avec « E » mais les petites entités physiquement repérables dans leur environnement que sont les écoles élémentaires et maternelles. L'Ecole est une institution pas toujours visible dans un espace donné. C'est une hydre insaisissable et les travaux qui se penchent sur son fonctionnement, quelles que soient leurs obédiences idéologiques, philosophiques ou scientifiques restent toujours partielles voir partiales. La psychologie doit-elle aussi donner son point de vue ? Dans un travail récent (Masclet 1998) nous avons réalisé une approche systémique de l'institution. Et nous pensons que l'évolution nécessaire au fonctionnement de celle-ci ne peut venir que d'un contrôle managérial plus efficace des établissements scolaires eux-mêmes. En effet, les connaissances sur l'enfant n'ont jamais été aussi grandes qu'à notre époque. La psychologie a fourni tant de travaux ces dernières décennies qu'il est impensable que des enfants aient encore des difficultés d'apprentissage. Pourquoi cette science aussi performante dans le domaine des sports de hauts niveaux, ne le serait-elle pas dans un domaine aussi élémentaire que celui de l'apprentissage de la lecture ? Question de méthode, de motivation, d'adaptation aux individus… ?
Les problèmes organisationnels sont localement résolus en entreprises pourquoi ne le seraient-ils pas tout aussi localement dans les écoles ?
Organiser les postes de travail, la classe et ses différents composants, aménager les espaces et le temps, tenir compte du type d'enfants dont on a la charge de transformer en élève, optimiser les compétences des opérateurs que sont les maîtres… voilà bien un travail qui relève d'un pur management. Tout cela ne peut se faire que localement, même si ce local devrait tenir compte d'un global intégrant. Il n'en va pas autrement dans d'autres organisations ? Les grandes chaînes de distributions ont un management global et local. Le problème c'est qu'à l'Ecole, manager relève toujours d'une démarche administrative totale, considérant les

spécificités locales comme des artéfacts. Il devient urgent que l'Ecole, mais il en va de même de toutes les administrations, sorte de sa logique pyramidale, encadrer, embarrasser et diriger par des têtes bien pensantes. Il est temps d'embrasser une démarche plus libérale répondant aux besoins des sujets dont elle a la charge. Trop souvent, la gestion des directeurs d'école répond à une démarche textuelle dont l'obédience est la dernière circulaire administrative, alors qu'une logique de bon sens liée à la situation vécue serait plus efficace. Pour cela il faut voir l'établissement scolaire ou l'école comme une organisation. Mais le peut-on vraiment ?
Pour répondre à cette question, reportons-nous à quelques définitions de l'organisation.
Selon P. Goguelin (1989), une organisation est un système social complexe, finalisé, régi par des lois techniques, économiques, organisationnelles, financières et humaines dont tous les éléments sont indépendants et solidaires. Shimon L. Dolan et Coll. (1996) définissent l'organisation comme l'ensemble des ressources humaines, matérielles, financières et informationnelles, organisées en fonction d'un but. J.F. Petit (1986) affirme qu'une organisation ne peut se résumer à une somme d'individus, de groupes, d'ateliers, de bureaux ou de services. Ces éléments sont, au contraire, en état d'interaction nécessaire, c'est à dire d'interdépendance pour la réalisation d'un objectif officiellement commun : produire un bien ou un service.
G. March et M.A. Simon (1974) prétendent que la définition de l'organisation dépend de l'approche théorique qu'on en fait. Dans les théories classiques, il y a une définition qui découle des travaux de Taylor (1947) et qui se concentre sur les activités physiques de base qui sont impliquées dans la production. L'autre a trait aux études de Gulick et Urvick (1937) et tient compte de la division départementale du travail et de la coordination. March et Simon (1974) avancent une autre définition de l'organisation fondée sur la théorie de l'équilibre.
Les postulats de cette théorie ont été établis par Simon, Smithburg, et Thomson (1950, pp. 381-382) de la manière suivante :

- Une organisation est un système de comportements sociaux interconnectés entre plusieurs personnes que nous appellerons les *participants* à l'organisation.
- Chaque participant et chaque groupe de participants reçoivent *de la part* de l'organisation des *avantages*, en retour desquels ils fournissent à l'organisation certaines *contributions.*
- Tout participant poursuivra sa participation à l'organisation dans la mesure seulement où les avantages offerts sont égaux ou supérieurs (les unités de mesure étant les *siennes* et conçues en fonction des possibilités de choix qui lui sont ouvertes) aux contributions qui sont exigées de lui.

- Les contributions fournies par les différents groupes de participants sont la source à partir de laquelle l'organisation se procure les avantages offerts aux participants.

- En conséquence, une organisation est « solvable » - et poursuivra son existence – aussi longtemps que les contributions suffiront à fournir des avantages en quantité suffisante pour provoquer ces contributions.

Aux vues de ces définitions, on constate que l'Ecole avec un grand « E » et l'école, l'établissement scolaire, répondent autant l'une que l'autre à ces définitions. Notre choix de cibler uniquement l'établissement et de l'étudier en tant qu'organisation se trouve ainsi légitimé et nous permet d'envisager l'approche managériale des écoles comme nous l'affirmions plus avant. Pourquoi ?

Le monde a changé. L'Ecole était, avant 1968, un appareil idéologique d'Etat. Elle se devait d'inscrire les individus dans l'ordre social voulu par cet Etat. La logique idéologique était telle, que ceux qui s'y opposaient étaient relégués aux rangs de marginaux. Le libéralisme est venu bousculer cette logique. La liberté individuelle a bousculé la liberté systémique. Les nostalgiques de l'Etat providence, c'est à dire ceux qui résistent encore au changement, pourraient être dangereux pour les individus si leurs discours n'en restaient pas à un niveau idéologique et alternatif. L'heure est au libéralisme qu'on le veuille ou non. La tâche de l'Ecole et donc des écoles est d'y préparer les individus dont elle a la charge c'est à dire ses élèves. Mais comment préparer les individus à l'organisation libérale dans des établissements toujours administrés selon un ordre pyramidal ? C'est en vivant dans des écoles managées selon les lois du libéralisme philosophique et économique que nos élèves seront le mieux à même de s'adapter au monde qui sera le leur. Les idéologies sont nécessaires pour préparer les mondes futurs. Ainsi, les conceptions d'Aristote ont déterminé notre vision de l'organisation jusqu'à il y a 30 ans.

Celles de Rousseau ont préparé ce que nous devrons vivre dans les prochaines décennies. Ces mouvements de sociétés sont des lames de fond auxquelles il est difficile de s'opposer. Au mieux pouvons-nous concevoir des moyens efficaces pour les accompagner. Ceci ne signifie à aucun moment que les idéologies différentes puissent être cultivées. Au contraire, cette culture doit être développée de manière à aider les individus à se situer au mieux dans les systèmes dans lesquels ils vivent. Elle doit aussi les préparer aux évolutions sociétales inévitables.

Nous sommes bien en plein libéralisme, même si certains en doute encore. S'en convaincre c'est la seule manière qu'on a d'interpréter ces passions individuelles qui donnent par exemple aux activités à risque cet étonnant relief social. C'est le seul moyen de comprendre ce contrôle social où il importe de se prouver à soi-même, parfois au risque de sa vie, la valeur de son existence.

Le réel a remplacé le symbolique : « Aller au bout de soi-même », « trouver ses limites », dépasser des limites », « ou se prouver à soi-même qu'on peut faire », « se donner un défi », etc... Tels sont les propos de maints acteurs de notre époque. Pousser ses ressources à la limite de l'épuisement et de son courage, rencontrer enfin une butée après avoir dépensé son énergie sans compter, et là, trouver enfin ses marques, ne serait-ce qu'un moment pour se sentir exister. Ce sont là des modalités de retrouvailles avec un sens, car il faut payer de son être par des formes qui évoquent l'ordalie pour trouver un instant de vérité (Masclet 2000) .
Cette manière de sentir son « être » rompt avec le concept classique de l'ordre catholique qui promettait le bonheur dans la soumission aux volontés de Dieu et de son ordre, socialement incarnés par l'Eglise et l'Etat. Là, les difficultés de la vie étaient surmontées dans l'attente de jours meilleurs (Masclet 2000).
Le catholicisme avait fourni les canons du lien social basé sur la dépendance et la soumission au travers d'un ordre administratif que les Etats développés du début du siècle entretenaient toujours.
Le libéralisme quant à lui ne peut puiser que dans les ressorts de chaque individu pour construire un lien social basé sur les deux valeurs essentielles que sont aujourd'hui « l'autonomie et la compétence ».
L'ordre social ne sortira que de l'agrément de celles-ci, autrement dit de la pratique managériale.

Mais qu'est ce que le management ?
Le management, c'est la gestion de la complexité et notre époque est complexe.La campagne des élections de 1995 nous l'a prouvée. Le premier tour a été marqué par un nombre important d'indécis. Les fluctuations dans les sondages ont été importantes. Les hommes politiques ont été surpris des résultats au regard de ces sondages. Ceux-ci ont d'ailleurs eu pour réflexe de dénoncer la faillite des instituts de sondage. Les sondages au temps T. étaient bons, mais les électeurs hésitants, nombreux cette fois, n'ont pas obéi aux consignes des partis politiques et ont agi librement. On constate donc, que le citoyen français devient un acteur individuel autonome. Un concept central dans la conception libérale.
En conséquence, la logique des campagnes électorales devra à l'avenir, relever plus d'une logique managériale que du commandement. Le vote stratégique est le résultat d'une interaction complexe entre les campagnes des candidats, les indications données par les sondages et le libre exercice de l'électeur jusqu'à l'ultime moment de l'isoloir.

Nous sommes donc bien entrés dans une ère libérale. Il serait désuet, voire suicidaire de s'opposer à une logique managériale. Par contre, la dimension sur laquelle il semble essentiel de se pencher, c'est la forme que peut prendre ce management. C'est sans doute ici que la dimension déontologique et que la prise de position du psychologue s'imposent.

peut recenser 13 formes dominantes de management : l'Activity Base Management (A.B.M.), le Benchmarking, l'Empowerment, le Management Grid, le Manager minute, le Downsizing, le Rengineering, les T. Groupe ou Trainig Groupe, la Direction par objectifs (D.P.O.) inspirée des travaux de P. Druker sur le M.B.O. « The Management by Objectives, l'Enrichissement des Tâches, l'Entreprise Réseau, l'Intrapreneuriat, les Cultures d'Entreprises. SCH.

Toutes ces méthodes, ces techniques, ces outils ont un point commun, elles mettent l'accent sur le dispositif organisationnel et très peu sur l'homme lui-même. Ainsi la méthode qui se développe particulièrement en France, à savoir le Downsizing, au point que même notre précédent Ministre de l'Education Nationale souhaitait l'utiliser, pour dégraisser le mammouth, ignore complètement l'Homme dans son épanouissement. Le système stresse l'individu pour le rendre plus agressif et plus productif.
Les travaux de Mayo et de Lewin qui inspiraient le courant des relations humaines prônaient la satisfaction au travail comme moteur essentiel de l'efficacité des organisations. Hélas, leurs travaux se sont déroulés dans un contexte pyramidal, et si se sentir pris en compte, se sentir valorisé affectivement et socialement suffisait alors, il n'en va pas de même dans un environnement libéral. En effet, dans un système pyramidal, l'individu se sent utilisé, exploité, aliéné comme disait Marx. L'intérêt social et affectif apporté aux individus par la hiérarchie est nécessaires car narcissiquement restaurateurs. Dans un contexte où l'individu est responsable de ces actes et de lui-même à part entière, et est considéré comme quelqu'un qui a quelque chose à échanger, seule la prise en compte de sa compétence peut être une dimension satisfaisante.
Entendons-nous bien quand même. Il ne s'agit pas ici de fournir des clefs de management aux psychologues. Non pas que celles-ci pourraient leur être inutiles, on ne comprend jamais mieux le fonctionnement d'une organisation qu'en connaissant ses règles de gestion. Il s'agit plutôt de fournir à ces professionnels des clefs d'analyse et de compréhension du management implicite de l'organisation. C'est pourquoi, trois outils lui sont essentiels à cette fin :

- l'analyse systémique
- l'analyse stratégique
- l'analyse culturelle

1. L'Analyse systémique des organisations

1.1. La Notion de Système

Reprenant le théorie des systèmes, J.C.Lugan (1993) donne une première définition élémentaire d'un système : « Un système est un ensemble d'éléments quelconque dont chacun peut se trouver dans divers états. Si les changements d'états sont mesurables, on peut considérer les éléments comme des variables et l'état du système, à un moment donné, sera la liste des valeurs de ses variables élémentaires ».

La définition du système n'a cessé d'évoluer. Pour L. Von Bertallanfy (1968), dans la « Théorie des systèmes », c'est « un ensemble d'éléments en interaction tel que toute modification d'un élément affecte les relations avec les autres éléments ».

D'après Edgar Morin (1977), c'est une unité globale organisée d'interactions entre éléments, actions et individus ». Dans la « Systémique sociale » de J.C. Lugan. Nous constatons l'introduction d'une complexité d'action, d'une dynamique, d'une cohérence entre les relations.

Joël de Rosnay (1975), ajoute à ces définitions, une notion de but influencé par la cybernétique : « un système est un ensemble en interaction dynamique organisé en fonction d'un but ».

Il a généralisé cette notion en l'appliquant à l'atome, à la cellule, à l'organisme humain, à la ville, à l'entreprise, à l'économie, à l'écosystème... La liste est longue et loin d'être exhaustive, tous ces systèmes s'emboîtant comme des poupées gigognes, dépendantes les unes des autres. Dans une organisation, le but commun à atteindre est la production d'un bien (une machine) ou d'un service (l'éducation quand l'organisation est l'école).

Pour conclure quatre concepts peuvent définir un système : l'interaction, la globalité (un système est un tout non réductible à ses parties), l'organisation (« agencement de relations entre composants et individus qui produit une nouvelle unité possédant des qualités que n'ont pas ses composants »), la complexité.

Les organisations sont donc complexes, ont des buts. Elles sont aussi conflictuelles et coopératives. J.L. Lemoigne (1978) propose une complexification progressive de la modélisation systématique des systèmes. Le système est identifiable, actif, régulé, il s'informe sur son propre comportement, il décide de son comportement, il mémorise les informations, il coordonne ses décisions d'action, il imagine et conçoit de nouvelles décisions possibles et enfin il se finalise.

Si nous regardons le système sous son aspect fonctionnel, il comporte des flux de diverses natures qui transitent dans des centres de décisions (la boîte noire) qui les transforment en action. Lorsqu'un élément de flux affecte les relations entre les autres, il s'en suit une réaction en chaîne à travers les boucles de rétroactions. Le feed-back assure plus ou moins le développement du système, le changement, l'équilibre : les boucles de rétroactions régissant les relations, dépassent la notion de causalité linéaire. Les entrées et les sorties de la « boîte noire » matérialisent les apports du milieu environnant.

Ainsi devrait-il être dans la gestion des écoles. Car en effet, comment rendre des élèves compétents et autonomes s'il n'en va pas ainsi des enseignants ?
Tout le problème est bien là, on en est toujours au commandement à l'Education Nationale et dans nos écoles. C'est bien pourquoi l'approche organisationnelle est fondamentale pour le psychologue qui intervient à l'Ecole.
Mais quelles approches organisationnelles conviendraient donc à celui-ci ?

1.2 Les systèmes fermés et les systèmes ouverts

On dit qu'un système est fermé quand aucune interaction avec l'extérieur n'est possible. Un système est ouvert, au contraire, lorsqu'il est en relation permanente avec son environnement : « il échange énergie, matière, information contre la dégradation qu'exerce le temps », précise J. de Rosnay dans le « Macroscope » (1975).
Le système ouvert est donc un tout cohérent et indivisible d'une nature différente de la somme de ses parties. Notons, toutefois, les nuances à apporter à cette notion d'ouverture qui peut être modulée comme le fait D. Durand (1979), en fait, il a été noté que le système fermé est un concept théorique et que seuls se rencontrent des systèmes plus ou moins ouverts.
Comme organisation, le système ouvert reçoit de son environnement des « INPUTS » (entrées). Certaines sont planifiables et contrôlables (les capitaux, les équipements divers, les matières premières, les énergies, les textes). D'autres sont plus difficiles à cerner (les technologies nouvelles, le goût des consommateurs, le nombre et bien sûr les individus acteurs).
Ces « inputs » sont transformés en vue des objectifs qui servent à atteindre le but (la production de biens ou de services), des objectifs centrés sur le maintien du système interne (coordination, développement des relations entre acteurs de l'organisation). Ces activités ont fonction de régulation et de facilitation. Les autres objectifs sont ceux dont les activités sont orientées vers l'adaptation à l'environnement, et les conditions de survie.
Le résultat de ces activités sont les « OUTPUTS ». Ils sont projetés dans l'environnement. Ce sont les produits, les services, mais aussi les déchets, la pollution, les salaires, la satisfaction ou l'insatisfaction nées au cours du processus de transformation. Ces résultats agissent sur le système en feed-back.

1.3 La notion d'entropie

L'analyse systémique emprunte à la physique le terme d'entropie pour l'adapter à l'étude de la communication.

La notion d'entropie, sa définition et le terme lui-même furent introduits par le physicien R. Claudius en 1854. Le premier principe de thermodynamique est dû à N.L. Carno : pour transformer le travail en chaleur, ou la chaleur en travail, il existe un rapport constant entre la quantité de travail et la quantité de chaleur.
Le deuxième principe complète le premier : il y a nécessairement chute de chaleur quand s'opère une transformation dans une machine thermique. Clausius désigna sous le terme d'entropie le deuxième principe. Le « Larousse » nous définit l'entropie en physique comme « Grandeur qui permet d'évaluer la dégradation de l'énergie d'un système. L'entropie caractérise son degré de désordre ».
Notons la notion d'irréversibilité d'un système énoncé par ce principe physique : la chaleur transformée dans une machine au travail ne pourra jamais être récupérée. Cette irréversibilité sera reprise dans l'étude des systèmes organisations et sociétés par J. de Rosnay (1975) : « C'est donc seulement dans les systèmes complexes que le temps semble s'écouler de manière irréversible et dans la direction de l'entropie croissante. La flèche du temps et la flèche de l'entropie pointent dans la même direction ».
Le système échangeant énergie, matières et informations pour le maintien de son organisation rejette dans l'environnement de l'entropie, « énergie usée » pour J. de Rosnay. Dans un système fermé utilisant son énergie de réserve, l'entropie s'accroît de manière irréversible jusqu'à être à son maximum et alors plus aucun travail ne peut être fourni.
La théorie de la communication reprend-elle aussi cette notion pour l'appliquer à l'information. Comme l'énergie, celle-ci se dégrade en circulant et se retrouve dénaturée. Le « Larousse » définit dans ce cas l'entropie de la manière suivante : « Dans la théorie de la communication, c'est le nombre qui mesure l'incertitude de la nature du message donné à partir de celui qui précède ». L'entropie est nulle quand il n'y a pas d'incertitude.
J. Pocztar (1989) donne comme exemple concret d'entropie dans « L'analyse systémique de l'éducation », celui du cours fait à une classe d'élèves : cette leçon est alors transformée en apprentissage chez les élèves lorsque lors de l'évaluation, on mesure la différence entre la leçon donnée et la leçon reçue. Il y a déperditions, donc de l'entropie. L'idée d'entropie serait pour J. Pocztar synonyme de dissipation.
Suivant toujours la théorie de la communication, le message parcourt un canal entre un émetteur et un récepteur. Tous messages impliquent des dépenses d'énergie et de la dissipation d'énergie. En communication, on parle de brouillage, de déformation de la quantité d'informations reçues par rapport à celles émises (ex : le téléphone).
A l'inverse de l'entropie, J. de Rosnay définit la néguentropie ou entropie négative. Pour lui : « Information et néguentropie sont équivalentes à de l'énergie potentielle ».L'entropie étant rappelons-le, de l'énergie usée.

Pour J. Pocztar (1989), « Ce qu'il semble en tout cas, après J. de Rosnay, H. Bergeson et les thermodynamiciens, c'est que si il y a néguentropie, en un point de vue du système, elle est, pourrions-nous dire, payée par davantage d'entropie en d'autres point que celui-ci.

1.4 Le principe d'auto-régulation du système

Les relations d'un système ouvert sont circulaires. Chaque comportement est pris dans un jeu complexe d'implication d'actions et de rétroactions qui relient les comportements entre eux.
Dans un système sain ouvert, les systémiciens ont montré par ailleurs que celui-ci était caractérisé par une tendance simultanée à l'homéostasie et au changement.
Il s'agit en fait de la situation paradoxale à laquelle est confronté tout système : celui de son maintien et de son évolution.
Le terme d'homéostasie a été crée par le physiologiste américain Walter B. Cannon, en 1932. Pour se maintenir, le système réagit comme le décrit Watzlawick(1975) par un changement de type 1. Ce sont par exemple les équilibres biologiques. Il y a une modification à l'intérieur du système, sans que celui-ci ne soit redéfini. C'est ce que J.C. Lugan nomme dans « La systémique sociale » : « Le changement d'équilibre » (1983).
Mais pour durer, il faut aussi s'adapter aux modifications de l'environnement et évoluer. Il émergera de cette évolution des propriétés nouvelles du système. La situation sera recadrée, le système redéfini. C'est ce que Joël de Rosnay nomme « Une tranche d'histoire », Watzlawick (1975), « Un changement de type 2 » et J.C. Lugan (1993), « Un changement de structure ».

1.5. Intérêt de l'analyse systémique

L'intérêt d'une telle approche par rapport à une approche analytique cartésienne est telle qu'elle considère le système dans sa totalité, sa complexité et sa dynamique propre.
Elle se recentre sur les interactions entre les éléments, en considère les effets. La causalité est circulaire. Elle intègre la durée et l'irréversibilité. En intégrant le temps, elle fait apparaître le relationnel et le devenir. Elle permet la modélisation, c'est à dire l'émergence d'un intermédiaire entre l'objet réel et la théorie scientifique. C'est une étape dans la recherche du savoir, dans la mesure où elle vise à la compréhension d'un phénomène. La modélisation apporte donc un aspect cognitif, décisionnel (elle permet les études de cas utilisées dans certaines formations aidant à la prise de décisions rapides, devant l'urgence), normatif (dans le cas de besoin de règles très strictes : D. Durand cite le cas des centrales nucléaires) et

prévisionnels (à partir de la connaissance présent et passé d'un système, le modèle permet de déduire son comportement futur).
Joël de Rosnay, par la modélisation fait vivre un modèle analysé préalablement : la simulation. Celle-ci met en œuvre un ordinateur pour faire varier simultanément toutes les variables. C'est le cas des simulateurs de vol par exemple. Cette technique est utilisée également dans d'autres domaines : l'économie, la politique, l'administration d'entreprise, la biologie…).

1.6. L'analyse systémique : un outil

L'analyse systémique est pratiquée à la demande, afin de réorganiser un service (lors de compression de personnels par exemple, ou de résistances au changement à l'arrivée de nouvelles machines), de symptômes de dysfonctionnements importants et perturbateurs. Ce peut être un « turn-over », des absences répétées, du mécontentement, de l'insatisfaction…
De façon générale, cette analyse n'apportera pas de changement, mais aidera à remettre les gens à leur place, à recadrer les situations.
L'analyse systémique est également utilisée en psycho-pathologie. Ici la pathologie réside également dans le dysfonctionnement du système familial et dans le dysfonctionnement de la communication . Ainsi l'école de PALO- ALTO introduit dans l'approche systémique : la communication pathologique dans les interactions, l'escalade symétrique : le « double bind » et la communication par injonction paradoxale.
Dans une « Logique de la communication » P.Watzlawick (1972) donne l'exemple de l'injonction : « Soyez spontané ! » Ainsi mis en demeure, le sujet se trouve dans une situation intenable car, pour obéir, il faut être spontané par obéissance donc sans spontanéité…
Le comportement paradoxal qui impose la double contrainte possède en retour la propriété d'être doublement contraignante. C'est un modèle de communication qui représente un cercle vicieux. L'effet est paralysant car il ne laisse que peu de possibilités de comportement de réaction.
Pour l'école de PALO ALTO, c'est le groupe qui rend fou, comme dans l'exemple de la schizophrénie : les parents mettent l'enfant dans une situation de double contrainte et l'enfant par son silence dit qu'il ne veut plus communiquer.
Certains expliquent même la déficience intellectuelle comme un symptôme qui permettrait d'être en harmonie avec ce que l'on attend comme comportement.
Une association, l'A.R.A.C.E. a été fondée en 1984 par des praticiens de l'Education Nationale : des psychologues scolaires, des rééducateurs, des secrétaires de C.C.P.E., qui cherchent ensemble à adapter le modèle systémique au milieu scolaire pour aider l'enfant en difficulté.

Au regard de l'approche systémique, l'échec scolaire résulte souvent des troubles de la communication au sein du système où entre différents systèmes dans lesquels l'enfant est plongé. Il est donc le symptôme d'un dysfonctionnement inter ou intra-système . Nous pouvons donner pour exemple le système école en relation avec le système famille, l'enfant étant au centre.
L'enseignant, lui-même, peut se retrouver pris dans la double exigence du paradoxe d'une institution-école renforcée par les attentes d'une institution-famille, d'une institution-société qui entretient un système collectif d'enseignement et qui l'interprète au terme de « préceptorat » (Marie Thérèse Huet dans la revue de l'A.R.A.C.E., Changement n°2 (1989)).
Le psychologue scolaire lui-même, appartient à plusieurs systèmes : le système Education Nationale avec ses buts et finalités définis à un niveau national, le secteur scolaire auquel il est rattaché et enfin la circonscription comme système hiérarchisé, à la tête duquel se trouve l'inspecteur.
Appliquant l'analyse systémique, le psychologue scolaire pour M Evéquoz (1984) devient un « Communicologue ».
Si l'analyse systémique, pour le psychologue de l'Education, ne permet pas de faire l'économie d'autres approches, elle permet de mieux contrôler les effets institutionnels : « Un travail essentiel peut être mené, visant à améliorer les relations et les interactions entre les différentes personnes concernées (enseignants, rééducateurs, directeurs, familles) dans le but d'aboutir à une meilleure collaboration ». (P. Ducasse 1989).
Une analyse de la demande différente peut être faite en recentrant l'enfant en difficulté dans le système ou les systèmes, sans se précipiter dans des relations de cause à effet.

1.7. Comment pratiquer l'analyse systémique ?

Une première approche s'impose : étudier le « squelette » de l'organisation, dans laquelle on veut pratiquer l'analyse. Il s'agit là d'observer la structure grâce à l'organigramme (décrivant le personnel en nombre et en qualification) et le type de locaux existants…
On étudie ensuite le système de communication qui peut être « formel » (les réunions, les circulaires ou journaux d'entreprises…) ou « informel » : la communication informelle palliant aux manques de la communication formelle, notamment par rapport aux directives. Celles-ci sont largement (re)discutées lors des pauses ou des rencontres fortuites… La communication informelle est principalement orale, mais parfois para-verbale (style de vêtements « imposé » par l'entreprise, exemple du « costume-cravate » dans la banque…).
Ce système de communication revêt donc de multiples aspects, en voici quelques autres :

- Le micro-langage « particulier à une organisation particulière ».
- Le langage technique utilisé.
- Le discours sur la vie privée des employés.
- La prise en compte des différents événements conviviaux (promotions, mariages, anniversaires)...

La maîtrise du pouvoir exercé par la hiérarchie se joue sur l'affectif et le besoin d'estime en général... La dimension affective peut, être source de conflits ou de malaise. A cette première forme pernicieuse de la communication vient s'en ajouter une deuxième : la rumeur ; ce phénomène vient s'insérer au cœur du non-dit face à un problème spécifique par exemple. Il n'est alors que pure construction dont l'objectif est de compenser le vide crée par l'absence de parole et, conséquemment, de susciter une certaine déstabilisation du groupe, jusqu'à la panique. L'auteur de la rumeur cherche paradoxalement, bien souvent à se rassurer lui-même...
C'est par l'effet pervers de ce « trouble » de la communication que l'on peut comprendre à quel point il est nécessaire et même vital pour une organisation que son système (de communication) soit suffisamment structuré et que sa politique d'ensemble opte pour la transparence. En résumé et de façon simplifiée, on optera pour les formules suivantes :

- Qui est qui ?
- Qui fait quoi ?

Et en ce qui concerne les informations à diffuser, c'est :

- Quand il faut...
- Là où il faut...,

Car il existe bien dans toute organisation, à l'entreprise comme à l'école, des lieux privilégiés de la communication, le traditionnel et incontournable moment du café par exemple.
La question suivante consiste à analyser la dynamique de l'organisation : voir comment le système (donc le « squelette » repéré précédemment) s'anime...
Il s'agit ici de l'étude des « flux », c'est à dire des interactions entre les gens, des prises de décisions, de leur rapidité (ou non) d'exécution, de leurs modalités d'ajustement à un problème, de la gestion du temps et de la qualité du feed-back, face à cette « dynamique en action »...
Un dernier point concerne la mesure du degré d'entropie du système organisationnel, appelé également « le symptôme » ; il pourra s'agir :

- Du turn-over (personnel qui ne reste pas en place)
- Des retards (répétés du personnel)
- De l'insatisfaction des personnes
- De la réputation de l'organisation
- Du taux de réussite…

Ainsi, l'intérêt d'une analyse systémique pour une organisation sera de comprendre le « comment ça fonctionne », tout en considérant la dimension humaine… Ce n'est que par le biais de la métacommunication qu'il est possible d'amener le personnel à réfléchir sur une problématique génératrice de dysfonctionnement, et de penser y remédier.
Le point d'orgue de l'analyse systémique réside dans la « notion d'être » de l'individu au sein de l'organisation :

- Ce qui fait exister l'individu (préoccupation narcissique fondamentale chez tout sujet),
- Le rôle qui lui est octroyé,
- Son identité dans le groupe…

1.8. Synthèse d'analyse systémique d'une Ecole

L'espace textuel réservé à l'étude dans le cadre de cet ouvrage est trop exigu pour livrer une analyse systémique complète et détaillée du fonctionnement d'une école. Nous livrons ici un relevé de conclusions faites à propos d'une école, appelée pour la circonstance « l'Ecole A ». (Noret N. et Coll...1995).

1.8.1 Présentation de l'Ecole A

L'école est située dans un quartier d'H.L.M. d'une ville de 44000 habitants en Zone d'Education Prioritaire. Elle fonctionne dans un groupe scolaire comprenant une autre école primaire et une école maternelle (tous en Z.E.P. également).
C'est une école d'application : a priori, les maîtres enseignants dans cette école sont des maîtres-formateurs qualifiés (C.A.F.I.M.F.) et donc d'autant plus sensibles aux derniers textes sortis et à leur mise en application. Ils reçoivent de nombreux stagiaires élèves professeurs d'école. D'autre part, cette qualification est le résultat d'un choix, d'un projet personnel qui demande encore un investissement de temps sous-tendu par une motivation et un dynamisme particulier…
Le quartier est agrémenté d'espaces verts, d'espaces de jeux, d'un centre commercial. L'école est au centre du quartier.

La particularité de cette école est d'être une école d'application en Zone d'Education Prioritaire. Les horaires et journées de fonctionnement sont traditionnels.
Les possibilités culturelles et économiques de la ville sont variées et nombreuses. La ville est munie de transports en commun gratuits. Bien que touchée par la crise économique, la région en souffre moins que d'autres grâce à sa diversité économique et ses possibilités de reconversions.
La population dans le secteur est une population qui vieillit : créée pour dix niveaux, l'école n'en contient plus actuellement que cinq. Ils sont répartis de cette façon : 1 C.P., 1 C.E.1, 1 C.E.2-C.M.1 et 1 C.M.2.
83 enfants sur 126 sont d'origine étrangère, à majorité marocaine. Dix nationalités différentes sont représentées. Les problèmes les plus marqués se situent chez les élèves de familles françaises et africaines (santé, familles très défavorisées avec les conséquences que l'on sait). Il y a peu de primo-arrivants. Les habitants sont installés depuis près de vingt ans dans le quartier et s'y tiennent. Ce sont des familles plutôt stables, dans des appartements H.L.M. Elles vivent en famille élargie, ce qui occasionne la promiscuité et le bruit.
L'école comprend 6 enseignants :

1 directrice avec une charge de 2/3 de temps

1 I.M.F. (Instituteur Maître Formateur), faisant aussi fonction de directeur avec 2/3 de décharge de fonction d'enseignant dans sa classe de C.M.2.

1 I.M.F. au C.M.1 avec un tiers de décharge. Ces décharges d'1/3 de temps représentant 6 heures consacrées à l'I.U.F.M. pour la formation initiale, l'accueil pour des élèves professeurs des écoles, les visites et les interventions à l'I.U.F.M.

2 institutrices

2 professeurs des écoles

L'une d'entre elles complète des décharges des I.M.F.
Les deux I.M.F. sont les seuls à être nommés à leur poste à titre définitif depuis plus de deux ans. Les autres le sont à titre provisoire pour l'année scolaire seulement. Pour être nommé dans une école d'application, il faut être « maître-formateur ». La qualification est exigée.
Comme les postes de l'école ne sont pas demandés par des enseignants ayant cette formation particulière, ce sont des enseignants à qui aucun poste n'a été attribué (ancienneté trop faible) qui sont nommés là à titre provisoire pour l'année scolaire seulement. Cette situation entraîne un turn-over important d'année en année.
Car les nouvelles enseignantes ne savent pas où elles seront l'année suivante.
Une animatrice Z.E.P.consacre cette année deux jours et demi au cycle II et une demi-journée au cycle III par semaine, ainsi qu'un autre animateur Z.E.P. pour une demi-journée. Ils participent aux projets de classe, aux activités pour la maîtrise de la langue (poésie...) et à l'informatique.

La coordinatrice Z.E.P. aide le responsable de zone à la mise en place des projets.

1.8.2 Les contradictions du système et ses symptômes :

- Le turn-over

Dans cette Ecole A, qui est une école d'application, aucun maître-formateur (I.M.F.) ne veut y travailler et ceci malgré l'indemnité Z.E.P. Essayons d'en comprendre les raisons.
Dans les classes d'applications, les stagiaires viennent observer des leçons. Mais ici, la présentation du métier est moins facile. Une surprise est toujours possible. L'évaluation des acquis n'est pas toujours là où on pense et ne se mesure pas uniquement en termes de savoir. C'est l'image du formateur qui est en jeu car certains stagiaires ne sont pas toujours en mesure de discerner. Voilà ce que déclare d'ailleurs un des maîtres I.M.F. : « Dans les écoles du Centre-Ville, il est facile de faire passer une leçon : on ne fait rien et tout rentre tout seul. Ici, il faut se battre, c'est plus dur et plus fatiguant pour un résultat qui n'est pas mesurable facilement. »
Le fait qu'aucun I.M.F. ne demande à travailler dans cette école d'Application entraîne un turn-over car les postes ne sont couverts qu'à titre provisoire.
Ce n'est pas l'insatisfaction des actions qui entraîne le turn-over mais le système lui-même.
La conséquence, c'est que chaque année, l'équipe doit se reconstituer et malgré tous les efforts déployés, la cohésion prend du temps et de l'énergie. On peut évaluer à trois mois l'adaptation à l'école, à l'équipe et aux enfants.

- Une place privilégiée pour les anciennes

Ce changement régulier d'équipe a, lui-même, des conséquences stratégiques : deux enseignantes restent dans l'école. Elles connaissent mieux les familles, les enfants, leur façon de réagir, mais aussi tous les éléments d'« inputs » liés à l'environnement, aux possibilités offertes à l'école. Elles connaissent les différents partenaires : l'équipe pédagogique voisine, les membres du RASED, de la ZEP…
De façon informelle, deux équipes existent : les « anciennes » et les « nouvelles ». Celles-ci se constituent malgré tous les efforts d'intégration et d'accueil.

- Les contradictions du projet : « Journal »

Les changements dans l'équipe pédagogique provoquent des conséquences dans l'exécution du projet d'école.
Selon les textes, l'Inspecteur d'Académie en préambule du dossier « Projet d'école » écrit : « Il implique cohérence et continuité dans les actions éducatives mises en place...
Elaboré par l'ensemble des maîtres d'école, il a valeur contractuelle car il engage tous les membres de l'équipe éducative pour une période de 3 ans...
Qu'en est-il dans les faits ?
Le projet ou les avenants doivent être déposés au mois de mars de l'année qui précède. La rédaction se fait donc avec une équipe qui ne participera pas à sa réalisation.
Ce sont les enseignantes sûres de rester (nommées à titre définitif) qui seront les plus motivées à prévoir ce travail mais aussi plus motivées ensuite pour le réaliser. Que se passe-t-il à la rentrée ?.
Le projet, les actions à mener et les objectifs sont bien entendu présentés aux nouvelles arrivées. Ces dernières manifestent le mécontentement de leur nomination, leur anxiété en gênant de façon informelle et inconsciente la réalisation du « journal ».
Ainsi les objectifs du projet général sont la maîtrise de la langue qui se traduit localement par « Ecrire pour être lu ». D'où ce projet « journal ». La plupart des enseignantes travaillent donc dans la perspective de l'objectif général et ne participent pas à la rédaction du journal qui était le projet d'autres avant leur arrivée.
L'inspection académique ferme les yeux dans la mesure où les objectifs généraux sont préservés.. Comme par ailleurs aucun crédit n'est arrivé pour exprimer le soutien de la hiérarchie dans les attentes, chacun ménage l'autre.

- Les contradictions liées au projet « Accès à la citoyenneté »

Une réaction différente est observée pour le projet « accès à la citoyenneté ». Ce projet n'a pas été conçu comme un projet d'équipe mais comme celui d'une seule personne. Cette idée est difficile à mettre en place malgré ses louables intentions. La directrice à l'origine du projet constate que le reste de l'équipe tarde à faire des réunions de classe, à organiser des thèmes de réflexion. Ainsi, quand les réunions de délégués ont lieu, les enfants n'ont pas forcément préparé avec la classe les sujets abordés. C'est la façon des enseignants de se démarquer, de montrer leur opposition de façon discrète, voire inconsciente. Certains reconnaissent également être débordés et ne pas se trouver à la hauteur pour organiser des débats non structurés dans une classe qu'ils ont du mal à tenir.

- Les contradictions liées à l'organisation générale de l'école

L'instabilité provoque chez les « nouvelles » le sentiment de « passer » dans l'école, de ne pouvoir faire des projets à long terme et de ne pas se sentir impliquées dans le processus de transformation. Adopter le projet des autres n'est pas motivant. Mais le plus important est que, à l'équipe « nouvelle » manque le vécu des expériences antérieures : la difficulté de la mise au point, la réussite, les échecs… Leur motivation est très différente de celles des deux maîtres-formateurs. Le temps est trop court pour engager un vrai travail. Il y a une déresponsabilisation et un investissement réduit malgré une même conscience professionnelle.
Cette situation est aggravée par le fait qu'elles subissent comme une punition cette nomination (pas assez d'ancienneté) et se sentent démunies devant la tâche… « Quand je serai plus vieille, j'aurai le droit… ces années sont sacrifiées, il faut passer par là…que puis-je faire pour les enfants ?… »
Quand leur arrivée est faite dans l'amertume et l'anxiété, la conduite de la classe demande une grande maîtrise.
Toute l'organisation est faite pour que l'année se passe au mieux en attendant…
L'équipe « ancienne » se bat, et en particulier la directrice, pour montrer que même en Z.E.P., on peut faire « des choses intéressantes ».
Ceci pour les enfants, mais aussi pour la réputation de cette école en Z.E.P.
C'est son énergie qui dynamise cette équipe qui aurait la tentation de se laisser aller au pessimisme.
Certaines actions : spectacles et expositions encouragent les enfants, l'équipe, et améliorent l'image des ZEP comme il est demandé dans la circulaire n°90-028 du 01/02/1990. (Mise en œuvre de la politique des ZEP).
Les changements dans l'équipe demandent des efforts particuliers d'organisation à l'intérieur de l'école pour que l'intégration des collègues soient le plus facile pour elles, mais aussi pour que les objectifs décidés par rapport aux enfants, soient atteints. Ceci est possible grâce à la mise en place d'une équipe soudée. Les relations doivent s'établir le plus rapidement possible dans l'année pour que le fonctionnement soit possible. L'investissement relationnel doit être plus fort encore.
La mise en place de la notion de projet donne aux écoles des libertés. En contre-partie, une école qui fonctionne bien doit multiplier les projets pour montrer son activité. C'est un juste retour de l'évaluation externe qui est faite des projets.
Il se forme une sorte de concurrence entre les établissements, une surenchère des actions. C'est un aspect positif apporté à l'école dans la mesure où les besoins de l'enfant ne sont pas perdus de vue.
Dans l'Ecole A, la directrice limite le nombre de projets car le temps finirait par manquer. Il subsiste toutefois des contradictions dans le fait que les élèves sont sans cesse pris en charge (piscine, anglais, animatrice ZEP,

animation artistique…), au lieu d'être en projets eux-mêmes ou en train de les réaliser.
Par ailleurs, le manque de structures, le nombre des intervenants fait perdre à des élèves qui en auraient bien besoin des repères spatiaux ou temporels. Un manque patent de stabilité nuit plus à ces élèves qu'il ne les sert.
Une autre contradiction vient du fait que bien qu'ayant repéré ce problème, les enseignantes se sentent contraintes de participer. « On se sent obligé de prendre part…» déclare l'une d'entre elles. Ce phénomène est accentué en ZEP où l'institution demande formellement l'amélioration de l'image des élèves et des écoles.
Des thèmes de travaux sont déterminés au niveau national. Ils font partie des consignes définies par les textes. A ces consignes s'ajoutent des projets particuliers proposés par l'Inspection Académique, par exemple « Différence et Tolérance ». Mais il existe aussi des projets de circonscription. Bien que rien ne soit imposé aux écoles, il est de bon ton de participer, d'être actif auprès de l'inspecteur et de l'inspecteur d'académie.

1.8.3 Existence de différentes stratégies d'adaptation

- Anxiété et besoin d'adaptation

Les besoins d'adaptation à la situation sont dus à l'utilisation de la pédagogie du projet de façon outrancière. Cela se remarque particulièrement ici dans l'Ecole A par la difficulté de résoudre le problème de l'échec scolaire.
D'une part, la lutte s'engage à qui participera le plus activement possible (le désir de bien faire est grand, poussé par les demandes venant des textes et de la hiérarchie), d'autre part, une certaine culpabilité s'est installée chez les enseignantes :
- « …on m'en demande toujours plus… »
- « …je ne dois pas en faire assez… »
- « …je ne sais plus quoi faire… »

et de citer tous les articles et réflexions des médias sur la baisse du niveau scolaire, de l'échec scolaire comme si les enseignants devaient porter le fardeau de toutes les difficultés.
On peut supposer que cette répartition des projets est une conséquence indirecte du turn-over obligatoire chaque année. Le sentiment d'impuissance, d'incompétence, l'absence de méthodes structurées malgré l'accumulation des connaissances et le travail fourni par les enseignantes génèrent de l'anxiété. Ce sentiment est accusé plus fortement chez les nouvelles, plus jeunes dans le métier. Ce phénomène lié au début de carrière se retrouve souvent mais il est ici d'autant plus fort que différents facteurs anxiogènes s'additionnent (insécurité du quartier pour les enfants,

mouvement des enseignants, jeunesse dans le métier, manque de méthodes, structures, difficultés scolaires à résoudre).
Cette anxiété favorise la fuite dans l'hyper-activité : de nombreux projets, ou bien, au contraire on observe un « burnout » qui se traduit par une seule action pour plusieurs projets. (de quoi être en règle avec l'administration) les « plus jeunes » dans le métier sont plus anxieuses pour leur image lors de l'évaluation externe. Leur nomination définitive sur un autre poste en dépend. Les autres sont plus sensibles à améliorer l'image de l'école (Leur école).

- Réduction de la charge de travail

La charge de travail est la somme de trois charges : physique, mentale et psychique.
Dans l'école A, la charge physique est grande car les enfants manquent de stabilité. Ils ont besoin d'être cadrés sans cesse, ce qui ne permet aucune minute de repos aux enseignants et engendre beaucoup de fatigue.
La charge mentale consiste dans l'adaptation de méthode que les enseignants doivent engager sans cesse pour que les apprentissages se fassent. Chaque enfant ou presque a besoin d'un enseignement individualisé. Il est nécessaire aussi de re-situer les enfants dans leur contexte culturel pour les connaître mieux. Or, formées récemment, les enseignantes n'ont pas de difficultés à utiliser les techniques nouvelles mais elles doivent sans cesse penser les apprentissages. Les anciennes connaissent ces techniques mais doivent s'initier aux technologies modernes : « galère ».
La charge psychique exprime entre autre la reconnaissance de son image pour soi-même. Elle est exprimée assez clairement : les enseignantes se sentent utiles. Elles sont reconnues auprès des parents et des enfants (même si ce n'est pas forcément au plan scolaire). Pourtant, les enseignantes « nouvelles » ne se sentent, par contre, pas reconnues par la hiérarchie puisque placées en « bouche trou » faute de trouver de « meilleures institutrices ».
Il se dégage une charge psychique sous forme de frustration causée par cette reconnaissance et le sentiments d'impuissance à réaliser les objectifs nationaux. Pour réduire cette charge de travail, certains adoptent une attitude économique pour satisfaire les besoins des enfants, les demandes de la hiérarchie et les siens propres. Une seule action correspond alors à plusieurs projets.
L'adaptation se retrouve également dans la fuite de participation au projet « accès à la citoyenneté » et dans le manque d'évaluation des projets.
L'excellente ambiance de cette école aide toutefois à la réduction de la charge de travail. Cela est dû en grande partie à la volonté de chacune et particulièrement à la directrice et son adjointe IMF d'intégrer les nouvelles collègues (et ceci tous les ans).

1.8.4 Décalages observés sur le terrain par rapport aux textes

- Décalage à propos des textes régissant le projet d'école

L'école A travaille sur un projet d'école qui n'a pu être formalisé par un additif, mais seulement dans le compte-rendu du conseil des maîtres : rien n'est prévu en cas de changement dans la rédaction du projet dans l'année (les additifs se rédigent en mars de l'année précédente).
Le texte académique précise « Le projet d'école se distingue des actions complémentaires qui peuvent s'y intégrer (PAEI, Atelier de Pratiques Artistiques et Culturelles...).
Ainsi, dans le texte de l'Inspecteur d'Académie sur le projet d'école : « Elaboré par l'ensemble des maîtres de l'école, a une valeur contractuelle car il engage tous les membres de l'équipe éducative pour une période de trois ans, bien que chaque nouvelle arrivée doive s'intégrer au thème en cours, ce travail a long terme n'est pas évident à concrétiser dans cette école A où quatre enseignantes sur six changent chaque année. Le projet sera réalisé par trois équipes différentes.

- Décalage dans les attributions de subventions

« Accès à la citoyenneté » est un projet retenu par l'Inspecteur, lors de la lecture d'un compte-rendu de Conseil des Maîtres. Au début du mois de mai, l'école a reçu une subvention alors qu'aucune demande n'avait été faite.
L'équipe avait à peine deux mois pour constituer des besoins d'achats, les faire et envoyer les factures pour le remboursement.
Ce projet aurait peut-être mieux fonctionné si les fonds avaient été attribués de façon organisée dès le début d'année et non à la fin.
Bien que la subvention ait été accueillie avec joie, aucun besoin ne s'était fait ressentir pour la réalisation. Ce fait est paradoxal quand on sait combien de demandes sont refusées par ailleurs.
Les projets retenus pour des attributions financières sont surtout ceux qui sont à la mode. Ceux qui pourront dans l'évaluation externe faire partie de l'évaluation de l'académie à son tour. Il faut que les écoles connaissent les thèmes reconnus pour que leur chance d'avoir un crédit se concrétise plus rapidement et plus sûrement. Les projets et leurs actions sont soumis et limités par des contraintes financières, car même si les subventions sont votées, les fonds sont débloqués souvent très tard.

- Décalage par rapport aux mouvements des Enseignants dans la ZEP

Le Texte accompagnant les demandes de mouvement des enseignants, (note de service de l'Inspecteur d'Académie) précise :
« ...Les candidatures à des postes étiquetés ZEP doivent être présentées après avoir pris connaissance du projet de la zone concernée et des caractéristiques des postes sollicités... »
Les quatre enseignantes à qui on a imposé les postes à la rentrée n'ont pas su faire de choix.

2. L'approche stratégique

2.1. Compréhension théorique

Pour les tenants de l'analyse stratégique, l'organisation n'est pas un phénomène « naturel » qui s'imposerait de l'extérieur aux hommes, en vertu de lois générales. L'organisation n'existe pas indépendamment des acteurs qui la construisent, en permanence, à travers leurs stratégies, et leurs relations de pouvoir faites de conflits et de négociations. (Petit 1987).
Pour Crozier et Friedberg (1977), les individus et les groupes sont considérés comme des acteurs, des sujets capables de se comporter dans l'organisation avec Liberté et Rationalité, en vue d'atteindre des objectifs propres. Dans l'organisation, chaque acteur poursuit ainsi une stratégie. Les objectifs de l'acteur sont souvent confus, incohérents, changeants ou latents. Son comportement a un sens et sa stratégie est rationnelle. Toutefois, il s'agit d'une rationalité limitée. (March et Simon 1971).
Cela signifie que l'acteur n'adopte pas de solution optimale pour atteindre ses objectifs, mais des solutions satisfaisantes. En effet, dans l'organisation, l'acteur n'évolue pas dans un univers de totale liberté. Sa stratégie est tributaire à la fois de ses propres capacités (cognitives, relationnelles, culturelles et sociales...) et de contraintes organisationnelles : les objectifs de l'organisation par rapport à l'environnement, la situation économique, la réglementation, la hiérarchie, les réseaux de communication. Toutefois, il n'y a pas que les contraintes formelles qui influent sur les comportements des opérateurs, les règles du jeu qui structurent les relations entre les acteurs les déterminent elles aussi.
Entre l'organisation, ses acteurs et entre ceux-ci « se nouent des relations dont le principe et, dans une large mesure la finalité, sont le pouvoir » (Petit 1987).
L'analyse stratégique (Crozier et Friedberg 1977) ne considère pas le pouvoir comme l'attribut d'un individu, d'un groupe ou d'une fonction, mais comme une relation d'échange et de négociation entre des acteurs dépendant les uns des autres pour l'accomplissement de leur fonction et le

déploiement de leurs stratégies. En fonction des marges de liberté dont ils disposent, les acteurs négocient ce qu'ils veulent obtenir des autres acteurs. La notion de marge de liberté est donc au centre de la relation de pouvoir et chaque partenaire essaie de développer la sienne. C'est le contrôle de zones d'incertitudes pertinentes pour l'organisation, c'est à dire là où la structure formelle n'a pu rendre prévisibles les comportements, qui permet à l'acteur d'augmenter la sienne.

2.2. Réalisation d'une approche stratégique

Concrètement l'approche stratégique se réalise en trois temps :

- cerner les différentes stratégies en présence :

Pour cela il s'agira de cerner les zones d'incertitudes, sources de pouvoir pour les acteurs qui les contrôlent. Crozier et Friedberg (1977) en distinguent quatre :

- celles où une compétence ou « une spécialisation fonctionnelle, difficilement remplaçable » exerce une influence sur le fonctionnement de l'organisation.
- les relations organisation-environnement : les acteurs qui grâce à leur expérience de l'environnement et à leur réseau de relations, sont capables d'orienter l'adaptation de l'organisation, contrôlent une zone d'incertitude vitale pour celle-ci.
- La circulation des informations : pour fonctionner toute organisation a besoin d'assurer un minimum de régularité dans la circulation des informations. Les acteurs qui contrôlent les canaux de communication exercent un pouvoir sur les autres acteurs et sur l'organisation dans son ensemble.
- L'utilisation des règles organisationnelles : celles-ci ont été établies pour assurer la prévisibilité des comportements et des relations à l'intérieur de l'organisation. Paradoxalement, la manière de les utiliser peut créer de l'incertitude. Ainsi, un « hiérarchique » qui userait de la règle du rendement minimal pour contraindre les opérateurs peut voir cette obligation se retourner contre lui, si ces derniers appliquent strictement la règle. Le rendement minimal sera assuré, mais les résultats seront aussi minimaux, ce qui peut mettre ce « hiérarchique » en position de faiblesse vis à vis de ses collègues.

- La rationalité des stratégies utilisées

Une fois les stratégies d'acteurs cernées, il s'agit de les confronter aux diverses contraintes qui s'imposent à eux pour en saisir la rationalité. Il

s'agit ici de comprendre ce que l'acteur restaure de son être dans l'organisation par l'utilisation des stratégies qu'il déploie.
Toute intervention dans une organisation doit préserver cette partie de l'être que l'acteur restaure en l'utilisant. Dénier cette démarche d'acteurs, ne peut qu'aboutir aux développements de résistances au changement de la part de ceux-ci.

- Dégager le système d'actions concret :

A partir des stratégies ainsi situées, les mécanismes des jeux qui régulent la coopération conflictuelle des acteurs peuvent être repérés. Il s'agit en fait de comprendre comment les acteurs s'entendent pour résoudre un problème en dehors des règles formelles de l'organisation. il s'agit de repérer les systèmes de relations d'acteurs et leur organisation, quand il s'agit de trouver une réponse qui soit suffisante, à la fois pour l'organisation et pour chacun d'eux. Toute intervention dans l'organisation doit impérativement tenir compte de ce jeu de négociations. En effet, toute décision qui, sous prétexte de s'en tenir strictement aux règles formelles de l'organisation, ferait abstraction de ces modalités relationnelles, serait vouée à l'échec. C'est une des raisons qui explique que bien des « hiérarchiques » aggravent bien souvent des conflits, plutôt que de les résoudre quand ils dénient le jeu d'acteurs.
Les stratégies d'acteurs développent des manières de coopérer, une manière d'être dans l'organisation. Ce sont ces construits sociaux organisationnels que l'on peut appeler : « culture d'entreprise ».

2.3 Etude de cas, (Duplouis & coll... 1994)

2.3.1 Une grande école urbaine

L'école étudiée, appelée par commodité école B, accueille des enfants d'origines sociales et culturelles variées. Elle présente une structure particulière, en effet, il y a quinze enseignants, un directeur déchargé d'enseignement et une personne responsable du soutien. Cette dernière est présente en permanence dans l'école.
La lutte contre l'échec scolaire est définie comme l'objectif commun du projet d'école dans cette structure. C'est autour de cette problématique que nous construirons l'analyse stratégique de cette école B.

2.3.2 Les objectifs de l'école B et la réalité

La lutte contre l'échec scolaire est proposée comme suit dans le projet d'école : « Lutte contre l'échec scolaire par la mise en place d'un dispositif pédagogique destiné à réaliser une meilleure intégration des enfants en difficulté et améliorer leurs performances ».

Cet objectif est tout à fait en accord avec la loi d'orientation de 1989 puisqu'il concerne les besoins de 28% d'enfants en retard scolaire dans cette école et qu'il prévoit l'utilisation de méthodes pédagogiques actives : pédagogie individualisée, pédagogie différenciée, travail par cycles ainsi que la mise en place d'un livret individuel d'évaluation et de diverses activités pour développer le goût de lire.
L'évaluation des résultats prévue toutes les six semaines lors des conseils de cycles correspond aux préconisations de la loi.
On peut donc s'étonner, que derrière un projet d'école si conforme aux attentes des textes officiels, la réalité soit aussi différente.
En effet, certains moyens mis en œuvre ont échoué : la classe CP adaptée a disparu dès la rentrée scolaire, la poursuite du travail de soutien en lecture n'est faite que pour une classe de CE2.
D'autres moyens n'ont pas vu le jour : le livret individuel d'évaluation a gardé sa forme de contrôles classiques, la création d'une bibliothèque d'école et l'utilisation accrue des techniques modernes n'ont pu être réalisées faute de place.

2.3.3 Négociation au sein des zones d'incertitudes : un système de pouvoirs et de contre-pouvoirs autour des intérêts du directeur

Le directeur tient au prestige de son école. Pour cela, il soigne l'image de celle-ci et en parle comme étant « le phare de l'inspection de G. ».
C'est en effet une école active, ouverte vers l'extérieur et qui obtient de nombreuses récompenses sportives lors des rencontres U.S.E.P.
Il souligne lors d'un entretien « qu' on en parle toujours en bien, nous sommes toujours très sollicités quand il y a des méthodes pédagogiques à expérimenter et à accueillir des stagiaires ».
D'après lui, l'école B sera entièrement rénovée quand il partira en retraite.
La politique de l'école est d'apporter une aide aux enfants en échec scolaire, elle répond à la demande des textes officiels. Les résultats scolaires des enfants correspondent aux normes nationales, le taux de redoublement est de 10%.
Le directeur a su mettre en place un pouvoir hiérarchique que l'Inspecteur semble lui reconnaître il le nomme « M. l'Inspecteur de l'école B ». Il utilise ce pouvoir pour essayer de satisfaire ses objectifs. C'est par rapport à ceux-ci que les acteurs de l'école se positionnent.

- Le pouvoir hiérarchique

Le directeur, par sa fonction, est doté d'un rôle de gestionnaire, d'administrateur et d'organisateur pédagogique, pour lequel il considère être compétent grâce à « une formation complète de huit mercredis, et six semaines de stage à l'I.U.F.M., sanctionnée par des examens et la présentation d'un mémoire ».

Il semble qu'il ait profité de sa décharge pour améliorer cette compétence. En effet, le temps dont il dispose lui a permis d'étudier les textes. Il les a utilisés pour rédiger un projet d'école répondant à la demande officielle, et pour gérer son travail administratif.
L'ensemble de ses collègues reconnaît que pour ce travail, « il a des qualités administratives »qu'ils apprécient. « C'est très pratique. C'est un travail qui nous déplaît. On n'a pas de temps à perdre avec les papiers. »
Cela confère au directeur un pouvoir administratif qu'il a su augmenter grâce aux bonnes relations qu'il entretient avec l'environnement. Ainsi les échanges privilégiés avec la mairie lui permettent d'obtenir de nombreux avantages appréciés par les collègues. L'inspection le laisse animer les concertations pédagogiques « dans l'espoir de faire évoluer les pratiques pédagogiques de ses collègues », comme il le stipule lors d'un entretien.
Il cadre la pédagogie en rédigeant un projet d'école qui répond aux directives des textes officiels et renforce le prestige de son école.
En effet, la mise en place d'un dispositif pédagogique permettant aux enfants en difficulté d'améliorer leurs performances, fait que l'école accueille « de plus en plus d'enfants d'autres écoles et même de l'école privée de G ».
Il évalue les effets de cette politique d'école, en distribuant lui-même, chaque trimestre, les résultats scolaires à chaque élève.
On observe une ambiance tendue dans plusieurs classes lors de cette remise de classements. M le directeur détient l'autorité dans le domaine organisationnel et administratif. C'est donc dans la pratique de la pédagogie que les acteurs vont se donner des libertés d'action et des pouvoirs selon la définition de Crozier et Friedberg (1977).

- Le pouvoir pédagogique

Madame S. est la plus ancienne dans l'école B. L'Inspection lui reconnaît des compétences pédagogiques. D'ailleurs, le Conseiller Pédagogique lui confie le soin de tester, dans sa classe, les leçons de lecture qu'il prépare pour les débutants.
Pour certains collègues plus jeunes dans le métier, elle est une source de documentation et d'informations pédagogiques. Par ailleurs, elle s'entend bien avec deux autres collègues qui, comme elle, enseignent dans cette école depuis plus de vingt ans.
Lors des entretiens, elle parle surtout de M.J. avec qui elle pratique des échanges de services pour les disciplines d'éveil : « Cette année, je vais perdre M.J. qui part en retraite. Cela fait vingt ans que je le connais. Il m'a toujours accompagnée partout. On a fait tous nos stages ensemble », elle signale aussi que depuis cette année, Mme A., qui a un CE1, participe à ces échanges de services. Ses relations et ses compétences ont permis à Mme S. de créer autour d'elle un réseau d'enseignants avec qui elle travaille et par là même, de contribuer à améliorer l'image de l'école. Cela n'est pas

pour déplaire au directeur. Est-ce en échange de cela, comme le spécifie Mme S., que « le directeur accepte sans s'y opposer », qu'elle renégocie chaque année avec M.J. la répartition des élèves ?

- Le pouvoir d'une spécialisation fonctionnelle

La formation spécifique de Mme Y. lui assure tout l'appui du directeur qui désirait mettre en place une structure de soutien dans son école et qui lui reconnaît des compétences. Ceci lui permet en tout cas de partager, avec le directeur, la responsabilité de la répartition des élèves dans les classes de CP, de CE1 et de CE2.
C'est son intégration dans le réseau de Mme S. qui lui a permis de mettre en place ses actions spécifiques. Elle explique la genèse de cette intégration ainsi : « Mme S. était fort demandeuse pour le travail en groupes de soutien et M.J., qui travaille avec elle, a suivi.
C'est en soulageant les enseignants d'une culpabilité et d'un isolement ressentis face aux enfants en difficulté qu'elle peut exiger un travail de collaboration et gérer la coordination du cycle 2.

- Le pouvoir de l'inertie

En ne répondant pas aux objectifs fixés dans le projet d'école, pour la classe CP adaptée qu'elle occupe depuis trois ans, Melle E. a pu bénéficier, à sa grande satisfaction, d'une nouvelle répartition en trois CP hétérogènes. Cette répartition a été demandée par ses collègues du même niveau et Melle E. la justifie par « l'ouverture d'une classe de perfectionnement petit niveau qui ne nécessite plus une classe de CP adaptée ».
Certains de ses collègues semblent irrités de son attitude : « On a beau lui expliquer, elle n'en fait qu'à sa tête » et le directeur confie même « avoir tout fait pour qu'elle ne soit pas titularisée sur ce poste car il a des problèmes avec des parents qui ne veulent pas que leurs enfants fréquentent cette classe ».
En effet, Melle E. est titulaire de ce poste à titre définitif depuis la dernière rentrée. Ce qu'elle apprécie puisqu'elle dit : « je préfère être loin de chez moi (30kms) et avoir une classe avec un seul cours, plutôt que d'être plus près avec une classe à quatre niveaux, toute seule avec 24 élèves, comme j'avais avant d'arriver à l'Ecole B».
Aux exigences d'une grande école, Melle E. répond par le silence lors des réunions, ce qui peut laisser sous-entendre un accord tacite.
En fait, par son pouvoir d'inertie, elle s'oppose à toutes les modifications proposées par le groupe, ce qui lui permet de continuer à fonctionner dans sa classe comme elle le souhaite.

Il en est de même pour M.G. qui refuse de collaborer avec la maîtresse de soutien en ne répondant pas aux exigences de celle-ci. C'est cela qui lui permet d'obtenir la tranquillité dans sa classe. Il peut ainsi travailler seul avec ses élèves de CE2, qu'il estime avoir choisis : « en assurant les services de récréation et de cantine, je connais tous les enfants de l'école et je ne me laisse pas abuser lors de la répartition des classes par mes collègues ».

- Le pouvoir des relations

L'attitude de M.L. laisse à penser qu'il s'oppose à la volonté de tout gérer du directeur. Il organise, grâce à ses compétences, ses relations et ses responsabilités, la ronde cyclo. Ceci est confirmé par le directeur qui pense que : « M.L. va prendre la direction d'une école l'an prochain ou de celle-ci dès mon départ à la retraite ».
L'organisation des « sorties cyclo » n'entraîne aucun conflit avec le directeur, puisqu'elle contribue à améliorer l'image auprès de la mairie de G ainsi qu'auprès de l'Inspection.
La mairie organise une réception pour l'arrivée de cette ronde cyclo. M.L. précise d'ailleurs lors de l'entretien qu'il ne peut participer à la ronde cyclo du sud du département car, ce jour là, il est nécessaire qu'une classe de l'école A soit représentée lors de la réception de la mairie de G. Il n'existe que deux rondes cyclo dans le département et celle du nord a lieu dans la circonscription de G., grâce à M.L.
Quelques oppositions à M.L. peuvent être perçues dans les comportements de Mme S. Elle a en effet organisé, avec les gens de son réseau, une mini ronde cyclo pour les petits (CP- CE1).

- Le pouvoir de l'ancienneté

Mme I. travaille au CM1 avec Mme C. nouvellement nommée dans cette école. Elle établit la progression et les contrôles pour les deux classes. Mme C. dit apprécier le travail de sa collègue car elle n'a aucune expérience en primaire, puisqu'elle a enseigné depuis trois ans en maternelle.
Mme I. avoue avoir fait la répartition des élèves de CM1 avec ses collègues de CE2 et elle dit : « On préfère choisir nos élèves nous mêmes, en fonction des affinités que l'on a avec les familles, car on connaît les parents avec qui on a sympathisé lors des sorties ».
Il est à noter que cela a été possible car Mme C. n'a été nommée qu'à la rentrée de septembre et que cette dernière se plaint beaucoup des élèves de sa classe.

2.3.4 Le système d'action concret

On pourrait l'imager comme un fonctionnement par strates puisqu'il y a peu d'échanges entre les différents niveaux.

En effet, le directeur, dans son souci d'améliorer l'image de l'école tout en respectant les textes officiels, utilise ses compétences de gestionnaire, d'administrateur et son pouvoir hiérarchique pour cadrer les actions de l'école.
Chaque acteur répond donc différemment aux attentes du directeur.
Mme S., qui entretient des relations amicales avec le directeur en dehors de l'école et partage des responsabilités dans l'association où il est président. Elle a su s'entourer d'enseignants qui, comme elle, partagent un engouement pour la pédagogie et en tire des satisfactions.
Ainsi, Melle F., qui rêve d'une école où tous les élèves viendraient avec plaisir, apprécie Mme S. pour son regard sur les enfants et sa documentation pédagogique.
Mme T., qui est très satisfaite de pouvoir apprendre à lire aux enfants, rejoint ce groupe.
M. J. entretient des relations très sympathiques avec Mme S. depuis vingt ans, et continue de travailler avec elle.
Mme Y. a su s'intégrer à ce réseau en apportant une réponse aux difficultés de certains enfants. Elle est amie avec Mme A. qui participe aux échanges de service des classes de CE1, depuis cette année.
Ainsi, tous ces acteurs ont su se retrouver autour d'intérêts communs, travaillent ensemble au cycle 2. Ils répondent ainsi aux objectifs du projet d'école grâce à ces relations spécifiques.
Il n'y a que Melle E., présente aux réunions de cycle 2, qui ne répond pas aux objectifs fixés et n'entretient aucune relation avec les membres de ce réseau.
En effet, elle semble mal acceptée par ses collègues à qui elle oppose son silence et son pouvoir d'inertie. Ce dernier lui permet de continuer à travailler comme elle le souhaite et d'obtenir la disparition de la classe de CP adaptée « qu'elle n'avait pas choisie », comme le précise Mme T.
Elle n'entretient de bonnes relations qu'avec Mme P., nouvellement nommée dans cette école, avec qui elle fait la route, puisqu'elles habitent toutes deux la même ville.
La classe de perfectionnement « petit niveau » de Mme P. est isolée dans la cour du L.E.P., ce qui ne facilite pas ses relations avec les autres collègues.
Pour le cycle 3, les enseignants n'ont pas de relations qui leurs permettent d'adopter une stratégie de groupe. Ils ont juste établi, pour répondre à la demande du directeur, un programme commun pour les matières d'histoire, de géographie et de sciences, afin que les enfants ne fassent pas deux fois le même programme. Mme C. fait remarquer que celui-ci n'est pas respecté par M.G.
M. G. ET Mme M., qui enseignent aux élèves de CE2, ne travaillent pas du tout ensemble. M.G., qui aime sa tranquillité, a refusé de collaborer avec Mme Y. Cette attitude a renforcé l'alliance de Mme Y. et de Mme M. qui travaillent ensemble et critiquent le comportement de celui-ci, dont elles avouent ne pas apprécier la pédagogie.

Mme I., qui est plus ancienne dans l'école que sa collègue Mme C., entretient des relations de travail avec cette dernière en établissant la progression et les contrôles pour les deux classes de CM1.
M. L. et M.P., qui ont tous deux un CM2, adoptent une progression et des contrôles communs depuis plusieurs années.
Pour le cycle 3, c'est donc un fonctionnement par niveau de classes que l'on trouve plutôt qu'un travail de cycle.
Il semble que le maintien d'un travail autonome dans chaque classe, avec quelques accords communs pour chaque niveau, permette à chacun de garder sa liberté et ceci grâce à quelques pouvoirs exercés.
Au niveau du CE2, le conflit qui règle les relations de M.G. et Mme M. permet à chacun de préserver sa marge de liberté.
Au niveau du CM1, Mme I. utilise son pouvoir d'ancienneté dans la relation qu'elle entretient avec Mme C. Dans un travail par cycle, ce pouvoir pourrait être remis en cause par les enseignants plus anciens dans l'école.
Au niveau du CM2, le pouvoir des relations de M.L. lui assure un certain prestige que M.P. ne semble pas contester.

C'est donc par ce système d'action concret que toutes les actions de l'école sont traitées. L'exemple le plus frappant concerne la répartition diverses des élèves dans les classes. Elle pourrait apparaître comme rigide et instituée par le système formel. Elle est en fait négociée par les acteurs de l'école qui maîtrisent une zone d'incertitude.

3. L'Analyse culturelle

La référence à des facteurs culturels n'est pas récente. Le courant des relations humaines et celui des néo-relations humaines les avaient déjà évoquées, de même que Crozier (1977) avait mis en évidence la part de certains facteurs culturels dans les dysfonctionnements des organisations bureaucratiques.
Mais ce n'est qu'à partir de la fin des années 70 que la notion de culture tend à être reconnue par les chercheurs et les théoriciens organisationnels, mais aussi par les praticiens de l'intervention.

3.1. Approche théorique

3.1.1 Qu'est-ce que la culture ?

A la Conférence de Mexico de l'UNESCO de 1982 (Obin-1993) : la culture est définie comme « l'ensemble de connaissances et de valeurs qui ne fait l'objet d'aucun enseignement et que pourtant, tout membre d'une communauté sait. »

Pour E.H. Schein (1985), la culture d'entreprise existe et elle peut se résumer de cette façon : « La culture organisationnelle est un ensemble de présuppositions inventé, découvert ou développé par un groupe donné lorsqu'il apprend à régler les problèmes de l'adaptation à son environnement externe et de l'intégration interne ; cet ensemble est assez efficace pour être considéré comme valide et susceptible d'être enseigné aux nouveaux membres comme la façon correcte de percevoir, de penser et de sentir en fonction de ces problèmes. »
Le courant de la Corporate Culture repose, quant à lui, sur une communauté d'idées et de valeurs à l'intérieur de laquelle les individus présentent une seule et même culture. Mais parler de culture unique, c'est nier que les individus occupent des positions très différentes au sein de l'organisation, et notamment en termes de pouvoir.
En effet, pour Sainsaulieu, ceci n'est qu'une illusion, car les acteurs de l'organisation occupent des statuts différents et ils auront donc des cultures différentes. Il considère alors qu'il existe des *cultures d'entreprise* qui se définiront en fonction de la place occupée par les acteurs sociaux. Il propose le terme de diversité des cultures et considère que les différents modèles culturels vont permettre, ou non, l'accès à l'identité pour les identités ; l'identité se définissant par un processus dialectique entre identification et différenciation par rapport au groupe.
« Je dois pouvoir m'identifier aux autres et en même temps pouvoir me différencier des autres ».

3.1.2 Les identités au travail

Selon Sainsaulieu (1995), « l'identité au travail est une façon d'élaborer un sens pour soi dans la multiplicité des rapports sociaux et de la faire reconnaître par les partenaires de travail ». Dans les années de croissance, marquées par un contexte socio-organisationnel de rationalisation toujours plus poussé (taylorisme et bureaucratie), on a vu émerger différents types d'identités au travail. Quatre types d'identités semblaient se démarquer et correspondre à des catégories socio-professionnelles bien déterminées :

- l'identité « hors travail » : c'est celle d'une population d'ouvriers spécialisés, d'immigrés ou de jeunes employés, occupant des postes non qualifiés. Le travail est pour eux une nécessité économique et il n'existe pas de processus de construction identitaire dans la sphère de travail ;
- l'identité de «classe » : c'est celle d'ouvriers spécialisés ou d'employés plus anciens qui ont acquis les moyens de se faire entendre en tant que classe sociale et d'améliorer leurs conditions statutaires. On peut alors mettre en évidence des valeurs de camaraderie, de solidarité et d'unité ;
- l'identité « promotionnelle » : elle renvoie à une logique plus individuelle tournée vers l'ascension sociale. Elle caractérise

les nouveaux ouvriers professionnels, techniciens et cadres mobiles en quête d'un statut social valorisant ;

- l'identité de « métier » : c'est l'identité au travail la plus achevée. Elle concerne les ouvriers professionnels et les cadres.

L'entreprise apparaissait à cette époque, comme une véritable institution secondaire de socialisation (après l'école et la famille).
Un quart de siècle plus tard, que sont devenus ces modèles identitaires ?
Certains travaux, réalisés dans les années 80, tendent à montrer que des évolutions sensibles ont fait émerger de nouvelles formes de définition de soi par l'innovation ou par les parcours d'emploi-formation.
Des travaux récents de Sainsaulieu (1995) menés dans 81 établissements privés et publics, ont consisté à redéfinir les formes identitaires et les modèles culturels dans les entreprises contemporaines.
Les données recueillis au cours de ces enquêtes révèlent une grande diversité des identités.
Ces identités collectives au travail ont été explorées à travers trois dimensions :

- les espaces d'identification qui déterminent des sphères d'appartenances et de références pour les individus,
- les systèmes de représentation que les personnes ont de l'autorité et des finalités du travail de l'entreprise,
- les sociabilités, c'est à dire, d'une part les comportements relationnels observés à travers les relations hiérarchiques et les relations entre collègues, et d'autre part, les attitudes face au travail, appréhendées aux travers de deux indicateurs principaux : l'attachement au travail et l'implication dans l'activité.

Six modèles identitaires ont été isolés :

- Le modèle réglementaire :

Il se caractérise, tout d'abord, par une *implication partielle des individus au travail*. En effet, l'activité de travail ne constitue pas un espace d'investissement suffisant pour permettre de développer des pratiques et des valeurs spécifiques.
En revanche, *l'environnement de travail* (plutôt que le travail lui-même) *prend une importance considérable* (conditions concrètes d'exécution des tâches, contexte organisationnels).
Ensuite, on note *une faiblesse des sociabilités* développées dans la sphère de travail envers les collègues proches ou les supérieurs hiérarchiques. Les relations avec la hiérarchie supérieure sont évoquées principalement sur le mode d'une distance sociale, qui tend à diminuer mais perdure.

Ce modèle semble ainsi combiner *une faible construction identitaire par le travail,* à une *relative satisfaction de la situation de travail.* Le rapport instrumental à l'univers de travail doit être rapproché de l'importance accordée à la vie familiale associative. Ceci tendrait à souligner *l'importance de la sphère externe à l'entreprise en tant qu'espace d'identification.*
Cela se traduit, au niveau du travail, par un désintérêt pour les perspectives d'avenir et par un refus de mobilité géographique.

- Le modèle professionnel de service public :

Ces professionnels du service public se réclament du bien collectif et du service rendu à l'usager. Le métier suppose des compétences spécifiques et un système de valeurs dans lequel le service rendu est mis en première place.
L'interaction quotidienne avec l'usager est ambivalente, car cette relation apparaît à la fois difficile à maîtriser et à valoriser puisqu'elle est le vecteur d'une construction identitaire.
Cette relation de conseil à l'usager développe un sentiment d'utilité sociale, lié à cette notion de service rendu et à la réalisation personnelle.
L'engagement de chacun *dans la mission* dépasse les attributions formelles du poste (élaboration d'un savoir-faire spécifique). *Le travail devient un espace à investir pour construire une identité professionnelle.*
Les sociabilités sont le support et l'élément constitutif d'une communauté de métier, car l'entreprise est considérée comme un lieu de formation et de développement de métier. *Le travail est alors vu comme un lieu de construction de liens sociaux.*
Les échanges professionnels se structurent autour de débats entre collègues (convivialité, entraide), *et avec la hiérarchie.* Tout ceci renforce les liens de nature affective et cognitive, et fonde un certain esprit d'équipe.
Le supérieur hiérarchique agit sur l'ambiance de travail (animation d'équipe) et il définit un espace d'autonomie.
Enfin, *la hiérarchie est légitimée, non par son statut, mais par sa capacité à être un leader professionnel et à soutenir son équipe de travail.*

- Le modèle entrepreneurial

Ce modèle se caractérise, tout d'abord, par un *phénomène d'identification à l'entreprise* et à ses produits. Le projet individuel et le projet d'entreprise se fondent dans un même élan de dépassement.
Les individus font preuve *d'un profond attachement à l'entreprise*, au produit ou au métier de l'entreprise ; et ils sont fiers d'en faire partie.

De ce fait, on retrouve *une forte implication au travail*, qui va de pair avec le dépassement de soi et le sentiment de responsabilité vis-à-vis de l'entreprise.
Les sociabilités sont intenses et orientées vers la réalisation des objectifs économiques. Il règne une atmosphère de convivialité et de bonne entente au sein de l'entreprise. *La hiérarchie, quant à elle, doit savoir dialoguer et motiver son équipe* pour être légitime.
Le modèle entrepreneurial est donc une alliance entre un attachement à une maison traditionnelle et une forme plus moderne et offensive de culture d'entreprise.

- Le modèle professionnel

Ici l'activité est l'élément essentiel d'intégration des individus au collectif. C'est à travers elle qu'ils se définissent et se reconnaissent mutuellement
Les individus entretiennent une forte sociabilité, faite d'échanges professionnels. Les sociabilités constituent la caractéristique principale d'une identité collective de métier. C'est ce mode de socialisation, fondé sur des interactions professionnelles, qui distingue ce modèle identitaire des autres.
Le chef est légitimé par son expertise et par sa capacité à transmettre son savoir à son équipe. Les relations hiérarchiques sont alors placées sous le signe de l'échange et de la proximité avec les équipes. *Ce modèle est marqué par une implication forte dans le travail et un attachement affectif.* Ici, la construction d'une identité de métier s'appuie sur des modes de socialisation centrés sur l'apprentissage et la transmission de connaissances.

- Le modèle communautaire

Ce modèle se caractérise par une identité ancrée dans de *fortes traditions collectives.*
En effet, d'une part, *l'identité de masse s'affirme fortement* et engendre des relations fusionnelles ; d'autre part, on note *la permanence d'un « esprit-maison »*.Celui-ci se caractérise par l'attachement à une entreprise et à son histoire, une stratification sociale entre ouvriers, cadres et dirigeants, et un mouvement ouvrier en lutte.
L'imbrication entre la vie au travail et la vie hors travail est d'autant plus forte que l'entreprise gère une partie de la vie extra-professionnelle de ses salariés (écoles, hôpitaux, cités…).
Il semble aujourd'hui que ce modèle s'effrite. Ces communautés peuvent encore être repérées dans des *entreprises souvent anciennes*, dans des secteurs industriels en restructuration. Elles vivent un processus de déqualification professionnelle et les relatons fusionnelles se sont diluées. *Tout ceci se traduit par une implication moindre au travail.*

- Le modèle de la mobilité

Dans ce modèle, *la trajectoire personnelle* constitue un élément structurant pour l'individu et l'aspiration *à la promotion apparaît comme centrale.* Les phases de modernisation de certaines entreprises constituent, à ce sujet, un contexte favorable à des possibilités de carrière.
On constate *une faiblesse ou une sélectivité des relations.* Il s'agit de relations d'affinité en fonctions des rencontres. *En revanche, le caractère convivial est souligné* et permet de soutenir le projet individuel, à condition que les collègues ne soient pas des concurrents potentiels à l'égard des possibilités de carrières offertes. Les « mobiles » sont surtout des cadres et des dirigeants, mais aussi des opérateurs et techniciens, sur lesquels reposent le changement et l'innovation en entreprise. *Les résultats sont mis au premier plan, comme gage d'accès à un parcours professionnel satisfaisant.*

3.2. La culture des établissements scolaires élémentaires

Les travaux de Sainsaulieu (1995) ont été réalisés dans des entreprises de grandes dimensions. Les écoles élémentaires se prêtent difficilement à de telles investigations dans la mesure où la taille des établissements reste modeste.
On pourrait plutôt parler ici d'attitudes ou de tendance culturelle plutôt que de culture d'entreprise. Toutefois, Lionel Jospin, en avril 1991, alors ministre de l'Education nationale, publie son « plan de modernisation du service public de l'Education nationale ». Il la présente alors comme « une administration singulière par sa taille, sa mission, sa culture ».
A la demande du ministère de l'Education nationale, plusieurs études ont été menées afin de mieux connaître les opinions, les représentations et les pratiques professionnelles des enseignants.
D'un point de vue proprement culturel, la population enseignante semble se distinguer de l'ensemble de la population par un désir d'autonomie et d'émancipation par rapport aux contraintes. De plus, l'ensemble des enseignants fait preuve de motivation, d'épanouissement et d'utilité sociale.
Le monde enseignant semble donc avoir évolué de façon anticipatrice et divergente de la société dans son ensemble.
Il peut être intéressant de s'interroger sur l'existence de cette culture Education nationale afin de pouvoir en dégager l'influence sur les décisions et simples pratiques qui rythment la vie de l'institution. C'est au moins ce que nous allons tenter au niveau de l'école primaire élémentaire.

3.2.1 Méthodologie utilisée

- Les sujets : 124 enseignants ont reçu un questionnaire bâti pour les besoins de la recherche (Desort et Coll.1998). Ceux-ci se répartissent de la manière suivante : 40 sont issus d' « écoles ZEP », 30 d'écoles urbaines et 34 d'écoles rurales. Le tirage est aléatoire et peut présenter des biais. Les tirages ne sont pas représentatifs des pourcentages nationaux. C'est la méthode et les tendances qui nous intéressent.
- La passation : Le questionnaire (Desort et Coll.1998) comprend 28 questions fermées et 3 questions ouvertes ordonnées, chacune des questions renvoyant à une variable descriptive de l'identité au travail :

- l'investissement au travail : questions 4, 5, 7, 8, 10, 11 et 16 ;
- le sens au travail : questions 12, 29 et 30 ;
- les relations au chcf : qucstions 13, 14, 15, 19, 20, 21, 22 et 23 ;
- la figure légitime de l'autorité : question 31 ;
- la relation aux collègues : questions 17 et 18 ;
- les finalités de l'établissement : questions 2, 3 et 6.
- (Vie externe : question 9)

Les questions 1 (le statut de l'enseignant), 24 (l'ancienneté), 25 (le niveau de formation initiale), 26 (le type d'établissement) et 27 (le niveau scolaire) sont des questions filtres, et la question 28 introduit la variable sexe.
Une consigne brève présente les expérimentatrices et l'objectif de leur démarche. Chaque questionnaire est anonyme, pour des raisons déontologiques.

3.2.2 Les résultats

- Les variables morphologiques de la population étudiée

Variables	Ecoles	Z.E.P.	URBAINES	RURALES
Sexe	Hommes	36.8 %	8.3 %	19.1 %
	Femmes	63.15 %	91.6 %	80.9 %
Ancienneté	Moins de 5 ans	47.3 %	25 %	42.8 %
	Entre 5 et 10 ans	10.5 %	-	42.8 %
	Plus de 10 ans	42.1 %	75 %	14.3 %
Statut	Titulaire	78.9 %	100 %	90.5 %
	Remplaçant	5.3 %	-	4.7 %
	Enseignant Stagiaire	15.7 %	-	4.7 %

La population des écoles urbaines apparaît plus stable dans sa constitution. 75% des enseignants fréquentent la même école depuis plus de 10 ans et ils sont tous titularisés.
L'équipe est donc plus stable ; de plus, la population scolaire ne présente pas de problèmes apparents. Ici, on a une nette stabilité du corps professoral.
En ZEP, on note seulement 79% d'enseignants titularisés, avec une grosse majorité du personnel qui exerce depuis moins de 5 ans, dans cette même école. Le nombre d'enseignants moins expérimentés constitue donc cette même majorité.
Enfin, comme dans de nombreuses écoles primaires, à peu près 80% du personnel enseignant sont des enseignantes (pour nos trois zones).

- Les variables identitaires

Variable investissement au travail

Questions / Ecoles	Z.E.P.	URBAINES	RURALES
4 – Considèrent leur activité professionnelle enrichissante	55 %	100 %	90.5 %
5 – Trouvent les contacts avec les enfants très appréciables	63.1 %	83.3 %	57.1 %
7 – Les formations enrichissent leur savoir-faire	76.9 %	85.7 %	38.1 %
8 – Ceux qui n'en suivent pas voudraient en suivre	87.5 %	75 %	84.6 %
10 – Sont satisfaits de travailler dans leur établissement	84.2 %	91.6 %	95.2 %
11 – Conseilleraient leur établissement aux enfants de leur entourage	42.1 %	100 %	85.7 %
16 – Favorisent toujours les échanges avec les élèves	68.4 %	91.7 %	80.9 %

Pour la plupart, l'activité professionnelle est enrichissante (100% pour la zone urbaine et 90% pour la zone rurale).
On note, cependant, un détachement des ZEP. 55% des personnes seulement trouvent leur activité professionnelle intéressante. Quant à la satisfaction au travail, les enseignants sont très satisfaits de travailler (il y a une bonne représentation du métier) dans leur établissement. Il semble que le travail soit un espace à investir.
Il y a des différences quant à l'appréciation des contacts. Ceux-ci restent très moyens en zone rurale, ils sont très appréciés en zone urbaine.

Pour la zone d'éducation prioritaire, où le contexte est spécifique, ils sont par contre très appréciés pour 63% de la population enseignante (contacts pour le rappel à l'ordre, faire respecter les règles…).
Les échanges élèves-enseignants sont nettement supérieurs en zone urbaine (91.6%). Pour terminer, tous les enseignants expriment le désir de suivre une formation (désir de progression).

Variable : « sens au travail . »

Ecoles Questions	Z.E.P.	URBAINES	RURALES
12 – Juste alternance entre théorie et pratique	80.5 %	91.7 %	61.9 %
29 – Le travail est avant tout : - développer compétences, capacités… - se sentir utile à autrui	57.9 %	58.3 %	66.7 %
30 – Votre activité professionnelle consiste : - transmettre des connaissances - éveiller l'intérêt de l'élève pour la matière	58.5 %	78 %	51.5 %

La plupart des enseignants ont affirmé alterner la pratique et la théorie, ce qui est normal en primaire, puisque l'on a aussi bien des enseignements généraux tels que le français, les mathématiques…, que les sciences de la nature… Ils font aussi de l'art plastique et de la musique.
Les enseignants ont donc la possibilité d'apprécier les élèves sous l'angle de ces différentes disciplines.
L'ensemble des enseignants mettent l'accent sur un travail qui leur permet de développer les capacités, les compétences et les connaissances, et qui, en même temps, permet aux élèves de se sentir utiles à autrui. Ceci, quelle que soit la zone étudiée. Mais leur activité professionnelle consiste surtout à transmettre des connaissances et à éveiller l'intérêt de l'élève pour la matière enseignée.
Ceci est d'autant plus vrai pour la zone urbaine (pour 78% des enseignants).

Variable : « relations avec les collègues. »

Ecoles Questions	Z.E.P.	URBAINES	RURALES
17 - Equipe de travail soudée	21.05 %	75 %	47.6 %
18 - Côtoient leurs collègues de travail en dehors de l'établissement	84.20 %	25 %	4.76 %

En primaire, l'équipe éducative est constituée d'un nombre relativement restreint, donc les personnes sont plus susceptibles de se connaître. Les rythmes de vie de l'école donnent lieu à de nombreuses rencontres entre les différents enseignants (récréation, surveillance de la cour, pause café aux mêmes horaires…).
Comme dans toute équipe, on retrouve plus d'affinités avec certaines personnes qu'avec d'autres. Mais, quand la population enseignante est plus « ancienne » et plus stable, 75% d'entre eux affirment faire partie d'une équipe de travail soudée, contre seulement 21,05% en ZEP, où le personnel est constitué d'une population d'enseignants moins expérimentés et qui fréquentent l'école depuis peu.
Les enseignants de zone urbaine semblent plus former un groupe d'affinités, au sein duquel existent des relations conviviales et d'entraide, alors que pour les ZEP, ou la zone rurale, la notion d'équipe est plus floue, il y a plus d'individualisme.
On relève ici une petite contradiction. En effet, les enseignants ne considèrent pas faire partie d'une équipe de travail soudée, mais ils affirment côtoyer en dehors de l'école certains collègues ; les relations sont plus affectives.
L'ancienneté et l'expérience ont un rôle non négligeable dans la création de relations de convivialité, de soutien et d'entraide. Cela permet de former une équipe pédagogique soudée, afin de développer un plus grand nombre de relations cognitives.

Variable : « relations au chef et légitimité de l'autorité.»

Ecoles **Questions**	**Z.E.P.**	**URBAINES**	**RURALES**
13 – Très bien informé sur les nouveaux programmes et réformes	42.1 %	41.7 %	42.8 %
14 – Bonnes connaissances du projet d'établissement	63.1 %	33.4 %	47.6 %
15 – Echange réciproque entre enseignant et chef d'établissement	78.9 %	83.3 %	61.9 %
19 à 22 – Le tutoiement	78.9 % Il est normal de le tutoyer	100 % il est normal de le vouvoyer	76.2 % il est normal de le tutoyer
23 – Le chef donne la possibilité d'exprimer des avis et des remarques	100 %	83.3 %	90.5 %
31 – Les qualités du chef : - animer avec motivation et dialogue - laisser une part d'autonomie	74.4 %	75 %	72.4 %

Moins de la majorité affirme être très bien informée quant aux nouveaux programmes et nouvelles réformes : en moyenne, 42% du personnel enseignant de l'ensemble de ces trois zones.
Le rapport à l'information est le même quelque soit l'établissement.
Pour ce qui est du projet d'établissement et du règlement intérieur, la zone urbaine paraît en avoir une moins bonne connaissance. Elle reçoit des informations du supérieur hiérarchique, mais il semble qu'elles ne soient pas jugées utiles, ou qu'elles ne contiennent pas les éléments nécessaires à cette bonne connaissance du projet d'établissement. Pour l'ensemble des trois zones, les échanges d'informations sont réciproques. Ils sont très importants pour la zone urbaine (83%), contre seulement 61,9% pour la zone rurale. Tout cela semble être en rapport avec le type de relations instaurées par le directeur (rôle d'animateur pédagogique). Il apparaît normal de tutoyer le chef d'établissement. La plupart du temps, la relation avec la hiérarchie directe s'apparente à une coopération. Il est important de rappeler que pour l'ensemble de ces écoles, le directeur est lui-même un enseignant. Il est parfois déchargé de cours pour vaquer à des fonctions administratives. C'est une des raisons pour lesquelles le directeur est sans doute très proche de ses collègues, il fait partie intégrante de l'équipe enseignante. Il est confronté aux mêmes situations.
Le directeur agit sur l'ambiance de travail, il définit un espace d'autonomie (« la classe »). En effet, pour 75% des enseignants, un chef d'établissement doit savoir animer son équipe et en même temps lui laisser un espace d'autonomie.

Variable : « finalités de l'établissement . »

Ecoles Questions	**Z.E.P.**	**URBAINES**	**RURALES**
2 - Séances d'informations avec les collègues	63.1 %	41.7 %	**47.6 %**
6 - Etablissement donne la possibilité de suivre des formations	63.1 %	58.3 %	**28.5 %**

Le nombre de séances d'information est plus élevé pour les ZEP. Ceci est dû au fait que l'équipe pédagogique a besoin de nombreuses réunions de concertation afin de prendre des décisions adaptées quand les cas difficiles se présentent.
Pour terminer, les écoles rurales n'ont pas la possibilité de suivre une formation, mais 85% de ses enseignants souhaiteraient en suivre une.

3.3.4 Analyse des résultats

Pour la variable : « investissement au travail »

Globalement, pour l'ensemble des trois niveaux, le personnel enseignant se montre satisfait de travailler au sein de son établissement. Toutefois, l'attachement des enseignants à leur activité semble moins prononcée en

ZEP et en zones rurales. On aurait pu s'attendre au phénomène inverse puisqu'en ZEP, les pratiques éducatives sont plus diversifiées et axées sur les enfants les plus en difficulté (suivis personnalisés, soutien et accompagnement).
Pour ce qui est de suivre des formations, toutes zones confondues, les formations sont jugées utiles.
La majorité des enseignants des ZEP se montre réticente à envoyer ses propres enfants dans leur propre établissement. Ils ne sont pas chaud pour proposer celui-ci à leurs amis. Ceci peut s'expliquer par l'environnement socio-économique défavorisé et par la faiblesse du niveau scolaire des enfants. Il en va de même pour la qualité des contacts avec les élèves qui sont jugés nettement moins satisfaisants par les enseignants de ZEP que par ceux des établissements dits favorisés. Les problèmes de violence, de manque de respect envers les enseignants, une population « plus difficile », peuvent expliquer ce constat.
Les échanges enfants-enseignants du primaire sont moins fréquents dans les ZEP ; en raison peut-être des problèmes disciplinaires d'une population souvent hyperactive. Cette relation apparaît à la fois comme difficile à maîtriser (contacts, échanges avec des enfants fragilisés) et en même temps valorisée (soutien, écoute…). Pour ce qui est du collège, les échanges paraissent relativement satisfaisants pour l'ensemble des établissements.
Ces résultats, et ce malgré une certaine démarcation des ZEP, montrent l'attachement et l'implication des enseignants dans leur activité. La relation de conseil et d'aide à l'enfant leur permet de développer un sentiment d'utilité sociale lié à la notion de service rendu et à la réalisation personnelle. Tout ceci va dans le sens du modèle professionnel de service public, décrit par Sainsaulieu.

Pour la variable : « sens du travail »

Pour tous les niveaux scolaires confondus, les pratiques professionnelles des enseignants se ciblent sur une juste alternance entre théorie et pratique.
Par ailleurs, les enseignants du primaire ont une volonté affirmée de se sentir utile à leurs élèves, de développer leurs connaissances et leurs compétences.
En ZEP, on s'attendait même à ce que l'activité professionnelle consiste à donner une aide personnalisée aux enfants en difficultés, et ce plus qu'en milieu dit favorisé. Pourtant, on ne constate aucune différence entre les trois types d'environnements.
Le rapport au travail à l'école primaire n'est donc pas de nature instrumentale. Il permet aux enseignants l'accès à une dynamique de construction identitaire professionnel de type service public.

Pour la variable « sociabilités » :

- Les relations avec le chef d'établissement :

Tout d'abord, dans les écoles primaires, du fait de la proximité du directeur par rapport à la population enseignante (il en fait généralement partie), on note une ambiance chaleureuse où, dans la majorité des cas, tout le monde se tutoie.
Le directeur de l'école laisse la possibilité à son équipe de s'exprimer et les échanges sont très fréquents. Il veille au bon fonctionnement de l'école, mais il reprend bien vite sa place au sein de l'équipe éducative quand il s'agit de transmettre des connaissances.

« Une fausse note » dans les relations enseignants-chefs d'établissement serait, par contre, une connaissance en général trop moyenne, d'une part du projet d'établissement et d'autre part des nouveaux programmes et réformes. Dans ce cas, le problème vient-il d'un manque d'information de la hiérarchie ou d'un manque d'intérêt des enseignants qui se cantonnent dans leur classe avec leurs propres objectifs à atteindre ?
Enfin, en ce qui concerne la légitimité de l'autorité, indépendamment du type d'établissement, le chef d'établissement doit posséder comme principale qualité, celle de savoir animer son équipe à travers le dialogue et la motivation ; ensuite, il doit laisser une part d'autonomie à son équipe.

Les relations avec les collègues :

Quand on demande aux enseignants s'ils considèrent faire partie d'une équipe de travail soudée, les réponses positives sont peu importantes en ZEP.
C'est un résultat surprenant ; en effet, on aurait pu s'attendre à la constitution d'une véritable équipe pédagogique dans le but de corriger les inégalités sociales par le renforcement de l'action éducative, là où le taux d'échecs scolaires est le plus élevé. Or les résultats vont dans un tout autre sens, les pratiques des enseignants semblent très individualisées. Sinon, dans les autres écoles non Z.E.P., une petite majorité considère faire partie intégrante d'une équipe soudée.
Tout ce qui vient d'être dit doit être nuancé : ce n'est pas parce que l'équipe enseignante ne semble pas particulièrement soudée, qu'il n'y a pas d'échanges.
En dehors du travail, des relations affectives semblent exister. Même s'ils ne rencontrent pas tout le temps leurs collègues, les enseignants se côtoient en dehors de leur espace de travail.
Il apparaît aussi que les échanges professionnels se structurent autour de débats entre collègues et la hiérarchie. Cette situation renforce les liens de nature affective et cognitive et fonde un certain esprit d'équipe ; ce qui à nouveau rend compte du modèle professionnel de service public.

L' analyse de ces résultats nous laisse supposer qu'il existe une culture dominante au sein des écoles élémentaires : « la culture professionnelle de service public ». Nous aurions pu nous attendre à un autre modèle. En effet, « l'Ecole primaire » par excellence est l'héritière de « l'Ecole Ferry » et son fonctionnement reste très hiérarchisé et très pyramidalisé. Pourtant, il semblerait que la majorité des enseignants se définissent plus comme des prestataires de services que comme des agents du gouvernement. Y a-t-il des contradictions dans ces résultats ?. Certes, parce que ceux-ci restent trop partiels et que l'étude mériterait d'être approfondie. Nos effectifs restent trop modestes et limités à une région.Toutefois, il semble bien que malgré l'institution, les enseignants soient plus dans l'esprit libéral que pyramidal. Ceci confirme l'idée que nous avions en ce début d'étude, à savoir qu' appréhender l'Education Nationale dans sa globalité comme organisation a peu de sens. Il est important que pour la compréhension du système éducatif, l'étude organisationnelle se fasse établissement par établissement.

4. Conclusion

La conclusion que nous pouvons tirer d'un tel chapitre, c'est que l'intervention du psychologue à l'école ne peut pas se contenter d'une vision sociologique ou macroscopique de l'organisation scolaire. Chacun des exposés montrent la richesse des enseignements que chaque type d'analyse peut apporter, et comment ces analyses, loin de s'exclurent, se complètent.

Ainsi l'analyse systémique permet de cerner les déterminants, les contraintes, et les contradictions que vivent les acteurs dans les écoles. L'analyse stratégique permet de comprendre comment les incertitudes et les fragilités de l'organisation sont sources de pouvoir pour les enseignants. Le repérage de ces pouvoirs n'a pas pour objectif de les faire disparaître mais bien au contraire d'optimiser l'action du psychologue. L'approche stratégique a permis de montrer l'évolution de la culture d'entreprise des enseignants du premier degré. Loin d'être ces réfractaires de la 3ème république que certains décrivent, ils sont devenus de vrais prestataires de services. Il ne s'agissait toutefois pas ici de rendre compte de l'Ecole comme bien souvent les analyses sociologiques le font. Il s'agissait ici de fournir aux psychologues scolaires des outils utiles pour comprendre le fonctionnement des écoles où ils travaillent. Tout professionnel voire enseignant, intervenant dans les écoles sait combien les messages sont difficiles à faire passer et les innovations dures à promouvoir. Ces différents outils permettent à ces professionnels non enseignants de comprendre ce qui se passe dans les écoles afin d'y optimiser leur action. Ils permettent aussi d'accompagner les évolutions de façon adaptée sans vouloir pour autant faire la révolution.

BIBLIOGRAPHIE

BAUDELOT, C., ESTABLET, R. (1971). *L'école capitaliste en France.* Paris -Maspero.

BERNOUX, P. (1985). *La sociologie des organisations.* Paris - Seuil.

BERTALANFFY, L. von. (1973). *Théorie générale des systèmes.*Paris Dunod.

BERTRAND, Y., GUILLEMET, P. (1989). *Les Organisations.* Approche systémique. Paris.

BOUDON, R. (1977). *Effets pervers et ordre social.* Paris - P.U.F.

BOURDIEU, P., PASSERON, J.C. (1970). *La reproduction, élément pour une théorie du système d'enseignement.* Paris – Edition de minuit.

CROZIER, M., FRIEDBERG, E. (1977). *L'acteur et le système.* Paris - Seuil.

CROZIER, M. (1979). *On ne change pas la société par décret* . Paris - Grasset.

DE ROSNAY, J. (1975). *Le macroscope.* Paris - Seuil.

DESORT, C., FRESNE, N.& HAMADI R. (1998). *L'influence des Identités Culturelles des Enseignants sur leurs pratiques éducatives.* Sous la direction de G. Masclet. Publication Lille III.

DOLAN, S.L., LAMOUREUX, G. & GOSSELIN, E. (1996). *Psychologie du travail et des organisations.* Montréal, Gaétan Morin.

DUBET, F. (1991). *Les Lycéens.* Paris - Seuil.

DUCASSE, P. (1989). *Psychologie scolaire et analyse systémique, changement2,* 1,23-31.

DUHALDE, I., MASCLET, G. (1996). *L'Approche organisationnelle, un outil de compréhension du fonctionnement de l'Ecole* Sous la direction de G. Masclet. Publication Lille III.

DUPLOUIS, S, HIERAMENTE, B. & LIAGRE, M.G.. (1994) *Approche stratégique de l'école : une contribution à la question de la réussite scolaire.* Sous la direction de G. Masclet. Publication Lille III.

DURAND, D. (1979). *La systémique.* Paris - P.U.F.

EON, J. (1995). *Ecole, Psychologues et Sociétés.* Psychologie et Education.

EVEQUOZ, G. (1984). *Le contexte scolaire et ses otages.* Paris – E.S.F.

FRANCFORT, I., OSTY, F., SAINSAULIEU, R., UHALDE, M. (1995). *Les mondes sociaux de l'entreprise.* Bruxelles – Desclée de Brouwer.

GOGUELIN, P. (1989). *Le management psychologique des organisations.* Paris, E.S.F.

GULICK, L. & URWICK, L. (1937). *Papers on the Science of Administration.* New York..

JOIN-LAMBERT, M.T. (1994). *Politiques Sociales.* Paris – Dalloz.

LEGRAND, A. (1994). *Le système E.* Paris – Denoël.

LE MOIGNE, J.L. (1978). *La théorie du système général.* Paris – P.U.F.

LEVY-LEBOYER, C., SPERANDIO, J.C. (1987). *Traité de Psychologie du Travail.* Paris – P.U.F.

LEWIN, K. (1971). *Psychologie dynamique.* Paris P.U.F. 4ème édition.

LOUCHE, C. et Coll. (1994). *Individu et Organisations.* Neuchâtel – Delachaux Niestlé.

LUGAN, J.C. (1993). *La systémique sociale.* Paris – P.U.F.

MARCH, I.G., SIMON, H.A. (1974). *Les organisations.* Paris – Dunod.

MARTIN , M.M. (1988). *Les doctrines sociales en France et l'évolution de la société française.* Paris – Dervy livre
MASCLET, G. (1994). *Un nouvel enseignement pour les professeurs* : La psychologie des organisations, in « *Spirale* »12.
MASCLET, G. (1994). *Psychologie des organisations et psychologie scolaire.* In : *Actes du IV ème congrès régional de l'AFPS Nord- Pas-de-Calais.*
MASCLET, G. (1995). Psychologie Scolaire, Psychologie de l'Education ou Psychologie. *Psychologie et Education, 22,37-43.*
MASCLET, G. (1997). *Evaluation du contexte organisationnel* in J.C. Guillemard et S. Guillard, Manuel pratique de psychologie en milieu éducatif. Paris – Masson .223-235.
MASCLET, G. (1998). *Libéralisme et théories psychologiques.* Spirale Spécial 2-22 ; 85-94.
MASCLET, G. (1998). Le conseiller d'orientation et l'institution scolaire. *Psychologie et Education,* 35, 33-51.
MASCLET, G. (2000). *La dimension psychologique du Management. Méthodologies pour l'étude des organisations.*Presses Universitaires du Septentrion.
MAYO, E.. (1933). *The human problems of an industrial civilization.* New York, Macmillan.
MORIN, E. (1991). *Introduction à la pensée complexe.* Paris E.S.F.
NIQUE, C., LELIEVRE, C. (1993). *La République n'éduquera plus.* Paris – Plon.
NORET, N, PHUNG, G. & VETTER, O.. (1995). *L'analyse systémique à l'école.* Sous La Direction de G. Masclet. Publication Lille III.
OBIN, J.P. (1993). *La crise de l'organisation scolaire.* Paris – Hachette.
PETIT, F. (1979). *Introduction à la psychosociologie des organisations.* Toulouse – Privat.
PETIT, J.F. (1986). *Introduction à la psychosociologie scolaire des organisations.* Toulouse – Privat.
PETIT, J.F. (1987). *Les Organisations in : Traité de Psychologie du Travail* ; sous la direction de Levy-Leboyer C. et Spérandio J.C. Paris - Seuil.
POCZTAR, J. (1989). *Analyse systémique de l'éducation.* Paris. E.S.F.
PROST, A. (1986). *L'éloge des pédagogues.* Paris - Seuil.
PROST, A. (1992). *Education, Société et Politiques.* Paris - Seuil.
ROSNAY de, J. (1975). *Le Macroscope.* Paris - Seuil.
SAINSAULIEU, R. (1977). *L'identité au travail.* Fondation Nationale des Sciences Politiques.
SAINSAULIEU, R. (1987). *Sociologie de l'Organisation et de l'Entreprise.* Paris – Dalloz.
SCHEIN, E.H. (1985). *Organizational culture and Leadership.* San Fransisco, Fossey Bass.
SIMON, H.A., SMITHBURG W.& THOMPSON V.A.. (1950). *Public Administration.* New York.
TAYLOR, F.W. (1947). *Principes d'organisation des usines.* Paris, Dunod.
WATZSLAWICK, P. et coll. (1972). *Une logique de la communication.* Paris – Point Seuil.
WATZSLAWICK, P. et coll. (1975). *Changements.* Paris – Point Seuil.

Psychologie des organisations, analyse psychosociale du contexte et psychologie scolaire

(L'individu, l'organisation et l'environnement.)

Jean-Claude GUILLEMARD, psychologue scolaire. Dourdan (91)

INTRODUCTION

En quoi la réunion du WTO[1] à Washington ou un sommet des chefs d'états à Rio a t-il un rapport avec le comportement asocial de Mahmadou Dupuis, élève de CE2 à l'école Jules Ferry de Nanterre (Hauts de Seine) ? Question étrange pour Isabelle Martin-Perez, la psychologue scolaire du RASED Jules Ferry chargée d'examiner le jeune Mahmadou et de trouver une solution au scandale permanent qu'il déclenche autour de lui , aux souffrances qu'il endure et fait endurer aux autres. Pas si étrange que cela toutefois, si Isabelle Martin-Perez a pris conscience que de temps en temps, il convient d'observer les problèmes non pas à la loupe, mais à la longue vue : prendre le recul nécessaire n'est-ce pas –pour filer la métaphore-changer d'optique ou de mise au point et permettre le recadrage d'une situation devenue floue à force de focaliser sur un point. Vus de loin (ou de haut) les problèmes que pose Mahmadou Dupuis à son microcosme prend une toute autre allure et si Isabelle Martin-Perez veut bien se doter d'une grille de lecture que son DESS de psychologie clinique et pathologique acquis dans les années 90 ne lui a pas fourni, alors elle pourra reconsidérer les comportements de Mahmadou Dupuis et repenser les stratégies d'adaptation à mettre en place. Cette grille de lecture-appelons la éco-systémique et organisationnelle- lui permettra de comprendre comment les systèmes d'interactions dans lesquels fonctionne le jeune Mahmadou Dupuis, s'inscrivent dans un environnement qui détermine ou influence les modalités d'interactions sociales dans chacun des systèmes concernés .
C'est cette grille (cf Tableau 1) qui servira de cadre synthétique de référence aux descriptions et aux interventions qui seront présentées dans cet article .[2]

[1] World Trade Organization : Organisation Mondiale du Commerce.

[2] D'après G. FISCHER :Les domaines de la psychologie sociale ; Le champ du social. Dunod, Paris 1990.

TABLEAU 1.

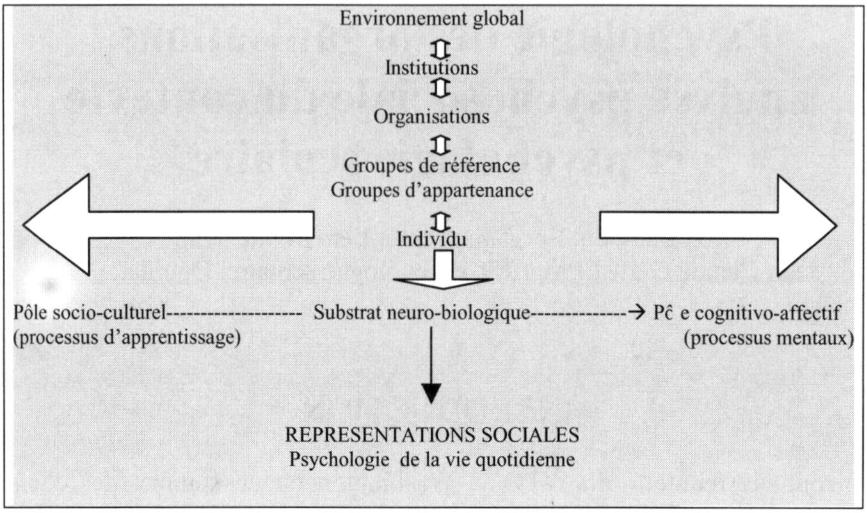

Les deux pôles qui permettent à l'individu d'accéder à la connaissance de son univers social (pôle socio-culturel et pôle cognitivo-affectif) en prise directe sur un substrat neuro-biologique interagissent aux différents niveaux , groupal, organisationnel, institutionnel , environnemental global (planétaire ou universel).

Dans le champ du social, les problèmes qui se posent concernent les normes sociales (problèmes des déviances , conception du normal et du pathologique), les différents rôles sociaux et les statuts qui y sont attachés (problèmes des conflits de rôles pour un individu appartenant à deux cultures antinomiques), le pouvoir et la violence dans les organisations et les institutions (violence réelle ou symbolique dans l'école autour des notions de réussite et d'échec scolaire). Si on reprend la question du début concernant les liens entre des faits identifiés au niveau planétaire et des faits concernant un individu on peut maintenant répondre que toutes ces interactions contribuent à animer une dynamique du social dans laquelle la problématique du changement individuel et du changement collectif est au cœur des préoccupations d'Isabelle Martin-Pérez et que la perspective éco-systémique est utile à la compréhension des comportements en milieu scolaire en même temps qu'elle ouvre des pistes vers la recherche de solutions collectives aux problèmes auxquels contribue Mahmadou Dupuis mais dont il n'est pas –ni sa famille d'ailleurs-le seul protagoniste.

I.1 L'apport des concepts de la psychologie sociale .

Pour la bonne compréhension des orientations pratiques qui seront proposées ultérieurement, il n'est peut-être pas inutile de rappeler un certain nombre de concepts –notamment ceux figurant aux différents

niveaux du schéma ci-dessus et intervenant dans la dynamique du social propre à chaque individu- et de les rapporter à des contextes familiers au praticien du milieu scolaire.
A propos du pôle socioculturel, la culture est comprise ici comme l'ensemble des modalités de l'expérience sociale construites sur des savoirs appris **(les apprentissages sociaux) .** Ces modalités sont organisées comme des systèmes de signes à l'intérieur d'une communication sociale qui fournit aux membres du groupe un répertoire et constitue un modèle de significations socialement partagées leur permettant de **se comporter et d'agir de faąon adaptée au sein de leur groupe d'appartenance.** La problématique de l'interculturel semble s'appliquer prioritairement aux « clients » du psychologue scolaire qui sont issus de la migration étrangère, mais en fait elle s'applique tout autant à tous ceux qui –au sein de la culture indigène, française pour ce qui nous concerne- constituent des groupes ou des sous groupes minoritaires par rapport aux normes et aux modèles dominants dans lesquels nous (les psychologues, les enseignants, les décideurs) nous reconnaissons.
Les normes et le contrôle de leur respect par les acteurs sociaux est un aspect fondamental de la dynamique du social. Il existe des normes collectives ou de groupe. Par exemple certains ont pu considérer que les normes républicaines avaient été mises en question par l'affaire du foulard islamique. Dans ces normes de groupe s'inscrivent des normes de rôle . Par exemple on définira ce que doivent être de bons parents (et a contrario ce que sont de mauvais parents, cette définition par la négative étant d'ailleurs celle qui est explicite le plus souvent) dans le domaine de l'éducation et les relations avec l'école. Les rôles respectifs de « mère » et de « père » dans les contextes familiaux nouveaux (familles dissociées, recomposées, monoparentales) entraînent des conflits de rôles chez un même individu mais également des conflits de valeurs entre les individus.
En ce qui concerne la question du pouvoir dans les organisations et les institutions et celle de la violence qui en est inséparable, il faut s'interroger sur le postulat de l'autorité pédagogique (FILLOUD,1974)qui ne pourrait s'imposer et surtout être efficace que par une violence qui ne peut être reconnue comme telle. La réflexion sur la nature du pouvoir dans l'institution scolaire n'est-elle pas un préalable indispensable pour le psychologue scolaire dès lors qu'il intervient dans la relation entre des partenaires de statuts et de rôles différents . Et un préalable à ce préalable n'est-il pas que le psychologue s'interroge d'abord sur sa propre relation au pouvoir et sur sa position dans l'organisation dans laquelle il est -éventuellement à son corps défendant- à la fois juge et partie .
La construction des représentations sociales. Le concept de représentation sociale est devenu central en psychologie depuis une vingtaine d'années. Il s'appuie- entre autres – sur la prise en compte de cette psychologie de la vie quotidienne(BEAUVOIS 1995) distincte de la psychologie savante mais non moins importante et grâce à laquelle chacun

d' entre nous explique le monde qui nous entoure et tente de le prévoir. C'est une connaissance pratique qui nous aide à agir sur et avec autrui. Il faut bien voir que toute représentation sociale est représentation de quelque chose et de quelqu'un, c'est à dire qu'elle met en relation un objet et un sujet. C'est parce que j'ai une certaine représentation –par exemple- du divorce, des étrangers, de l'argent… que je vais parler et agir d'une certaine façon à propos des relations dans le couple, de l'immigration clandestine ou de l'économie de marché. Mais la représentation sociale c'est aussi un acte de pensée qui implique la mise en œuvre de processus psychiques tels que :

-le processus d'objectivation qui consiste à rendre concret l'abstrait, à matérialiser le mot (par des images par exemple)

-le processus d'ancrage qui consiste à intégrer l'objet représenté dans le système de pensée pré-existant. C'est à partir de ces processus d'objectivation et d'ancrage que vont s'articuler les fonctions de la représentation sociale qui consistent pour l'essentiel à

-intégrer la nouveauté,

-interpréter la réalité,

-orienter les conduites et les rapports sociaux .

Comme le montre le schéma du tableau 1, les représentations sociales de chacun d'entre nous illustrent en quelque sorte notre personnalité construite au croisement du biologique, de l'affectivo-cognitif et du social. Si nous essayons d'imaginer les enjeux de la relation entre nos deux protagonistes, Isabelle et Mahmadou,voici ce que nous pouvons entrevoir (tableau 2)

TABLEAU 2.

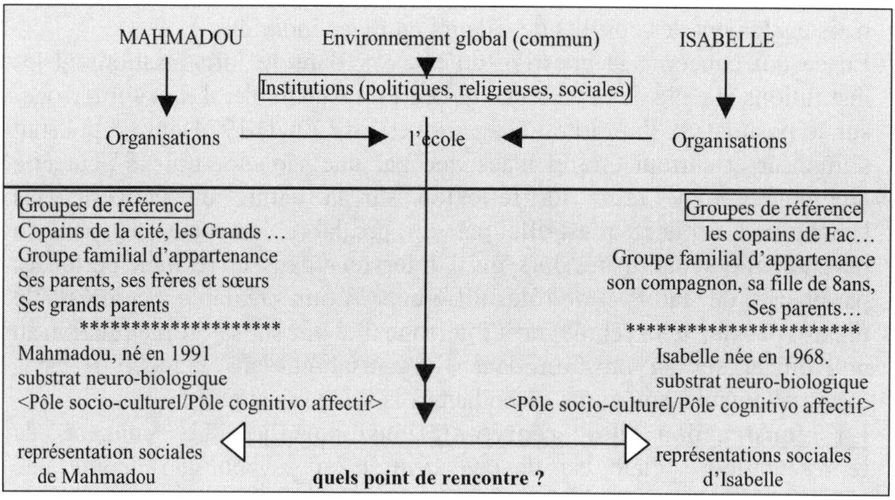

Quand Isabelle Martin-Perez rencontrera Mahmadou Dupuy (et sa maman) leur communication sera possible, pertinente et efficace si -et seulement si- ils peuvent partager un univers commun (GHIGLIONE, 1986), c'est à dire s'ils parviennent à faire se rencontrer leurs représentations sociales en ce qui concerne les enjeux de la rencontre.
On a vu dans le schéma de référence que les conduites humaines s'inscrivaient dans un environnement global. Bien entendu, l'environnement ce n'est pas seulement la question de l'effet de serre , de la couche d'ozone ou de la déforestation : l'environnement c'est tout ce qui nous entoure depuis le plus éloigné, l'espace galactique, jusqu'au plus proche, notre espace intime. L'environnement, il peut être rural ou urbain, professionnel ou familial , surpeuplé ou désert…Il nous intéresse en ce qu'il intervient comme facteur déclenchant ou déterminant d'un certain nombre de conduites.

I.2.Psychologie de l'environnement et éco-psychologie

La psychologie de l'environnement est apparue dans les années 60. Cette discipline à son début s'est essentiellement centrée sur l'étude de l'environnement physique et sur ses conséquences sur le comportement des individus. Parmi les pionniers de cette discipline, on trouve Kurt LEWIN(1964) qui fut sans doute le premier à utiliser le terme de « psychologie écologique » avant que R.G BARKER(1968) n'en pose les fondements et les méthodes[3]. Dans la même période, E.T HALL(1966) faisait une approche des rapports de l'homme et de son environnement et montrait la valeur psychologique de l'espace humain au travers d'une nouvelle discipline qu'il intitulait « proxémie ». Ultérieurement, d'autres psychologues sociaux ont souligné l'importance de l'environnement comme médiateur de toute interaction sociale (G.N FISCHER 1992). A une conception déterministe de la relation homme-environnement calquée sur le schéma behaviouriste Stimulus-Réponse, l'analyse psychosociale récente insiste sur l'interdépendance complexe entre l'espace construit (et dont les composantes sont aussi économiques, politiques, culturelles) et les processus qui engendrent tel ou tel comportement dans un espace donné. Parmi les concepts fondamentaux mis en évidence par la psychologie de l'environnement nous retiendrons particulièrement ceux de *territoire* et *d'espace personnel* .

Le concept de territoire est issu des travaux des éthologistes (VON UEXKÜLL, TINBERGHEN, LORENZ) . Cet emprunt a parfois été critiqué dans la mesure où le comportement animal est pour l'essentiel

[3] Pour BARKER, l'espace est un « organisateur »de comportements. Dans les expériences qu'il a mené à l'université du Kansas, il observe que les variations de comportement d'un même individu dans des environnements différents sont plus importantes que celles qui affectent les comportements de deux individus distincts dans un même environnement.

orienté par ses instincts biologiques alors que chez les humains, les caractéristiques physiques de l'espace s'inscrivent dans un champ social. Le territoire est donc avant tout un espace géographique chargé de valeurs psychologiques et culturelles pour ceux qui l'occupent. La notion de marqueurs de territoire a été elle aussi reprise de l'éthologie animale pour désigner ces signes qui personnalisent l'espace considéré et en désignent le propriétaire ou l'occupant permanent. Ces marqueurs peuvent être plus ou moins explicites : une plaque avec le nom du propriétaire sur une boîte à lettres ou sur une porte de bureau est sans ambiguïté pour l'étranger qui arrive à proximité, par contre, la signification d'un tag sur un mur est explicite uniquement pour ceux qui savent le déchiffrer,un journal sur un banc public ne sera pas nécessairement reconnu comme un marqueur de territoire. Les territoires dits « primaires » parce qu'ils sont occupés de façon stable par des utilisateurs permanents, sont clairement identifiés : ce sont des locaux à usage familial (logement) ou professionnel (bureau individuel). Toute intrusion dans un territoire primaire est ressenti comme une violation, une agression, si les règles de négociation en usage dans ce territoire n'ont pas été respectées. Les territoires dits « secondaires » sont des lieux de rencontres que se sont appropriés des groupes d'habitués. Ces territoires peuvent être des locaux fermés (un café ou une classe par exemple) ou des lieux ouverts (une cour d'immeuble, un square, une partie de cour de récréation ...). Enfin les territoires publics sont par définition à l'usage de tous. Ce sont aussi bien des espaces publics proprement dits (rues et trottoirs, places, squares, bâtiments publics et galeries commerciales...) que les équipements qui s'y trouvent (mobilier urbain). Les comportements dans ces territoires sont réglés par les normes sociales et les coutumes en vigueur. Toutefois le statut d'un territoire peut se transformer par l'usage qu'en font certains de ses utilisateurs. Ainsi un groupe de jeunes peut occuper une cage d'escalier ou une esplanade de cité pour en faire « son territoire » . Cette occupation leur donne un sentiment de dominance qui peut dans certains cas aller jusqu'à interdire la présence sur ce territoire de toute personne étrangère au groupe . Ces comportements territoriaux sont bien évidemment des facteurs de conflits avec les autres usagers de l'espace considéré qui n'ont pas compris (par exemple faute de pouvoir dans une cité périurbaine, interpréter les « tags » qui indiquent que telle allée, tel bloc est le territoire de la bande de X) ou pas voulu accepter, le changement de destination d'un espace .

Si le concept de territoire est avant tout groupal (même si chaque membre du groupe en a une forte représentation), le concept de distance personnelle est d'abord individuel (même si elle a besoin d'une interaction sociale pour être identifiée et ressentie). La perception de cette distance est étroitement liée aux sensations extéroceptives, mais elle est fondée aussi sur le sentiment que au delà de mon enveloppe corporelle, il existe des zones de protection de mon intégrité qui lorsqu'elles sont franchies sans mon autorisation déclenchent autant de signaux d'alarme qui vont entraîner des

comportements de défense (fuite, agression). Certains auteurs ont utilisé pour définir ce concept de distance personnelle des termes tels que bulles , enveloppes, coquilles, emboîtées les unes dans les autres comme autant de poupées gigognes .Selon les auteurs on a parfois distingué plusieurs types de distance allant de la distance intime (quelques centimètres) à la distance publique (quelques mètres) en passant par la distance sociale qui définit la limite de bien- être ou de malaise entre deux personnes qui n'ont pas habituellement de relations très proches (HALL, 1979). Ces distances qui constituent autant de frontières à franchir (et donc de passeports ou de visas pour la communication) varient en fonction des cultures[4]. On admet que la distance sociale adéquate pour converser est –en Europe- généralement plus courte dans le Sud que dans le Nord du continent et l'on connaît ce gag qui montre un sicilien et un suédois dansant une sorte de samba avant-arrière faute de parvenir à trouver leur distance sociale d'équilibre leur permettant de converser à l'aise.
Les fonctions du territoire comme de la distance personnelle sont d'abord de protection de la personne mais aussi de réponse à des besoins de régulation de l'intimité (FISCHER,1992). Du point de vue psychologique, l'individu, considère l'espace à partir de la place qu'occupe son propre corps dans un environnement donné, il perçoit ce qui est de son espace intérieur et de ce qui l'entoure même si on l'a vu le concept de distance personnelle et d'enveloppes successives, relativise la perception de ses limites. Les psychanalystes (SCHILDER, 1968, ANZIEU, 1985) ont donné de la consistance à la compréhension de l'organisation psychique de l'espace au travers de concepts tels que l'image du corps ou l'enveloppe psychique (Le moi-peau d'ANZIEU, 1985) . C'est autour du « schéma corporel » (la représentation que chacun de nous se fait de son corps) que nous allons construire et structurer en lui donnant du sens, l'espace qui nous entoure en le distinguant de notre espace intérieur. Mais les psychologues du développement et notamment PIAGET(1947) ont montré comment le début de la construction de l'espace chez l'enfant (de l'espace topologique à l'espace euclidien) était contemporain de l'apparition de la fonction symbolique et en définitive , comment en intériorisant des actions spatiales l'enfant par stades successifs développait son intelligence. Mais l'espace environnant peut aussi être un facteur pathogène ou en tous cas vécu comme tel par certains individus. Chacun d'entre nous a pu vivre des situations de stress éprouvées dans un environnement oppressant en raison de la chaleur, du bruit, de la lumière, de la densité de la foule, de l'architecture etc. Ce stress peut être encore aggravé si nous avons le sentiment de ne pas contrôler cet environnement. On sait qu'il existe une véritable pathologie de l'espace dont certaines phobies sont les plus connues (claustrophobie, agoraphobie , phobie des transports…) mais qui peut également se manifester par des délires et des hallucinations (distorsion des murs et des ouvertures par exemple). En

[4] Mais il existe aussi des facteurs individuels d'âge, de sexe, de statut social, de situation…

d'autres termes, l'espace au delà de ses composants physiques est toujours une réalité reconstruite mentalement .
L'intérêt de l'approche psychosociale de l'environnement n'est pas seulement de fournir un modèle d'analyse, il permet aussi a partir de *« grilles de lecture concernant les lieux sociaux qui font problème, en cherchant à identifier les divers facteurs positifs et négatifs à l'œuvre, afin de proposer des orientations susceptibles de traiter l'espace humain…Un tel outil devrait permettre …de construire un cadre de vie qui soit réellement plus humain* » (FISCHER,1992).

I.3 Analyse institutionnelle et psychosociologie des organisations.

Au sens le plus large, une institution, c'est ce qui institue, ce qui met debout, ce qui est au commencement. L'institution est fondatrice d'un système.
Les organisations quant à elles, ne représentent que les applications très diversifiées des principes institués. Pour reprendre l'exemple imaginaire de l'introduction de cet article, l'école Jules Ferry de Nanterre est l'une des organisations appartenant à l'institution « Ecole », de même l'hôpital Louis Pasteur à Bourges, ou la maison d'arrêt de Carpentras sont des organisations instituées par la Santé (au sens de système de santé) et par la Justice.
L 'institution s'appuie sur (et crée simultanément) des systèmes .juridiques, la loi, le droit et ses dérivés (codes, règlements, constitutions).
En définissant l'analyse institutionnelle (LAPASSADE 1970) comme la mise en évidence du conflit permanent existant entre l'institué (l'ordre établi) et l'instituant (les forces innovantes) on a construit des outils d'intervention susceptibles de produire du changement social (HESS,1978).
Un auteur comme I.GOFFMAN(1968) a plus spécialement travaillé sur les « institutions totales » caractérisées par :

- La fermeture (protection contre les interactions sociales avec l'extérieur)
- L'autorité de contrôle,
- La résidence permanente (ou longue) des usagers à l'intérieur de l'institution,
- La finalité (les buts sont explicites)
- La culture interne imposée qui peut être définie par des expressions diverses (culture d'entreprise, formation-maison, intégration…)mais qui oblige l'entrant à abandonner sa culture propre pour une autre,
- L'idéologie interne qui contribue à placer les usagers en dehors du monde.

Si GOFFMAN a étudié, l'asile psychiatrique et d'autres institutions comme la prison , on voit aussi comment l'école pourrait entrer dans la catégorie des institutions totales .

Les psychanalystes (E.JAQUES,1978) ont montré que les institutions fonctionnaient à deux niveaux : un niveau manifeste et un niveau latent (inconscient mais non identifié comme tel par les usagers). Pour E.JAQUES, les institutions représentent un mécanisme de défense contre les angoisses. Ce mécanisme se met en place à chaque fois qu'un changement culturel est mis en œuvre dans l'institution . ENRIQUEZ (1971) a souligné les principaux éléments qui structurent les institutions :

- Un ensemble de connaissances définissant des systèmes de valeur (le travail, la solidarité, la discipline, la foi…)
- Une intériorisation des règles qui amène l'individu à s'identifier à l'institution et à lui faire jouer le rôle d'un moi idéal,
- L'existence d'un mythe fondateur en forme de figure paternelle,
- La reproduction à l'identique,
- Une vocation éducative de transmission des valeurs .

On le voit, l'institution dépositaire et transmettrice de systèmes de valeurs est par nature conservatrice. Pour contrôler l'ordre social qu'elle établit et doit maintenir, elle dispose de systèmes de contrôle explicites (dispositif juridico-policier) et implicites (coutumes, recommandations, interdits et tabous). Le conservatisme institutionnel est marqué par le déterminisme des manières de penser et d'agir : la pensée unique, le consensus sont des idéaux institutionnels. La littérature fantastique (G.ORWELL, H.G WELLS, A.HUXLEY…) ont bien décrit ces processus avant même que les historiens aient pu analyser le phénomène totalitaire.
Si des auteurs comme GOFFMAN distinguent mal l'institution de l'organisation, la plupart des psychologues sociaux ont tendance à définir l'organisation comme un « morceau d'institution » ayant des objectifs précis (FISCHER,1990) . L'organisation est « une unité sociale instituée qui réalise un ensemble d'activités à travers un système de moyens orientés vers des buts définis (LEVY-LEBOYER, 1974). F.PETIT (1991) précise que
« l' ***Education*** *est par excellence une institution, c'est à dire un ensemble d'idées, de croyances et de normes de comportement proposé et souvent imposé aux individus dans une société donnée. Un groupe scolaire primaire, un collège, un lycée, une université, un rectorat ou un ministère de l'Education Nationale sont des* ***organisations*** *qui se nourrissent* ***de l'institution Education*** *tout en donnant à celle-ci une assise concrète d'existence ».*

L'étude des organisations par les psychologues est étroitement liée au développement industriel . L'organisation scientifique du travail (OST) de TAYLOR(1947) aux alentours de la première guerre mondiale s'est intéressée aux rapports homme-machine sous l'angle du rendement en limitant la motivation à une affaire de rétribution . Plus tard, Elton MAYO(1949) et les psychologues de la Harvard Business School ont montré que les motivations étaient tributaires d'effets de groupe et notamment au sentiment d'appartenance et au besoin de se conformer aux valeurs du groupe . Le mouvement des relations humaines était né et avec lui, la prise en compte de l'humain dans l'organisation , qu'il s'agisse de la théorie des besoins de MASLOW(1954), ou des travaux de LEWIN(1972), de COCH et FRENCH(1948) sur la résistance au changement dans l'entreprise . Tous ces travaux ont conduit à considérer le travail humain comme un problème spécifique et à s'intéresser à des notions nouvelles telles que ,

- La notion de fonction se substituant à celle de tâche,
- La notion de climat,
- La notion de modèles multivariés qui tient compte de la nécessité pour l'organisation de s'adapter continuellement aux variations d'un environnement à la fois spécifique et dynamique.

Par ailleurs, les psychologues vont observer plus spécialement les comportements organisationnels dont on constate qu'ils sont portés par des motivations psychologiques , par une recherche de satisfactions et par des attentes .
En ce qui concerne la motivation de l'individu, on s'aperçoit qu'elle est dépendante de la place de chacun et de la contribution qu'il apporte.
En ce qui concerne les satisfactions on distingue (HERZBERG,1959) des facteurs dits « extrinsèques » comme les conditions de travail, les salaires, les relations hiérarchiques qui portent fréquemment de l'insatisfaction alors que les facteurs dits « intrinsèques » relatifs au travail proprement dit, aux possibilités de prendre des responsabilités, de développer des initiatives, de prendre des décisions .
En ce qui concerne les attentes, il s'agit de l'idée qu'un individu entretient quant à ses possibilités de réussir une action. Cette notion peut être reliée à celle d'estime de soi en situation professionnelle .
Le comportement organisationnel des individus s'inscrit dans la dynamique organisationnelle qui est elle-même le produit d'interactions entre :

1. La structure organisationnelle, par exemple l'organigramme (structure formelle qui définit rationnellement la place et le rôle de chacun) et les réseaux de relations informelles qui interviennent dans la régulation émotionnelle et peuvent selon les cas renforcer la sécurité par le sentiment d'appartenance qui fonctionne comme mécanisme de résistance au changement.
2. Le climat organisationnel qui a un impact à la fois sur le rendement et sur l'indice de satisfaction .
3. Le conflit organisationnel qui est l'un des aspects essentiels du fonctionnement des organisations. Les membres d'une organisation ont une perception différente des situations, une conception différente des moyens à mettre en œuvre, des objectifs différents selon la position qu'ils occupent et ces divers éléments conjugués favorisent l'émergence de conflits qui seront plus ou moins bien résolus .

4. La culture organisationnelle : L'organisation définit des systèmes de normes (individuelles et collectives) de valeurs, de croyances avec ses symboles, ses rites, son langage. Cette culture se manifeste à divers niveaux , exprime les valeurs en œuvre dans l'organisation ainsi que leurs effets explicites et implicites .

A partir de ce rapide survol des mécanismes institutionnels et organisationnels dont on a vu comment ils permettaient de mettre en évidence les enjeux liés autant aux dimensions psychologiques véhiculées par les acteurs eux –mêmes qu'au système social dans son ensemble qui active ou inhibe les comportements manifestés par ces mêmes acteurs , il est temps de revenir avec notre psychologue sur le terrain de l'école pour voir comment les cadres conceptuels qui ont été présentés permettent ,

-de construire une grille de lecture de la réalité scolaire,
-de définir une méthode de diagnostic,
-de réaliser des modèles stratégiques vers la recherche de solutions adaptées au milieu spécifique.

II. ENVIRONNEMENT ET ORGANISATION SCOLAIRE :

II.1 .L'organisation scolaire : un système ouvert (d'après F.PETIT)

Repères pour l'établissement d'une grille de lecture.(Tab.3)

TAB.3

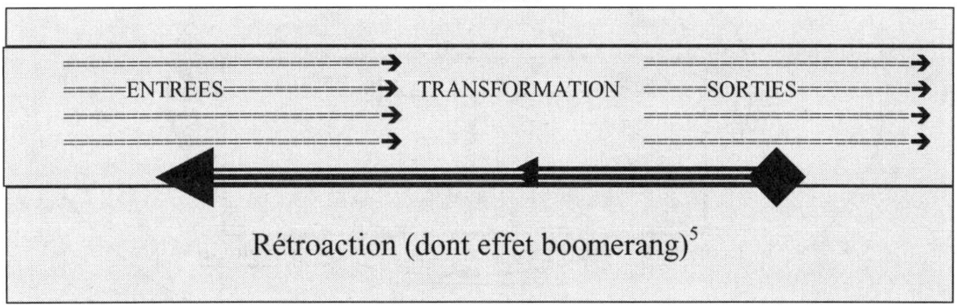

Certaines entrées sont relativement prévisibles : capitaux, équipement, effectif, et d'autres beaucoup moins , par exemple les demandes de services exprimés par les usagers parents d'élèves. Les individus qui vont réaliser le processus de transformation sont moins prévisibles et moins contrôlables.

[5] Le terme d'effet boomerang a été utilisé par LAZARSFELD dans sa théorie de la communication (1960) pour mettre en évidence le rôle des leaders d'opinion ,qui en médiatisant le message entre l'émetteur et la cible , peuvent provoquer des effets en retour totalement différents de ce qu'attendait l'émetteur.

Lorsque les maîtres d'une école viennent prendre leur service chaque matin à 8h30 ou à 9h, pour assurer leur fonction d'enseignement , ils ne laissent pas à la porte de l'école les idées, les sentiments et tout ce qui constitue leur stock de représentations sociales constitué jour après jour au sein de l'organisation elle-même, mais pas seulement, car chaque acteur a aussi une panoplie de rôles sociaux (familiaux, économiques, sociaux, politiques,) . En d'autres termes, chaque membre de l'organisation scolaire est aussi représentant d'autres systèmes sociaux , d'autres organisations, d'autres groupes dont ils apportent les normes, les attentes, les idéologies .
Ce qui différencie l'école (et d'une manière générale toutes les organisations d'éducation et de formation) des autres entreprises de service, c'est que le produit à transformer (l'enfant, l'élève) est aussi acteur de sa transformation et que le processus de transformation s'effectue au travers d'une relation qui agit aussi sur le transformateur. Le schéma proposé par L.MAILLET (1988) montre plus précisément les interactions qui interviennent dans ce qu'il appelle le comportement organisationnel qu'on peut rapprocher du modèle présenté au début de cet article.(tab.4)

TAB.4 (d'après L.MAILLET)

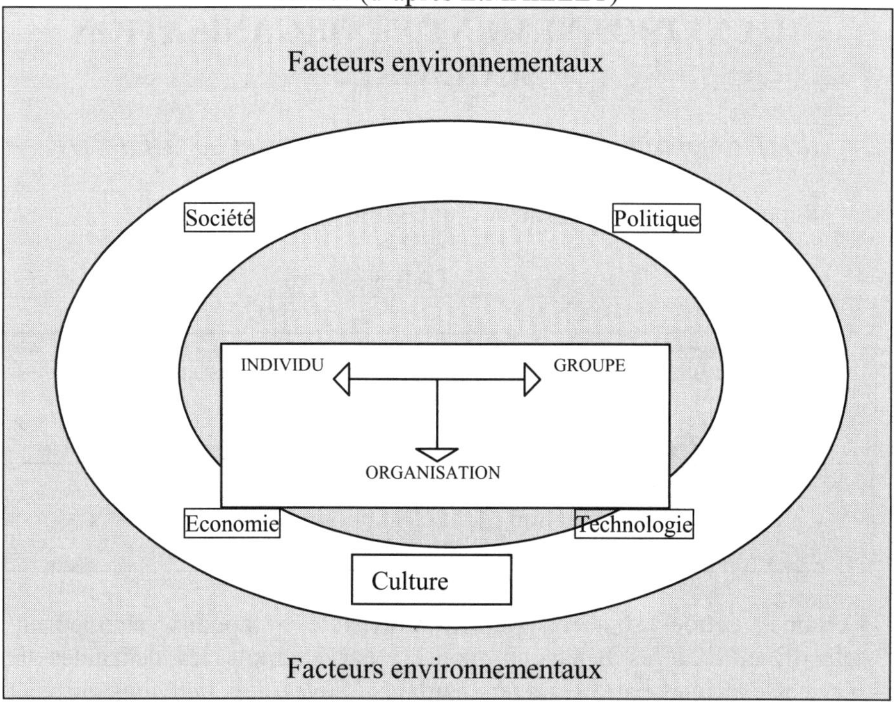

Dans l'école comme dans toute organisation, le processus de transformation passe par trois types d'activité (ARGYRIS cité par F.PETIT) :

- Des activités qui visent à l'atteinte des objectifs (production de biens ou de services),
- Des activités qui visent à maintenir la cohésion, à faciliter et à réguler les relations internes de l'organisation,
- Des activités orientées sur l'adaptation à l'environnement,

A la différence de ce qui se passe pour tout organisme vivant (végétal, animal, humain) cette adaptation ne se fait pas par homéostasie mais en réponse aux décisions prises **par la hiérarchie** (C.LEVY-LEBOYER,1974, cité par F.PETIT). On connaît le poids des circulaires et notes de services ministérielles, rectorales, académiques dans l'organisation scolaire.

Dans les organisations, la division du travail impose un fractionnement en sous-systèmes du système principal. L'organisation traditionnelle avait imposé la classe comme sous-système le plus fréquent. Les dernières réformes de l'école primaire nous font découvrir maintenant de nouvelles unités : les cycles. Le cycle I dit des apprentissages premiers concerne les petites et moyennes sections de l'école maternelle. Le cycle II dit des apprentissages fondamentaux concerne la dernière année de l'école maternelle (Grande section) et les deux premières années d'école élémentaire (cours préparatoire et cours élémentaire première année). Le cycle III dit des approfondissements concerne les trois dernières années de l'école élémentaire (cours élémentaire deuxième année et cours moyen première et deuxième année) . Cette réorganisation de l'école crée de nouveaux sous-systèmes plus ou moins fonctionnels selon le degré de motivation, de conviction et de dynamisme des acteurs sur le terrain. Les réunions des maîtres de cycle, les conseils de cycle et le projet de cycle (comme le projet d'école qui se présente parfois comme un exercice de style hâtivement rédigé par un directeur soucieux de répondre aux injonctions réitérées de remplir les masses de formulaires adressées dans les écoles.) peuvent en effet n'avoir qu'un aspect purement formel, le modèle ancien (la classe comme unité organisationnelle fondamentale de l'école avec l'enseignant « maître après Dieu » une fois la porte fermée) pouvant rester totalement fonctionnel en dépit des circulaires ministérielles et des pressions de la hiérarchie intermédiaire.
Outre ces sous-systèmes formels reconnus, d'autres sous-systèmes peuvent s'instaurer dans les écoles en particulier dès qu'elles atteignent une certaine dimension . La séparation traditionnelle de l'école primaire en école maternelle et en école élémentaire fonctionnant ordinairement dans des bâtiments distincts (mais pas toujours), peut-être assortie d'une séparation géographique entre deux voire plusieurs bâtiments à l'intérieur de l'école élémentaire. Cette séparation historique remonte souvent aux années 1968-70 lorsque la mixité des écoles en se généralisant a entraîné la fusion des écoles de filles et des écoles de garçons sans modifier l'architecture. Plus d'une génération s'étant écoulée depuis cette « révolution sexuelle » on ne

voit plus guère trace de cette séparation dans la psychologie des enseignants mais on peut par contre voir des sous-systèmes fonctionnant avec une certaine autonomie déterminée par cette architecture : lieux de rencontre distincts pour les maîtres de chaque bâtiment, séparation des salles de stockage du gros matériel (photocopieur), différenciation des heures de récréation…
L'existence des sous-systèmes se manifeste au plan psychosociologique par la reconnaissance de groupes dans lesquels sont associés les enfants et les adultes. De même que la composition du groupe-classe est légitimement définie par un maître et ses élèves, on peut identifier un « groupe des petits » avec son bâtiment, et sa cour de récréation - à la maternelle, ce sera les petites/moyennes sections et leurs maîtresses, à l'école élémentaire les CP/CE1 et leurs enseignants, au collège les 6e et leurs professeurs, et un « groupe des grands », grandes sections maternelles, cours moyens, 4e et 3e au collège ou en SEGPA.
Dans ces groupes apparaissent des comportements bien identifiés par les psychologues sociaux depuis plus d'un demi siècle. On connaît les effets de *conformité* entraînés par l'appartenance à un groupe. Ce terme n'a pas seulement les connotation négatives que lui attribue le langage commun car il peut aussi être un moteur puissant de motivation pour tous ceux qui aspirent à entrer dans le groupe . On sait à quel point le passage chez les « grands » peut soutenir le désir de grandir, de s'autonomiser, d'apprendre et comment aussi la déception de voir que la réalité ne correspond pas aux attentes , peut être un facteur de démotivation et de marginalisation par exemple pour les élèves quittant l'école maternelle pour entrer à la « grande école ».
Un autre effet de groupe, davantage marqué chez les enfants plus âgés en raison des stades de la socialisation, est la solidarité. A l'école élémentaire, cette solidarité apparaît au cycle III où les groupes de copains (et de copines) commencent à prendre plus de stabilité dans le temps et dans la composition . La solidarité a une fonction stratégique : le groupe augmente la capacité d'action des individus qui le composent. Elle a aussi une fonction psychologique : l'affiliation au groupe apporte un sentiment de sécurité à ses membres. Elle a enfin une fonction culturelle en ce sens que le groupe des pairs qui soutient la formation d'une identité collective facilite et conforte la construction de l'identité individuelle.
Un élément nouveau- en France- est la formation de groupes sur des références ethniques. Chez les plus jeunes, il faut peut-être y voir un effet de modélisation sur les « grands frères » . Cette influence de la génération précédente est encore renforcée par le processus général « d'adultisation précoce » qui lui n'a rien à voir avec un quelconque facteur ethnique, mais qu'il faut plus probablement relier aux effets de la société de consommation et de ses supports médiatique (télévision, publicité). Les modes vestimentaires sont particulièrement illustratives de ce phénomène mais on pourrait en dire tout autant des préférences musicales ou des

pratiques sportives. On peut aussi identifier ces effets de modélisation dans un certain nombre de comportement collectifs et individuels encore inconnus à l'école élémentaire et maternelle il y a une trentaine d'années telles que violences verbales à l'égard des adultes, agressions physiques paroxystiques avec armes par destination, vandalisme, racket, harcèlement y compris à caractère sexuel…
Aux effets systémiques et de groupe vont répondre les effets dus aux personnalités des individus. Chacun d'entre nous réagit différemment et tire différentes satisfactions et/ou frustrations de son rôle d'acteur dans une organisation . Pour réussir psychologiquement, assurer l'estime de soi et réaliser ses potentialités, l'individu a besoin d'une organisation qui prenne en compte cette dimension et qui pour cela développe ses activités essentielles (ARGYRIS cité par PETIT) centrées sur :

- L'atteinte des objectifs,
- Le maintien du système interne,
- L'adaptation à l'environnement externe.

Or on sait que ces trois points sont justement ceux sur lesquels l'institution scolaire est interpellée en permanence :
- l'école doit-elle assurer une formation culturelle(humaniste) ou professionnelle(technique) ?
- l'école est elle capable de transmettre les valeurs (démocratiques, républicaines) et d'assurer la discipline ?
- l'école n'est-elle pas coupée des réalités du monde actuel ?

II.2.Des modèles stratégiques pour la recherche de solutions adaptées au milieu scolaire.

Si le débat philosophique –qui porte d'ailleurs sur les finalités plutôt que sur les objectifs- risque de durer encore des lustres, il peut être mis entre parenthèses au niveau de chaque organisation (de chaque école) qui peut définir des objectifs notamment au travers du projet d'école. En proposant aux autres acteurs adultes de l'école une grille de lecture de la dynamique organisationnelle de l'école Jules Ferry, notre psychologue Isabelle Perez-Martin, va leur ouvrir des pistes de réflexion et d'action qui peuvent être mise en œuvre dans un projet d'école. Elle dispose ainsi d'un outil d'intervention dont les effets sur les comportements individuels et collectifs ne sont pas négligeables et qui pourrait, en théorie, réduire le nombre des signalements pour comportements inadaptés. Dans la pratique elle risque fort de se heurter à des résistances.

II.3.La résistance au changement dans l'organisation scolaire :

On a souvent dénoncé l'immobilisme de l'école, son incapacité à s'adapter aux changements de la société moderne. Pour autant ces phénomènes d'opinion –exacerbés par la charge émotionnelle que véhiculent chez tout usager de l'école les enjeux de l'éducation- demanderaient pour être validés scientifiquement une définition stricte des objectifs assignés , des variables permettant d'évaluer ces objectifs et des outils utilisés pour cette évaluation. Dans ce débat passionnel, on oppose souvent le rendement de l'école à celui de l'entreprise et la frilosité des enseignants au dynamisme des entrepreneurs . C'est vite oublier les innombrables catastrophes industrielles et commerciales (et leur coût financier et humain) provoquées par des experts de l'économie et du management formés dans de prestigieuses (et onéreuses) écoles. On n'a guère reproché à ma connaissance à la Harvard Business School d'avoir sans doute dans ses anciens élèves un nombre non négligeables de « business stars » responsables de ces catastrophes. Sur un autre plan, on ne devrait pas oublier non plus que dans les cités en difficulté, où ne se précipitent pas les entreprises ni même les services publics, l'école est souvent la seule organisation qui offre encore un peu de lien social et que ce produit là doit aussi être évalué.

Pour autant cela ne signifie pas qu'on doive se satisfaire d'une organisation scolaire conservatrice, repliée sur elle-même et refusant d'évoluer avec son temps. De ce point de vue, une grille d'analyse de l'organisation scolaire est pertinente pour identifier :

1. Les éléments entrant dans la dynamique de l'organisation,
2. Les forces favorables et celles opposées au changement,
3. Les diverses phases d'un changement (planifié).

Le schéma proposé par L.MAILLET (1988) qui complexifie quelque peu celui proposé par PETIT(TAB.3), est pensé en fonction de la dynamique organisationnelle dans l'entreprise. Il n'est cependant pas sans intérêt si on l'applique à des organisations non soumises aux contraintes du marché.(tab5)

TAB5.

D'après L. MAILLET : Composantes d'une organisation et interactions entre ces composantes.

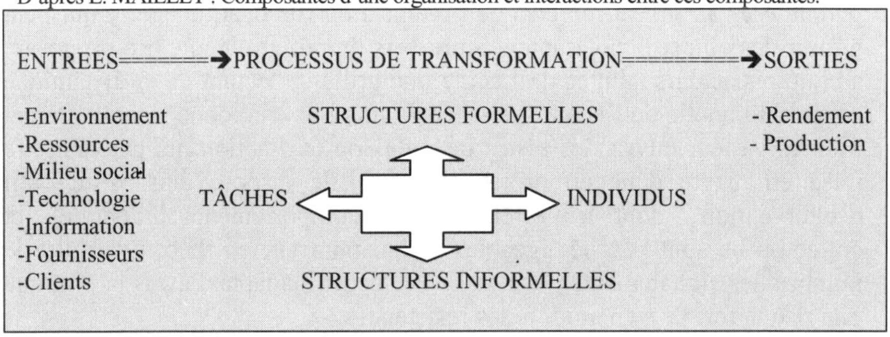

Supposons que l'école Jules Ferry ait retenu comme composantes de sortie (rendement /production) les variables :

1. -résultats scolaires absolus (par rapport aux évaluations nationales)
2. -résultats scolaires relatifs (par rapport à la situation de départ des élèves)

3. -climat de l'école (incluant, degré de satisfaction des élèves, des maîtres , des familles),

alors il est sans doute possible d'intervenir sur plusieurs composantes de l'organisation ainsi que sur certains éléments de l'environnement figurant dans les « entrées ». La psychologue pourra particulièrement s'intéresser aux entrées sur lesquelles elle est susceptible d'avoir de l'influence en raison de ses compétences et de son expérience(travail d'information et de prévention notamment auprès des familles, identification des ressources humaines disponibles dans la cité ou à proximité) . A l'intérieur de l'organisation elle pourra s'efforce de faciliter la communication en utilisant les structures informelles disponibles (temps et lieux coutumiers de rencontre en fonction de la culture de cette organisation spécifique) . Elle pourra également intervenir directement dans le processus de transformation par l'animation de groupes de réflexion sur la pratique pour les enseignants, de groupes de développement des compétences sociales avec les enfants. Ces interventions ne seront cependant possible que si la psychologue a su trouver son rôle dans l'organisation sans perdre de vue la place qui lui est assignée dans l'organigramme et donc sans entrer en conflit de pouvoir avec les intervenants de même niveau (les enseignants) et de niveau supérieur (l'inspecteur). *« La stratégie opérationnelle du psychologue doit être préalablement ajustée d'après sa position dans la structure hiérarchique de l'organisation»* (UGAZO, 1984). C'est un point qui est fréquemment négligé par les psychologues et qui est souvent à l'origine de l'échec de leurs initiatives.

III. L'organisation scolaire, la cité et les usagers de l'école :

La prise en considération du schéma précédent par la psychologue pour organiser un projet d'action va lui demander un travail préalable de collecte d'informations notamment sur ces intervenants à la fois « fournisseurs » et « clients » que sont les usagers de l'école et parmi eux, les premiers concernés : les élèves et leurs familles. Si notre psychologue, Isabelle, a grandi dans une famille traditionnelle, elle va sans doute devoir élargir sa représentation sociale de la famille en général, et des modèles familiaux qui existent à la fin du XXe siècle afin de mieux comprendre le contexte dans lequel se développent et ont grandi les élèves de l'école Jules Ferry.

Ce qui caractérise d'une façon très générale le groupe familial en occident aujourd'hui, c'est :

- De fonctionner dans un monde en constante mutation,

- D'avoir subi des transformations de modèles d'une génération à l'autre,
- De connaître des changements dans son organisation interne,
- De modifier ses rapports avec la société.

Un monde en mutation : Dans les 20 dernières années, les familles ont été confrontées à des mutations considérables qui se sont produites à un rythme accéléré sur l'ensemble de la planète (et qui donc touchent pour une part les famille d'origine non occidentales vivant en Europe) et qui ont des conséquences directes ou indirectes sur les mentalités des membres des groupes familiaux et leurs manières de se comporter. Quelques exemples :

-Les problèmes d'environnement : aux catastrophes naturelles se sont ajoutées les catastrophes technologiques (Bhopal, Seveso, Tchernobyl...) toutes les populations sont sensibilisées aux questions de pollution. Les intoxications au plomb chez les enfants habitant dans des immeubles vétustes entrent dans cette catégorie.

-concentration des échanges commerciaux et des communications (mondialisation),

-déplacement des populations liés aux problèmes écologiques, économiques et socio-politiques. La présence importante d'enfants issus des migrations est un effet visible dans la plupart des écoles en particulier dans les zones péri-urbaines.

-évolution des technologies médicales concernant la maîtrise de la procréation, la durée de la vie, (augmentation du nombre des aïeux vivants) Pour autant la planification familiale n'est pas maîtrisée de la même façon dans les classes moyennes auxquelles appartiennent les enseignants et dans les classes plus populaires auxquelles appartiennent la majorité des enfants des Zones d'Education Prioritaires.

-prise de conscience des droits et des besoins des enfants, des personnes âgées, des handicapés et acquis obtenus pour les femmes et par les femmes.

-abus des substances nocives (drogues) qui créent dans les quartiers et dans les familles des comportements particuliers d'anxiété mais aussi de banalisation pour les familles qui vivent de cette économie souterraine.

-raréfaction du travail salarié avec ses conséquences matérielles (appauvrissement) et psychologiques (exclusion) sur la vie des familles.

Les transformations des modèles familiaux traditionnels .Depuis les années cinquante en Europe on constate une baisse du pourcentage des mariages, une baisse du pourcentage des naissances, une hausse du pourcentage des divorces (dont l'initiative revient le plus souvent à la femme).

Avant 1950, le concept de cycle familial est clairement défini : un couple se forme, s'installe, a des enfants qui quittent le foyer pour s'installer et fonder à leur tour une famille.
A partir de 1970 on voit se développer la cohabitation hors mariage qui est devenu la norme chez les 18-35 ans (60% en France en 1990) et qui tend à se développer chez les plus âgés (moins de remariages chez les veufs et les divorcés). Cette situation entraîne une augmentation des naissances hors mariage qui ne sont plus qualifiées comme dans le passé de *« naissances illégitimes ».*Le projet de loi sur la famille (1999) tend d'ailleurs à institutionnaliser cet état de fait en donnant les mêmes droits aux enfants légitimes, naturels et adultérins et en accordant aux veufs ou aux veuves la pleine jouissance de l'usufruit du patrimoine du couple (sans passer par le biais d'une donation entre époux signée devant notaire) .Le mariage n'est plus le symbole du passage à la vie adulte (ce qu'il était notamment pour les femmes), ni l'étape permettant l'accès à une vie sexuelle autorisées ni même le jalon obligé de la procréation . En cas de séparation, les ex-partenaires (ou conjoints) peuvent conserver des relations fonctionnelles entre eux et maintenir leur rôle parental. Il se produit une déconnexion entre le ménage, qui a disparu, et la famille, qui subsiste. On voit apparaître des familles multiples avec des degrés de complexité variable. Un enfant peut ainsi avoir plus de quatre grands parents ce qui l'oblige à trouver des dénominations nouvelles , nécessaires à la communication et à l'identification des personnes (Pépé, Mamie, Mammouche, ou l'usage plus fréquent des prénoms).
Cette transformation des modèles s'accompagne de changements dans l'organisation interne de la famille. Si avant 1950 il existait une prescription relativement stricte des rôles paternels et maternels , depuis 1970 on assiste à l'éclosion d'une interchangeabilité des rôles. C'est évidemment le cas dans les familles monoparentales mais également dans les familles bi-parentales avec l'évolution du statut de l'autorité qui de paternelle devient parentale et est exercée conjointement par les deux parents.
Simultanément les rapports entre les familles et la société (l'Etat) se modifient . On voit que la famille peut s'investir de façon quasi illimitée dans les soins à ses membres dépendants (enfants, vieillards, handicapés) mais aussi à ses membres les plus aptes et les plus instruits (adolescents et jeunes adultes restant au foyer pendant des périodes de plus en plus longues). Mais si la société sollicite davantage la famille qu'à l'époque de l'explosion économique et de l'Etat-Providence, elle impose aussi plus de contrôle et plus de limite. On prendra comme exemple significatif les interventions préventives et curatives en matière de violence et de négligence familiale.
Ces changements n'ont pas affecté toutes les familles, mais toutes ont été influencées par ces mouvements de fond qui ont marqué nos sociétés. Cela est évidemment très important pour le processus de socialisation des

enfants qui s'effectue surtout dans la petite enfance mais aussi bien au delà- par l'intermédiaire de la famille . Celle-ci, quelle que soit sa forme, est le premier groupe de socialisation. C'est elle qui va mettre l'enfant en contact avec les valeurs de sa société . Dans le groupe familial, éducation et socialisation vont de pair : c'est là que le petit humain va se reconnaître et être reconnu comme membre d'un groupe. Tous les apprentissages sociaux s'effectuent dans les relations interpersonnelles expérimentées en famille. Dans certains cas cette construction est entravée par des systèmes intra-familiaux de communication rigides . L'enfant trop attaché à son environnement familial ne peut dégager son individualité sous peine de faire exploser le groupe (WATZLAWICK 1972). Dans chaque société, dans chaque sous groupe, dans chaque famille, sont définis des types de personnalité conformes aux attentes sociales et donc- en même temps – des seuils d'anormalité. Cette variabilité des normes inter-groupes et intra-groupes, nous indique les limites de ce qui est considéré comme échec de la socialisation, repéré au travers des troubles du comportement et de la personnalité dans les divers groupes. Si dans des familles appartenant à des groupes proches du groupe d'appartenance de la psychologue, les normes sont sensiblement voisines et les critères de l'OMS (déficits, incapacités et handicaps) applicables et explicables à ces familles, il en va tout autrement dans des familles dont les concepts , les valeurs et les croyances sont aux antipodes des références communes aux professionnels de l'école. On voit que dans ce cas, les connaissances indispensables en psychosociologie de la famille doivent s'étendre à la psychologie interculturelle (CAMILLIERI, 1996). Les théories de Georges DEVEREUX développées et mises en actes par l'école française d'ethnopsychiatrie (MESMIN 1994) s'appuient sur la médiation du groupe familial élargi et de la communauté pour mettre en œuvre des mesures préventives et curatives auprès des familles migrantes et de leurs enfants particulièrement vulnérables aux maladies sociales (toxicomanie, délinquance prostitution, suicide).
Les fonctions de la famille pour construire les étapes de la socialisation de l'enfant sont vitales et ces fonctions sont mises en jeu avant même la naissance de l'enfant. On sait combien la prise de conscience par la mère de la réalité et de la vie de son bébé dès la 10e semaine (de plus en plus par l'intermédiaire de la technologie médicale de l' échographie),la conduit à donner un sens à sa fonction de protection, de support, de pare-excitation. Mais on sait aussi que cette prise de conscience peut se heurter à des résistances. Parfois ce sont des mères adolescentes, très dépendantes qui sont à la recherche d'un étayage pour elles-mêmes et qui peuvent percevoir le fœtus comme un rival qui leur prend une partie de l'enfance à laquelle elles ont droit. A l'inverse ce sont des femmes très autonomes, investies dans des responsabilités professionnelles ou encore qui revendiquent une identité psychique masculine et dont l'attitude à l'égard de leur bébé peut être très ambivalente.

Or c'est l'environnement proche, l'entourage familial ,qui intervient plus ou moins massivement pour aider la mère à éviter l'alternative entre une responsabilité excessive et une fuite dans l'irresponsabilité et le rejet. Le cérémonial et les symbolisations sociales liés à l'événement naissance (présence du père à l'accouchement, visite des parents et des voisins, cadeaux de naissance, déclaration de l'enfant aux autorités…)en inscrivant la mère et le père chacun dans son rôle, vont marquer la fonction socialisante et éducative de la famille . Cette fonction se poursuit avec les conseils de la génération précédente aux jeunes parents et même si ces conseils ne sont pas suivis, ils entretiennent le patrimoine éducatif commun .

Mais si la famille reste le principal médiateur dans la construction précoce de la socialisation de l'enfant, ce dernier peut devenir très tôt membre d'autres groupes. Dès l'âge de trois mois des enfants sont pris en charge par une collectivité. Si les crèches collectives sont plutôt rares en France, la pratique de la garde par une assistante maternelle (libérale ou appartenant à une crèche familiale) est extrêmement répandue. Beaucoup d'enfants quittent quotidiennement leur famille pour vivre un temps long dans une autre organisation socialisante et éducative. Dès trois ans et même avant un pourcentage important d'enfants fréquente l'école maternelle. Ces bouleversements dans l'environnement socialisant de l'enfant modifient probablement les étapes telles qu'elles ont été décrites il y a moins de deux décennies par les psychologues de l'enfance (BRUNER,1996).
Cette « entrée dans la culture » pour reprendre la traduction française du livre de BRUNER, ne se fait pas toujours simplement car les effets des organisations ne sont pas identiques pour tous selon l'écart existant entre les normes familiales et les normes sociétales . On a noté depuis longtemps (BOURDIEU-1970-, BAUDELOT-1971- etc.) que les codes culturels utilisés par l'école sont plus proches des codes utilisés par les familles favorisées que ceux des familles défavorisées et /ou en situation d'exclusion. L'organisation concrète de l'école a des effets différents selon les familles et des initiatives a priori généreuses peuvent révéler ultérieurement des effets pervers. La scolarisation précoce des enfants –qui répondait davantage à une demande des mères travailleuses des classes moyennes qu'à un souci de soutien aux enfants des classes pauvres- semble favorable aux enfant des milieux défavorisés, pour autant elle fait aussi progresser les enfants des classes favorisées et ne contribue pas autant qu'on l'a dit à l'égalité des chances. De même l'ouverture de l'école aux parents (élection des comités de parents au conseil d'école) a été investie massivement par les classes moyennes consommatrices d'école et soucieuses de développer à leur profit un outil de réussite scolaire ultérieure. Cette forme institutionnalisée de relations famille/école tend à renforcer des stéréotypes sociaux de « bonnes familles » répondant aux attentes de l'école et de « mauvaises familles » qu'on ne voit jamais donc qui ne s'occupent pas de leurs enfants. Dans une étude datant de 1984, des

chercheurs du CRESAS[6] ont montré qu'en général école et familles intellectuelles se confortent et se soutiennent. Très présents à l'école les parents des classes moyennes profitent des tentatives d'ouverture. Vigilants face à certaines initiatives pédagogiques qu'ils jugent risquées ou au contraire enrichissantes, ils usent de façon contrôlée d'une institution qu'ils connaissent bien. Ce sont eux qui tenteront des dérogations de secteur, feront appel des propositions d'orientations qui ne leur conviennent pas , demanderont une entrée anticipée en arguant de la politique des cycles etc. En cas de conflit ils mettront en jeu des stratégies personnelles pour faire aboutir leur projet en écrivant à l'Inspecteur ou en pratiquant alternativement l'école publique et l'école privée. Les parents de la catégorie « employés » jouent la carte de l'école comme instrument de promotion, mais dans l'école ils seront en général plus timides, plus réservés et moins interventionnistes. Leurs enfants sont souvent décrits comme sages et appliqués mais avec des possibilités limitées. Ce sont d'eux que les maîtres disent qu'il faut les « tirer » et ils seront souvent jugés comme méritant un soutien scolaire dont ils tireront profit. Les parents de la catégorie « ouvriers et personnels de service » se tiennent à distance de l'école. Ces parents attendent beaucoup de l'école, mais mal informés et infériorisés par rapport à l'institution ils manquent de confiance et ne viennent pas à l'école par crainte d'être mal reçus ou d'apprendre une condamnation de leur enfant. Ils ont souvent de mauvais souvenirs de leur propre scolarité vécue sur un mode affectif intense. Entrer en contact avec l'école est une épreuve qu'ils repoussent sauf s'ils ne peuvent l'éviter et c'est généralement dans une situation de crise. Leurs interventions se font au coup par coup, sous l'effet de l'émotion et de manière qui peut paraître incongrue ou maladroite à l'école. La crainte que « çà retombe » sur l'enfant est aussi présente. Ayant une mauvaise information sur le fonctionnement de l'école ils ont aussi tendance à laisser faire « ceux qui savent ». Ils se dévalorisent et dévalorisent leurs enfants. Les enseignants confirment en écho que ces familles là leur posent problème. Ils les jugent parfois comme « bons parents » (aimant leurs enfants) mais plus souvent encore comme « mauvais parents » : la cantine, la coopérative n'est pas payée ; les enfants arrivent trop tôt ou trop tard à l'école ; ils sont bourrés de bonbons , amenés par un grand frère ou une voisine (à l'école maternelle) et on ne voit jamais leurs parents. Ces parents mettent à la poubelle le dessin fait à l'école, ils n'achètent pas les objets faits à leur intention à l'exposition de fin d'année, ils refusent les innovations pédagogiques et réclament de la lecture, du calcul et des devoirs qu'ils ne font pas faire.

Ainsi, très vite notre psychologue, si elle veut bien observer le fonctionnement de la communauté scolaire dans laquelle elle exerce ses fonction, va découvrir que les facteurs qui, de proche en proche, ont pu

[6] Centre de recherche pour l'éducations spéciale et l'adaptation scolaire, INRP.

expliquer pour une part la situation et le comportement actuels de Mahmadou Dupuis ne sont pas exclusivement d'ordre psychologique.
Si elle ne le savait déjà elle va constater que les mauvaises conditions de vie liées aux faibles revenus dégradent les individus et les relations dans les groupes familiaux. Elle va sans doute admettre qu'il est difficile de parler d'éducation lorsque les besoins fondamentaux de nourriture, de logement, de sécurité ne sont pas assurés et elle revisitera sans aucun doute la théorie de MASLOW(1954) à la lumière de ses observations . Elle pensera aussi que la phrase de Danton « *Après le pain, l'éducation est le premier besoin du peuple* » est toujours d'actualité, même si le pain d'aujourd'hui s'est diversifié car l'amélioration générale des conditions de vie a étendu considérablement les besoins fondamentaux et a simultanément rendu plus insupportable leur manque.
Au travers de ses recherches et de ses réflexions, Isabelle Martin-Pérez verra sans doute différemment son rôle de psychologue à l'école . Reprenant alors le texte définissant les missions des psychologues scolaire (1990) elle se dira que bien entendu elle ne va pas renoncer à identifier les élèves en difficulté. Elle continuera de penser que l'examen psychologique individuel et les outils d'évaluation des aptitudes cognitives et de la personnalité sont indispensables dans son travail et qu'ils doivent toujours être améliorés en validité, fiabilité, sensibilité. Elle ne jettera pas aux orties les idées de Freud et de Winnicot , pas plus que celles de Piaget qui ont constitué le socle de sa formation et elle tentera, si elle en a le temps d'accompagner les enfants par un suivi psychologique qui leur fournira un étayage bien venu dans certains moments difficiles de leur vie d'écolier, mais elle sera sûrement plus attentive à sa manière d'aider les adultes à modifier leur vision de l'enfant signalé et s'essaiera à l'intervention systémique ou à la consultation collective dont les effets sont directement liés aux processus d'interaction dans le groupe parents-enfants-enseignants (GUILLEMARD 1997). Mais sans aucun doute elle relira avec plus d'attention le paragraphe consacré à l'aide aux écoles et elle reconsidérera sa place et son rôle , à partir de ses compétences et son expérience de psychologue, dans l'organisation nommée école Jules Ferry. A partir de sa réflexion sur la lutte contre la pauvreté et contre l'exclusion , elle réfléchira à ce que l'éducation citoyenne qu'on propose pour les enfants doit être pour les éducateurs. Se sentant plus citoyenne que jamais, elle conclura que cette lutte doit être menée de pair avec la lutte pour l'éducation et elle se sentira partie prenante dans ce défi. Elle pensera avec d'autres, que l'accès à la lecture est le facteur premier du développement personnel et le tremplin pour acquérir une qualification professionnelle. Et elle se demandera comment une psychologue peut faire avancer un projet lecture. Et en analysant toutes les variables qui font qu'un élève réussit à apprendre malgré des conditions socio-économiques peu favorables elle proposera peut-être de développer les compétences sociales chez les adultes enseignants et chez les enfants élèves en animant des groupes de réflexion

sur la pratique pour les uns et des groupes de motivation chez les autres. Elle s'investira sans doute dans l'amélioration des conditions de dialogue entre les familles et les enseignants (et notamment celles qui semblent les plus éloignées de l'école) et elle s'apercevra vite qu'elle ne peut pas faire cela toute seule, mais qu'il existe autour de l'école Jules Ferry , dans la cité, dans la communauté des ressources humaines qu'on peut utiliser pour développer l'efficacité de l'école. Elle se mettra alors à penser en réseaux et en interconnexion et elle convaincra ses collègues psychologues scolaires qu'il faut s'organiser de façon à utiliser les compétences disponibles sans les disperser.

IV. Quelles pratiques pour le psychologue scolaire ?

Diverses pratiques s'appuyant sur une approche éco-systémique et visant à produire du changement dans les comportements et les conduites (ce qui est bien le but de l'intervention psychologique) en ciblant l'environnement de l'individu ou du groupe considéré, ont été décrites ailleurs par l'auteur (GUILLEMARD,1976,1978,1982,1997,1999). Rappelons en quelques unes :

- <u>Intervention en direction des élèves</u> :

L'animation du groupe en vue d'instaurer ou de restaurer la cohésion. Issue de la pratique de la pédagogie institutionnelle et de la classe coopérative (VASQUEZ-OURY,1967), cette technique a été théorisée par G.MENDEL(1992) et décrite par MOREAU et RUEFF-ESCOUBES (1987) sous le terme d'Expression Collective des Elèves (ECE) et appliquée pour l'essentiel au lycée et au collège par des Conseillers d'Orientation Psychologue. Elle peut être adaptée à l'école élémentaire avec les élèves du cycle III.
L'animation de groupe sur des thèmes de santé publique (toxicomanie, SIDA, abus sexuels et maltraitance). Ces interventions peuvent se faire de préférence en équipe pluri-disciplinaire avec les médecins, les infirmières, les travailleurs sociaux, les éducateurs. (ODORICO,1997).

- <u>Intervention en direction des enseignants</u>.

Les ateliers de réflexion sur la pratique à partir d'études de cas présentés en réunion d'enseignants peuvent être soit organisés sous forme de volontariat (à l'heure du déjeuner ou à d'autre moments choisis en dehors des horaires scolaires) ou institutionnalisés dans le cadre de la formation continue des enseignants . On peut utiliser soit les possibilités du plan départemental de formation, soit les heures libérées dans le cadre de l'animation pédagogique de circonscription dont les contenus sont laissés à l'initiative des inspecteurs. Dans ce même cadre peuvent être organisées des réunions à thèmes . Autour de l'école, il est également très efficace d'intervenir auprès des acteurs non enseignants, agents territoriaux des écoles maternelles (ATSEM) aides-éducateurs (emploi-jeunes), surveillants de cantine…

- Interventions en direction des parents d'élèves.

Ces réunions peuvent être mises en place après contact avec les associations de parents qui sont souvent motivées pour ce genre d'action. Les thèmes tournent autour du développement et de l'éducation des enfants. Certains thèmes peuvent être suggérés par le psychologue, au moins pour débuter, mais il est préférable que très rapidement les parents expriment leurs besoins. La difficulté est de faire participer les familles qui entrent difficilement en contact avec l'école. Il est important alors de trouver des relais dans la communauté,(notamment en ce qui concerne les familles d'origine étrangères), des personnes capable de traduire et de faciliter les échanges. Des interventions spécialisées peuvent avoir lieu auprès de certaines catégories de parents, animateurs de bibliothèques scolaires (BCD), intervenants chargés du soutien scolaire, parents d'enfants handicapés (à propos de la mise en ouvre de la politique d'intégration scolaire) etc.

- Interventions en direction des décideurs.

Aider à la transformation de l'organisation scolaire en vue d'une amélioration de la vie de ses usagers conduit le psychologue à élargir son champ d'action et en particulier à se tenir informé des projets concernant les citoyens ; Entrer dans les réseaux de circulation de l'information par l'intermédiaire des associations culturelles , sociales, participer aux réunions organisées par la municipalité, les groupes professionnels, intervenir dans une commission extra-municipale sur l'éducation, l'enfance , la famille , la santé, autant d'occasions qui permettent au psychologue d'élargir son champ de connaissances, ses réseaux de relations et d'augmenter ses outils d'intervention dans l'école.

Ce perfectionnement personnel continu rend le psychologue plus apte à traiter les situations individuelles -qui restent et qui resteront une part importante de son travail- par la méthode clinique en situation d'entretien ou d'examen. La pratique de la consultation collective (GUILLEMARD,1997) qui consiste à trouver une solution adaptée au problème d'un groupe familial (ou d'un groupe composé de l'enfant, du maître et des parents) entre dans la perspective éco-systémique développée au cours de cet article. En effet, la modification des processus de communication à l'intérieur de ce système sera facilitée par l'existence d'un environnement (classe, école, quartier) suffisamment souple pour que des projets individuels puissent être construits avec l'appui de cet environnement .

CONCLUSION
Une psychologie pour l'école du XXIe siècle .

On trouvera peut-être un peu léger le ton utilisé et l'introduction de personnages fictifs dans un ouvrage à vocation scientifique. Que le lecteur se rassure : tout ceci n'est pas pure fantaisie. L'auteur a une bonne connaissance du terrain, une longue expérience de l'intervention psychologique et de la recherche action. On pourra vérifier que -sauf erreur toujours possible dans une œuvre humaine- les références sont nombreuses et d'une bonne validité. L'objet est d'amener le lecteur –notamment le professionnel de l'éducation et de la psychologie en milieu éducatif à s'interroger sur ses pratiques et sur son efficacité sociale .Or, même si l'idée peut choquer, la notion d'efficacité ne peut être éludée. Le contexte économique et politique rend inéluctable l'évaluation par les employeurs publics comme privés du rendement de leurs employés. En même temps l'école revendique toujours plus de moyens pour mener à bien ses missions elle est sur ce point en accord avec les familles qui utilisent l'école. La psychologie scolaire est l'un des moyens dont dispose l'école pour améliorer ses performances, mais elle ne le sait pas toujours. Quant aux responsables, ils persistent à utiliser leurs psychologues dans la même perspective d'évaluation individuelle des élèves en difficulté pour lesquels une orientation spécialisée est recherchée. Paradoxalement alors qu'on reproche souvent aux psychologues leur individualisme, leur indépendance qui les empêche de s'intégrer à l'école (voir le rapport FORESTIER 1998) , on s'ingénie d'une part à les faire travailler isolément au lieu de les regrouper en équipes ou en centre de ressources et on laisse la formation initiale maintenir la tradition de l'approche clinique individuelle issue de la psychologie pathologique. Autrement dit on continue de former les psychologues scolaire pour leur travail de diagnostic et d'identification des déviants en liaison avec les commissions de l'éducation spéciale, mais on ne se préoccupe pas ou peu du rôle qu'ils devraient avoir pour aider à la transformation de l'école. L'approche éco-systémique et organisationnelle qui a été présentée va à contre courant de la tendance dominante. Bien qu'elle puisse apporter de grandes satisfactions au praticien et permette d'améliorer sensiblement le fonctionnement de l'école localement, elle ne prend réellement tout son sens que dans le cadre d'un projet académique qui identifierait les aspects psychologiques des problèmes rencontrés sans laisser de côté les aspects pédagogiques, culturels, économiques, politiques qui les sous tendent. L'organisation d'un service de psychologie en relation étroite avec les autres services dépendant d'un recteur ou d'un inspecteur d'académie (santé, action sociale, éducation et éducation spéciale, formation des personnels etc.) permettrait d'utiliser les diverses compétences en les coordonnant et de construire des projets intégrés dans la politique générale du département ou de l'académie tout en faisant des économies d'échelle. Dans cette perspective les psychologues qui accentueraient l'intervention sur le fonctionnement de l'organisation n'auraient plus (ou auraient moins) besoin d'examiner individuellement des centaines d'enfants chaque année comme c'est le cas actuellement avec des résultats mal évalués, car une école plus performante serait moins tentée d'évacuer vers les psychologues et le système de l'AIS (Adaptation et Intégration Scolaire) les produits jugés trop rapidement non conformes .

Dourdan, septembre 1999.

BIBLIOGRAPHIE .

ANZIEU D.(1985) Le Moi-Peau ; collection Psychismes, Paris, Dunod.
BARKER .R.G(1968) Ecological Psychology : Concepts and methods for studying the environment of human behavior, Stanford University Press,.
BEAUVOIS J. L (1984); La Psychologie quotidienne. Paris, PUF,
BAUDELOT C et ESTABLET R. (1971).L'école capitaliste en France, Paris, Maspéro
BOURDIEU P et PASSERON J.C (1970). La reproduction ;Paris, Editions de Minuit,
BRUNER (1996) . Education : l'entrée dans la culture ; Retz.
CAMILLERI C(1996) La psychologie interculturelle, in TAPIA et al, Introduction à la psychologie sociale, Paris, Les Editions d'Organisation ,
COCH L et FRENCH JRP (1948) Overcoming resistance to change ; Human relations vol 1 p 512-532.
ENRIQUEZ E. (1992) L'organisation en analyse :Paris, PUF.
FILLOUX J.C (1991) In Anthologie des Sciences de l'Homme, vol.1, Paris, Dunod,
FISCHER G.N (1990) Les domaines de la psychologie sociale ; le champ du social ; Paris, Dunod.
FISCHER G.N (1992) Les domaines de la psychologie sociale ; la dynamique du social. Paris, Dunod.
FISCHER G.N (1992) Psychologie sociale de l'environnement. collection Pratiques sociales, Toulouse ,Privat.
GHIGLIONE R (1986) L'homme communiquant, collection U.Paris, A.Colin
GOFFMAN I. (1968) Asiles : Etudes sur la condition sociale des malades mentaux, Paris, Editions de Minuit .
GUILLEMARD JC (1976) Le psychologue scolaire peut-il faire autre chose que des QI ? Petite Enfance n°23 avril mai.
GUILLEMARD JC (1978). Le rôle du psychologue scolaire et du GAPP dans l'évolution de l'école, in CRESAS, Le handicap socioculturel en question, Paris ESF
GUILLEMARD JC.(1982) Les psychologues scolaires et l'école : réflexions sur l'insertion institutionnelle ; Psychologie scolaire n°42.
GUILLEMARD JC et GUILLARD S ; (1997) Manuel pratique de psychologie en milieu éducatif (Paris, Masson.
GUILLEMARD JC (1999) Approches psychosociales en psychologie scolaire ; in COLPIN .MT. Les psy et l'école . Paris, L'Harmattan.
HALL.E.T (1966) La dimension cachée. Paris Seuil
HALL E.T (1979) Au delà de la culture ; Paris, Seuil.
HERZBERG.F ,MAUSNER B,SNYDERMAN B, (1959)The motivation to work ; New York, Wiley
HESS R. (1978) Centre et périphérie : introduction à l'analyse institutionnelle, Toulouse, Privat.
JAQUES E.(1972) Intervention et changement dans l'entreprise ; Paris, Dunod.
LAPASSADE G (1970)Groupes , organisations et institutions, Paris, Gauthier-Villars.
LEVY-LEBOYER C(1974) Psychologie des organisations ; Paris PUF.
LEWIN K.(1964) Psychologie dynamique ; Paris, PUF
MAILLET L (1988) Psychologie et organisations : l'individu dans son milieu de travail ; Ottawa, Vigot.
MASLOW A.H (1954) Motivation and personality ; New York, Harper .
MAYO E (1949) The human problems of an industrial civilization, Londres, Routledge
MENDEL G (1992) La société n'est pas une famille : de la psychanalyse à la socio-psychanalyse, Paris, La découverte.
MESMIN C.(1993) Enfants de migrants à l'école : réussite, échec; Grenoble, La Pensée Sauvage.
MOREAU JF et RUEFF-ESCOUBES C (1987) La démocratie à l'école ; Syros.

ODORICO R (1997) La prévention des situations à risques auprès des adolescents de collège, in GUILLARD et GUILLEMARD, Manuel pratique de psychologie en milieu éducatif . Paris, Masson.
PETIT F (1991) Introduction à la psychosociologie des organisations. Collection Pratiques sociales, Toulouse Privat.
PIAGET J et INHELDER .B.(1947) La représentation de l'espace chez l'enfant ;Paris PUF.
SCHILDER P (1968) L'image du corps : étude des forces constructives de la psyché ; Paris Gallimard.
TAYLOR F.W (1947)Scientific management. New York, Harper.
UGAZO.V (1984) Le psychologue et le problème des niveaux hiérarchiques, organigramme et programme ; in SELVINI-PALAZZOLI et al. Dans les coulisses de l'organisation , Paris, ESF.
VASQUEZ .A et OURY .F (1967) Vers une pédagogie institutionnelle ; collection Textes à l'appui .Paris Maspéro .
WATZLAVICK.P, BEAVIN. J et JACKSON.D(1972). Une logique de la communication , Paris Seuil.

L'activité de travail des enseignants : exemples d'apports de l'ergonomie à la conception des situations de travail scolaire

Francis Six
Maître de Conférences Associé (PAST) – UFR de Psychologie – Université Charles de Gaulle Lille 3
Ergonome Européen®-GERN-Lille

L'école est un microcosme des diverses activités humaines. Des enfants et des adolescents y travaillent et y vivent. Des adultes hommes et femmes de tous âges, d'origines et de formations différentes y accomplissent des tâches variées d'enseignement, d'administration, de gestion, de service. Des sommes importantes sont consacrées par l'Etat et les collectivités territoriales à la construction, à l'aménagement, à l'entretien de bâtiments, de salles de classes, d'ateliers, de salles de sports, de jeux et de repos, ainsi qu'à l'achat de mobilier, de matériel, de machines, de logiciels...
L'école existait avant les usines, les automobiles, les avions, les ordinateurs ... mais ce n'est pas à l'école que l'ergonomie est née. Encore aujourd'hui, elle y a peu pénétré. Pourtant, l'école n'atteint pas toujours les résultats attendus. On y observe des dysfonctionnements, l'échec de nombreux élèves, de la démotivation, du stress, des troubles de santé chez les enseignants. L'ergonomie, parce qu'elle met en œuvre des méthodes spécifiques pour analyser le travail réel dans son contexte naturel (technique et organisationnel) et qu'elle s'appuie sur des disciplines scientifiques relatives à l'homme, telles que la physiologie et la psychologie, aide à comprendre les causes des difficultés constatées, contribue à améliorer les situations existantes, à éviter les erreurs lors de la conception de nouvelles unités d'enseignement, de l'aménagement de salles de classes et d'ateliers, de choix de mobilier, de moyens de travail matériels et immatériels (logiciels), lors des choix d'horaires et des aménagements des rythmes scolaires... Alors pourquoi de lourds investissements, des organisations aux si lourdes conséquences sont-ils décidés, sans étude et intervention ergonomique, pourquoi si peu de moyens quand, par exception, l'intervention de l'ergonome est demandée... ou acceptée ?
L'ergonomie s'est développée dans de nombreux secteurs industriels et de services quand s'est accrue la pression des salariés, de l'environnement, du marché, quand il a fallu réduire les risques d'erreur ou d'échec, quand les

questions de santé au travail devenaient préoccupantes, quand les enjeux économiques et sociaux sont devenus tels que le simple « bon sens » et le consensus des acteurs ont paru insuffisants. L'informatisation, l'automatisation des installations de production avec leur incertitude ont souvent favorisé son implantation. Les bureaux d'études se sont intéressés à elle pour concevoir des produits offrant plus de confort, plus de sécurité d'utilisation, plus de facilité d'apprentissage.
L'école serait-elle un « lieu de production », un lieu de travail, moins important ?
Ces constats et interrogations formulés Jacques Christol[7] en 1987 à l'occasion du premier colloque national d'ergonomie scolaire de Lille[8], sont toujours d'actualité aujourd'hui, quelques douze années plus tard. Certes il est possible de repérer quelques actions locales, mais il n'y a pas de véritable mouvement d'ensemble créé par une demande de l'Education Nationale ou des collectivités territoriales (régions, départements, communes) ou des établissements eux-mêmes. Force est de constater que les ergonomes sont plutôt absents du monde de l'école, même si récemment, en France, l'enseignement de l'ergonomie a été inscrit dans les programmes de l'enseignement professionnel et a donné lieu à un programme de recherche pour élaborer les contenus d'une initiation à l'ergonomie pour des élèves de lycée professionnel, préparant des diplômes de niveau 5 (CAP et BEP) et de niveau 4 (Bac professionnel) (Rabardel et Coll., 1998). D'autres compétences disciplinaires sont également utiles à la conception et à l'amélioration des situations de travail scolaires. Lancry-Hoestlandt, Six et Furon (1990) plaident par exemple pour une complémentarité de l'ergonomie et de la psychologie. Cet article présente quelques exemples des apports possibles de l'ergonomie à l'école.
Nous présentons dans une première partie ce qu'est l'analyse ergonomique du travail et quelle lecture de la situation de travail de l'enseignant elle permet. Le travail réel est au cœur de la démarche. Comprendre le travail pour le transformer, telle est la finalité de l'ergonomie. Nous illustrons alors son apport à la conception et l'aménagement d'unités et de systèmes de formation et d'apprentissage. Pour cela, nous nous appuyons d'une part, sur une recherche à laquelle nous avons participé, pour la conception des ateliers des lycées techniques et professionnels (Vaxévanoglou, Six et Lancry-Hoestlandt, 1991) et d'autre part, sur des analyses de l'activité de travail d'enseignants (institutrices en école maternelle et primaire et professeurs en collège et lycée d'enseignement général et technique), réalisées par des étudiants de maîtrise de psychologie du travail de l'université Lille 3, dirigés par nous.

---

[7] Jacques Christol était alors Président de la Société d'Ergonomie de Langue Française (SELF).

[8] Le premier colloque national d'ergonomie scolaire, qui s'est tenu à Lille en mars 1987, a été organisé conjointement par le Groupement d'Ergonomie de la Région Nord (GERN) et le Centre de Recherches de Psychologie de Lille III. Un second colloque s'est déroulé à Toulouse en 1988. Mais il n'y en pas eu de troisième…

I. L'analyse ergonomique du travail

La finalité première de l'ergonomie est de transformer le travail en contribuant à la fois :

- à la conception de situations de travail qui n'altèrent pas la santé des opérateurs[9], dans lesquelles ils puissent exercer leurs compétences sur le plan à la fois individuel et collectif et trouver des possibilités de valorisation de leurs capacités
- et à l'atteinte des objectifs économiques que l'entreprise s'est fixés, du fait des investissements réalisés ou à venir (Guérin et Coll., 1997).

Ces deux objectifs sont indissociables et complémentaires dans l'intervention de l'ergonome lors de la conception de nouvelles situations de travail ou lors de la transformation de situations existantes. Pour cela, il va mettre en œuvre une démarche qui s'appuie sur l'analyse du travail réel des opérateurs, travail réel qui s'écarte toujours du travail prescrit du fait de l'existence de variabilités que la prescription ne prend pas, ou prend difficilement en compte. Nous montrerons pourquoi. L'identification des raisons de cet écart révèle les sources de variabilité à la fois industrielle (aléas, incidents...) et humaine (rythmes circadiens, fatigue) que le travailleur gère dans son activité. Il s'agira alors non pas de réduire, voire de supprimer tout écart entre la tâche prescrite et la tâche réelle, mais de donner à l'opérateur les moyens adaptés pour gérer les variabilités de sa situation de travail sans que cela ne soit préjudiciable à sa santé et à l'atteinte des objectifs de sa tâche. L'analyse ergonomique du travail vise donc à comprendre l'activité de l'opérateur en réponse aux exigences et contraintes de sa tâche, compte tenu de sa formation, de son expérience et des variations de son état.
Nous venons d'introduire deux notions centrales pour l'analyse ergonomique du travail, celle de tâche et celle d'activité, qu'il nous faut définir. La première répond à la question du Quoi, « *ce qu'on lui demande* », la seconde à la question du Comment, « *ce que çà lui demande* ». Dès lors, pour l'ergonomie, le travail est à la fois l'activité, ses déterminants (la tâche et les conditions de sa réalisation) et ses conséquences pour le système (efficacité) et les opérateurs (construction de la santé), ainsi que les relations qui les unissent.
Intéressons-nous donc à ce qu'est la tâche de l'enseignant : comment elle lui est prescrite et comment il la redéfinit. Nous pourrons ensuite décrire son activité et nous intéresser à la manière dont il gère les déterminants et leur variabilité. La situation de travail de l'enseignant pourra alors être définie.

---

[9] L'ergonomie utilise le terme « opérateur » pour désigner toute personne qui travaille, quelles que soient sa tâche et sa position dans l'organigramme de l'entreprise. Aujourd'hui, toutefois, le terme « travailleur » semble supplanter celui d'« opérateur » dans les écrits et publications des ergonomes.

La tâche de l'enseignant

En ergonomie tout comme en psychologie du travail, **la tâche** est couramment définie comme le résultat qui est attendu de l'individu plus ou moins explicitement, dans des conditions imposées pour l'exécution. Elle correspond à un ensemble d'objectifs assignés à l'opérateur et à un ensemble de prescriptions définies par des instances qui lui sont extérieures. Elle indique ce qui est à faire ; « la tâche est un but donné dans des conditions déterminées » (Leplat et Hoc, 1983).
On parle alors de **tâche prescrite** qui est celle que doit réaliser l'opérateur, l'enseignant ou l'élève. Elle est définie par celui qui en commande l'exécution. Si l'enseignant prescrit les tâches des élèves, il a lui aussi une prescription qui lui vient à la fois de l'Education Nationale et de l'établissement scolaire dans lequel il exerce son métier.
Deux niveaux de prescription encadrent donc le travail de l'enseignant. A un premier niveau, l'Education Nationale fixe les grands objectifs et définit les contenus de formation dans les référentiels et les programmes ; des prescriptions sont établies quant aux moyens à mettre en œuvre pour les atteindre, comme le volume de l'enseignement de chaque matière. Des obligations sont également mentionnées, par exemple quant aux différents cahiers à tenir en maternelle et en primaire. Un second niveau de prescription est apporté par l'établissement. En effet, les horaires, l'affectation des salles de classe, l'utilisation des moyens communs (comme les salles de jeux ou les équipements sportifs) sont planifiés. La coordination entre les enseignants est nécessaire pour assurer la réalisation de certaines tâches, comme les surveillances des récréations. L'enseignant est aussi tenu de participer à diverses réunions imposées par les directives de l'Education Nationale et planifiées par l'établissement, comme le conseil d'école, le conseil des maîtres, le conseil des cycles, les animations et réunions pédagogiques, etc.
La prescription de l'Education Nationale définit un cadre général de référence pour le travail de l'enseignant. Elle fournit des points de repères indispensables. Néanmoins, l'opérationnalisation de ces objectifs s'inscrit dans un contexte particulier, celui de l'école, du collège ou du lycée qui a une organisation générale qui lui est propre, avec ses acteurs, son mode de fonctionnement, ses objectifs, ses spécificités, sa culture unique, son histoire. Ainsi, certaines composantes de la tâche de l'enseignant sont prescrites de manière explicite (par exemple, des tâches sont obligatoires, des procédures formalisées), beaucoup d'autres le sont de manière plus implicite (par exemple, seul le but ou un contenu de programme est défini). La tâche prescrite contient toujours de l'implicite, faite de conditions « passées sous silence, mais qui doivent être prises en considération » (Leplat et Hoc, 1983). Plus précisément, comme le souligne Chabaud (1990) à propos de la production industrielle, « la tâche implicitement

prescrite correspond à tout ce que l'encadrement attend des exécutants, c'est-à-dire qu'ils assurent la réalisation des objectifs par une continuité de la production. (…). Ce qui reste déterminant dans la notion de tâche c'est l'idée d'obligation de production et non l'idée de respect de la procédure » (p.176).

Quel que soit le niveau de définition de la tâche prescrite, l'enseignant, comme tout opérateur, se redéfinit sa tâche, l'interprète. En effet, la tâche effectivement réalisée par l'opérateur s'écarte toujours plus ou moins de la tâche prescrite (Leplat et Hoc, 1983). Cette distinction renvoie à l'hypothèse selon laquelle entre ce qui est prescrit et ce qui se fait, il y a la représentation que se fait l'opérateur de la tâche prescrite, des attentes des prescripteurs telles qu'il les perçoit et la redéfinition qu'il opère de celles-ci. L'enseignant interprète la tâche qui lui est prescrite en fonction d'objectifs propres qu'il se fixe, mais aussi en fonction des moyens dont il dispose et des contraintes qui lui sont imposées ou qu'il prend en compte ; il se définit des objectifs intermédiaires pour atteindre l'objectif de la tâche prescrite. On parle dès lors de **tâche redéfinie**. La **tâche effective** est la tâche redéfinie réalisée qui peut être décrite à partir de l'observation de l'activité.

> *Voici comment, par exemple, un jeune enseignant de sciences de la vie et de la terre en seconde et première de lycée se représente le cours et les travaux pratiques (Vandewiele, 1997).*
> *« Que ce soit un cours ou un T.P., il faut que les élèves participent. Il faut qu'il y ait une activité. En T.P., ce sera l'occasion de faire des expériences, des manipulations. Mais pour bien le cours idéal, pour bien il faut que tu arrives à poser une question, à y répondre, à faire toute la démarche, qu'ils manipulent, qu'ils te fassent un compte rendu éventuellement et que tu arrives en fin de T.P. à la notion. Que la boucle soit bouclée, c'est l'idéal (...) ».*
> *« Ton souci, c'est qu'il y ait un lien dans tout ce que tu fais, dans le sens où il faut que ce soit les élèves qui proposent une expérience (...) ».*
> *« Ce qui est intéressant, c'est de faire justement un travail par écrit. Tu leur demandes de prendre une feuille de brouillon (...) Comme ça chez toi, tu vois qui a réussi à deviner (...) Si tu n'essaies de faire que par oral finalement sur trente élèves tu en vois seulement un ou deux qui a bien répondu (...) C'est l'intérêt du travail écrit. »*
> *Ainsi, à partir de ces verbalisations, il est possible d'identifier les objectifs suivants :*
> - *travailler sous forme de démarche pour qu'il y ait un lien entre les différentes composantes du cours et du TP ;*

- *faire en sorte que ce soit les élèves qui devinent l'expérience que l'on pourrait faire (cela se réalise par la mise en place d'un jeu de questions-réponses) ;*
- *prendre appui sur des documents ;*
- *avoir des exemples illustratifs ;*
- *faire en sorte que tous les élèves soient actifs (trouver des activités écrites et/ou manuelles, préparer des questions).*

Ainsi, il est utile pour la compréhension du travail réel des enseignants et des élèves de connaître le modèle de leur tâche. Celui-ci s'applique aux représentations de la tâche à effectuer et/ou à faire effectuer qu'ils se construisent, aux étapes par lesquelles ils anticipent sa réalisation, et aux objectifs qu'ils poursuivent. Lancry-Hoestlandt (1994) a montré l'importance de la présence d'un modèle de la tâche chez l'enseignant pour la qualité de sa tâche effective et son adéquation avec la tâche attendue chez l'élève. « L'absence de modèle préalable de la tâche se traduit par des décalages entre les dire et les faits chez les enseignants, des insatisfactions et des comportements non centrés vers la réalisation de la tâche chez les élèves. (...) le modèle de la tâche est intéressant à étudier en ce qu'il montre la genèse de certains dysfonctionnements de la situation scolaire et par conséquent leurs possibles anticipations ». Cet auteur observe en effet que les enseignants capables de décrire des objectifs précis et le déroulement de leur tâche avec les élèves se réservent en début de cours des échanges avec ceux-ci, reconnaissant ainsi l'élève comme acteur principal de la réalisation des tâches. Ces échanges réduisent les décalages entre les représentations de l'enseignant et des élèves et permettent en retour une adéquation entre tâche effective de l'enseignant, telle qu'il la décrit, et tâche attendue par les élèves.

> *Cette institutrice d'une section de grands en maternelle débute chaque séance d'atelier par une présentation des activités à l'ensemble de la classe. Elle établit un lien entre ce qu'ils vont devoir faire et quelque chose connu d'eux. Puis, à l'aide d'un support, elle montre ce qu'il y aura à faire et les laisse s'exprimer librement sur le sujet. Ce n'est que dans un second temps qu'elle canalise les questions et les réponses. Enfin, elle donne des consignes pratiques pour la tâche à réaliser. Elle amène ainsi progressivement les enfants à se construire une représentation de leur tâche future. L'utilisation de supports comme les affichages muraux est une aide précieuse pour réduire l'écart entre les représentations des élèves et de l'enseignante (Potier, 1996).*

La représentation de la tâche dépend, selon Leplat (1997), du degré de prescription et aussi des caractéristiques de l'enseignant relatives à sa formation et son expérience, à sa connaissance du contexte de travail et à sa propre histoire. Ainsi, les écarts entre tâche prescrite et tâche représentée sont révélateurs non seulement des caractéristiques des tâches et de l'organisation, mais aussi de celles de l'enseignant et du collectif auquel il appartient. L'actualisation de la représentation de la tâche prescrite en vue de son accomplissement entraîne sa redéfinition par l'enseignant, en fonction de ses compétences, de son adhésion à la tâche, de ses propres objectifs dans le contexte perçu de la situation de travail. Toute tâche requiert de celui qui l'accomplit des compétences, d'autant plus nombreuses que la tâche est complexe. Les notions de représentation et de compétences sont ici centrales. La tâche redéfinie et la tâche réelle sont toujours un re-travail de la tâche prescrite par celui ou celle à qui est confié son accomplissement.

La multiplicité des déterminants de l'activité de l'enseignant

L'activité indique « ce qui se fait (...). La notion d'activité renvoie à ce que la personne met en œuvre pour remplir les obligations de sa tâche » (Leplat et Hoc, 1983). Elle est à la fois accomplissement de la tâche et œuvre personnelle de l'opérateur.

Elle résulte de l'intégration des **déterminants** internes, propres à chaque opérateur, et externes, propres à chaque situation de travail. « **L'activité de travail est l'élément central organisateur et structurant les composantes de la situation de travail**. Elle est une réponse aux contraintes déterminées extérieurement au salarié et simultanément elle est susceptible de les transformer. Elle établit donc, par sa réalisation même, une interdépendance et une interaction étroite entre ces composantes. Elle unifie la situation. Les dimensions technique, économique, sociale, du travail n'existent à proprement parler que par l'activité qui les met en œuvre et les organise » (Guérin et Coll., 1997, p.49).

L'activité d'un opérateur, à un instant donné, est donc le résultat d'un **compromis complexe** qui tient compte à la fois de facteurs externes à l'opérateur, les objectifs fixés par l'entreprise et les moyens mis à sa disposition, et de facteurs internes, ses caractéristiques propres, son état instantané, sa formation, son expérience professionnelle, son histoire personnelle et ses projets. La figure n°1 présente les relations existant entre les différentes composantes de la situation de travail. Elle fournit un modèle à l'analyse ergonomique du travail. Delvolvé et Mazeau (1987) ont proposé une adaptation de ce modèle à l'enfant au travail en situation scolaire.

Figure n°1 : La fonction intégratrice de l'activité de travail (adapté d'après Guérin et coll., 1997)

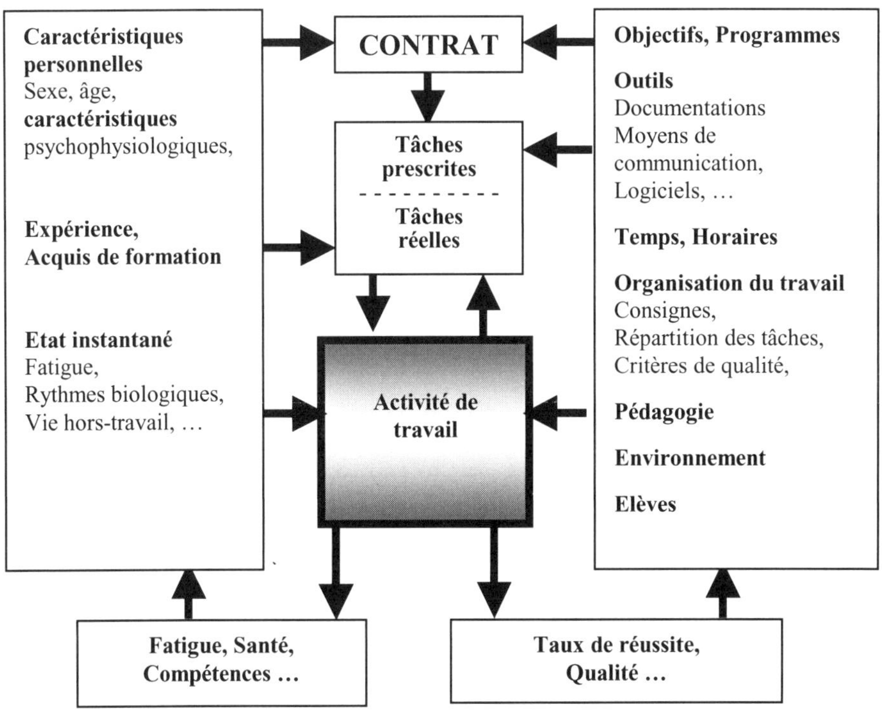

La situation de travail de l'enseignant tout comme celle de l'élève, est caractérisée par la multiplicité de ses déterminants. Ceux-ci se situent à différents niveaux : le poste de travail, l'établissement et son organisation, l'organisation du système éducatif dans le pays, et aussi l'environnement social et économique.

« La situation scolaire est typiquement une situation à déterminations multiples : les nombreuses situations de travail qui la composent peuvent être analysées de diverses manières, renvoyant à des niveaux d'approche différents et des démarches méthodologiques variées. Les analyses du travail peuvent donc avoir comme point commun de départ des acteurs et des opérateurs différents : personnel technique, enseignants ou élèves. Lorsque le point de départ de l'analyse est l'élève, l'enfant est donc considéré comme un travailleur, en constante évolution physiologique, cognitive, affective, devant réaliser certaines tâches prescrites dans un milieu de travail complexe et changeant, dans un cadre temporel rigide, mais aux charges de travail inégalement réparties. Nous évoquons là principalement le système éducatif français qui nous est le plus familier. Cet environnement peut être représenté sous forme de cadre cible (figure n°2.). L'étude de l'un des aspects de ces différents cadres ne peut se faire en ignorant totalement les autres cadres en interaction. L'optimisation de cet ensemble complexe implique de rechercher pour les usagers, et avec eux, la meilleure adaptation possible entre les caractéristiques techniques et organisationnelles, et les modalités réelles de fonctionnement » (Lancry-Hoestlandt, Six et Furon, 1990).

Figure n°2 : Différents niveaux d'approche dans la démarche d'ergonomie scolaire (Lancry-Hoestlandt A., 1988 in Lancry-Hoestlandt A. et Coll., 1990)

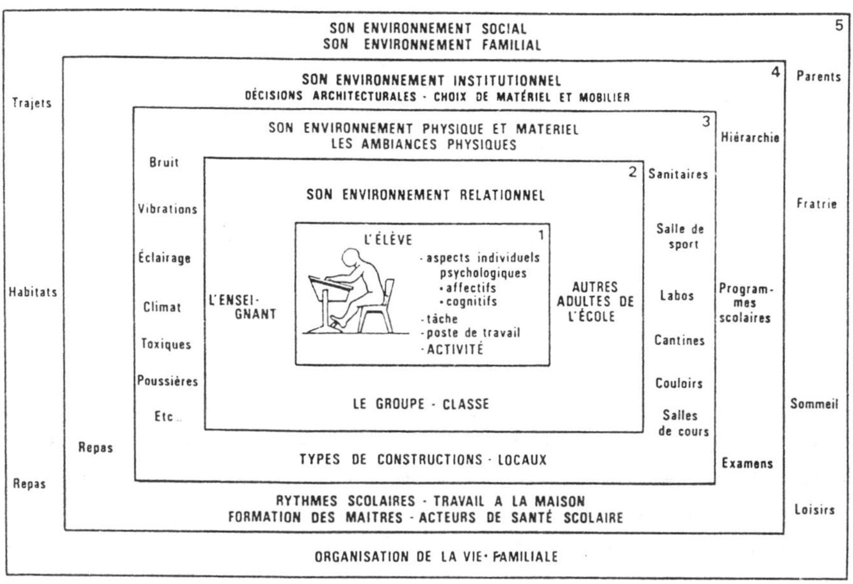

L'activité des enseignants pendant les phases d'enseignement

L'activité comporte de multiples dimensions : physique, cognitive, affective, relationnelle... De ce fait, seule une part de l'activité est observable ; une autre part, la plus importante est inobservable. Elle peut s'analyser à partir des comportements (gestes, postures, déplacements...), des verbalisations liées directement à la réalisation du travail ou qui l'accompagnent (révélatrices par exemple de situations conflictuelles, de stress...) et plus généralement de ce qui est observable et peut être recueilli.

Dès lors, les verbalisations des enseignants en cours d'activité ou après celle-ci en autoconfrontation (avec les observations) sont indispensables et précieuses car elles permettent de recueillir leur point de vue en tant que sujets de leur propre activité, et d'accéder au sens qu'ils donnent à celle-ci. Il est alors possible d'inférer les mécanismes cognitifs qui règlent les comportements (évaluation, raisonnement, représentations, résolution de problèmes...) et les composantes affectives de l'activité, d'évaluer l'investissement du corps (dans ses dimensions physique, cognitive, psychique), de rendre compte de la façon dont sont gérées les variabilités et intégrées les caractéristiques des déterminants de la situation.

Lors des séances de cours ou de travaux pratiques, l'observation de l'activité de l'enseignant peut être réalisée, moyennant de nombreuses précautions. Le recours à la vidéo est dans certains cas utile pour une observation systématique des comportements (déplacements, postures, verbalisations, directions du regard) et leur mise en relation (Lancry-Hoestlandt, 1987). Il permet aussi d'utiliser plus facilement des outils d'aide au recueil et au traitement des données, comme le logiciel Kronos.

La mise en forme des relevés comportementaux peut répondre à deux types de préoccupations : des préoccupations centrées sur la restitution de la cohérence interne de l'activité observée, des préoccupations centrées sur la recherche d'indicateurs permettant d'effectuer des comparaisons. Les premières donneront lieu à des descriptions de séquences d'évènements et à des graphes d'activité, permettant de rendre compte de processus opératoires ou de stratégies élaborées et mises en œuvre en réponse à la variabilité des conditions de réalisation de la tâche et/ou des conditions internes de l'opérateur (état instantané, fatigue). Le second type de préoccupations donnera lieu à l'établissement d'indicateurs statistiques comme le décompte des occurences d'évènements et les durées d'état, permettant des comparaisons (Kerguelen, 1994).

L'activité des enseignants pendant les phases d'enseignement en salle de cours, en laboratoire ou en atelier, est ainsi caractérisée par les communications verbales, de durée et de fréquence variables suivant les niveaux, les matières, le type d'exercice et donc la nature de la tâche. Elles ont des statuts et des significations variables : consignes, explications,

dictée, remarques, questions, sollicitations, réponses à des questions, rappels à l'ordre, etc. Elles s'adressent à un élève, à un groupe d'élèves ou à l'ensemble de la classe ; elles sont donc individuelles ou collectives.
Mais l'activité de l'enseignant(e) c'est aussi et simultanément, des gestes et actions, comme écrire au tableau, montrer un objet, pointer du doigt sur une page, utiliser des matériels, des déplacements dans l'espace classe, des postures, comme incliner le tronc pour regarder le cahier de l'élève, s'accroupir ou s'asseoir sur le sol avec les enfants en maternelle, des mimiques faciales et une expression corporelle, parfois une "théâtralisation" des comportements, une focalisation du regard sur un élève en même temps qu'une attention à l'ensemble du groupe, de multiples balayages visuels sur l'espace classe, etc. Elle est un investissement de tout le corps. Toutes ces composantes de l'activité se présentent de façon simultanée, avec des combinaisons multiples.

L'activité d'une enseignante de 1ère de BTS Assistant de gestion en PME et PMI, diffère selon l'avancement du traitement d'un dossier par les étudiants. Trois séances ont été observées correspondant au démarrage du dossier, en cours de traitement et lors de la dernière séance. Les différents types d'interactions entre l'enseignante et les élèves ont été codées et relevées systématiquement, avec enregistrement des échanges verbaux à l'aide d'un magnétophone. Le tableau n°1 ci-dessous indique la durée relative de chaque type d'interaction au cours de chaque séance et la fréquence d'apparition.

	Durée relative (%) et fréquence des interactions enseignant - élèves					
Interactions	**Début du dossier**		**En cours de dossier**		**Fin du dossier**	
Elève-enseignant : cours	28,71 %	16	17,34%	21	38,17%	19
Elève-enseignant : autres	2,16 %	2	1,93%	4	1,64%	3
Enseignant-élève : cours	8,79 %	8	15,11%	17	19,51%	12
Enseignant-élève : autres	7,93%	10	9,43%	4	1,51%	9
Enseignant à l'ensemble	6,02%	3	5,07%	4	1,43%	4
Résolution de problème d'imprimante des élèves	5,72%	6	11,05%	9	15,83%	3
Rappels à l'ordre	1,71%	7	5,17%	4	1,44%	3
Autres	16,21%	3	0,76%	5	7,78%	9
Aucune verbalisation	18,78%	13	25,91%	12	10,57%	15
Surveillance	3,97%	8	8,22%	8	2,13%	9

Tableau n°1

Durée relative et fréquence des interactions entre l'enseignant et les élèves d'une classe de 1ère de BTS Assistant de gestion à trois moments du traitement informatique d'un dossier.

On observe ainsi qu'en début d'étude du cas, l'enseignante se rend relativement peu auprès des étudiants (8 fois) contre 17 et 12 fois en cours et en fin d'étude. On note également que les problèmes liés au fonctionnement des imprimantes des élèves la mobilisent 16% du temps lors de la dernière séance quand ils doivent imprimer les résultats de leurs travaux (Duvivier, 1997).

Les enseignants développent de véritables stratégies originales pour atteindre leurs différents objectifs. Elles reflètent leurs savoir-faire, en même temps qu'elles se construisent avec l'expérience.

Cette institutrice qui a vingt ans d'expérience en école maternelle, a de multiples stratégies pour motiver et stimuler les enfants. Elle « théâtralise » son comportement pour impulser un rythme dynamique aux explications collectives, par des variations tonales importantes, des postures exagérées, des regards accentués ou des expressions d'étonnement. Elle provoque des ruptures dans le rythme des activités avec des comptines ou des activités psychomotrices lorsqu'elle constate certains signes dans le comportement des enfants. Elle suscite les questions des enfants lors des phases d'explication et y répond par une autre question pour les amener à mieux prendre conscience de ce qu'ils font. Elle gère les différences individuelles en adaptant le travail en fonction de l'avancement de chacun ou de sa compréhension, etc.. (Potier, 1996).

Le travail des enseignants est loin de se résumer aux seules heures en présence des élèves. Il comporte des temps essentiels de préparation des cours, de correction des productions des élèves, et aussi parfois d'évaluation. L'activité y est différente et ne peut être analysée de la même façon, non seulement du fait de la nature de la tâche, mais aussi pour des raisons pratiques. Il est en effet délicat pour l'analyste d'observer une préparation que l'enseignant réalise à son domicile. Toutefois il pourra avoir recours à l'analyse des traces de cette préparation et à la verbalisation a posteriori, guidée par l'analyse des traces.

Les liens entre l'activité, la performance et la santé

Les nombreuses variabilités qui se manifestent dans la situation de travail des enseignants et qu'ils doivent gérer, les conduisent à construire des compromis qui s'actualisent en permanence puisque leurs termes varient dans le temps. L'ergonomie postule en effet la **variabilité** des conditions internes et externes de l'activité. La diversité humaine, la variabilité intra-individuelle et la variabilité industrielle, rendent chaque situation de travail

singulière. L'activité est celle d'un opérateur donné à un instant donné de son histoire et de la situation.
La notion de régulation de l'activité génère un renversement de perspective à propos de l'efficacité du système ; celle-ci ne provient ni de la seule définition du travail (procédures, méthodes, normes....), ni du seul respect des prescriptions. **Les résultats sont obtenus grâce à la capacité de régulation de l'activité développée par l'opérateur** pour gérer la variabilité interne et externe et pour tenir compte des effets de l'activité sur le système et sur lui-même. Elle permet aussi de comprendre les liens entre l'activité et la santé.
L'analyse des situations de travail des enseignants fournit de nombreux exemples de ces régulations. Ils concernent la façon dont l'enseignant va adapter sa pédagogie à la diversité des élèves, résultant de leur âge, de leur environnement familial et social, de leur niveau, etc., à la variabilité de leur état selon le moment de la journée ou le jour de la semaine, à la variabilité de l'environnement. Il arrive qu'un outil soit usé, qu'un matériel tombe en panne, qu'une personne soit absente, que l'emploi du temps soit modifié. Ces variabilités sont momentanées ou parfois plus durables. Les trois exemples qui suivent, illustrent cette gestion des variabilités inhérente à toute situation de travail.

Ainsi, cet autre enseignant des sciences de la vie et de la terre disposait d'une heure le mardi, entre 13 h et 14 h pour ranger le matériel utilisé lors de la séance de TP de la matinée et préparer le matériel pour la séance suivante. Un assistant était prévu, mais il était souvent indisponible du fait de l'existence de deux laboratoires installés dans des bâtiments différents et de la présence de six enseignants de sciences de la vie et de la terre dans cet établissement. La régulation s'opère ici par la suppression du repas de midi. Cet enseignant satisfait à l'objectif de sa tâche mais en « prenant sur lui », au détriment de son état interne (Vanuxem, 1996).

Les enfants de deux à six ans en école maternelle ont besoin d'une assistance importante de la part des adultes. Ils demandent une attention particulière de leur institutrice qui doit être la plus disponible possible afin de pouvoir répondre aux besoins de chacun. Pour ce faire, elle doit normalement recevoir l'aide d'une ATSEM. Dans cette école, une personne en contrat CES effectue le remplacement d'une ATSEM en congé maladie, mais uniquement de 9h à 10h chaque matin. Or, il est prévu que chaque matin, l'accueil des enfants se poursuive normalement jusque 8h45 et fasse place au passage aux toilettes. Cependant, en raison de l'heure d'arrivée de la CES à 8h55, l'institutrice prolonge l'accueil jusqu'à cette heure. En début d'année, elle respectait son planning et se débrouillait seule. Puis, par lassitude, elle a décidé d'attendre dix minutes de plus. Le scénario se reproduit une heure plus tard : le déjeuner est avancé de 10 minutes en raison du départ de la CES à 10 h. (Plomion, 1998).

Cette institutrice de CE1 avait au départ choisi de placer l'heure de soutien mathématiques le lundi matin, mais cela coïncidait avec la tranche horaire à laquelle l'accès à la Bibliothèque Centre Documentaire était possible. Ainsi, elle a été obligée de grouper les séances de mathématiques, alors qu'elle aurait préféré les alterner, les espacer davantage. De plus, en cours d'année, son emploi du temps a subi une nouvelle modification. Elle a échangé ses horaires d'accès à la B.C.D. (le lundi matin de 10h10 à 11h et de 11h10 à 12h) avec ceux d'un collègue qui disposait du jeudi de 10h30 (environ) à 12h, car ce dernier allait à la piscine au troisième trimestre, aux mêmes horaires. Avant ce changement, l'enseignante disposait donc de deux heures pleines qui ont été réduites à environ une heure et demi. La modification de cette plage horaire a entraîné, outre une replanification, une perturbation dans l'organisation de son travail. Elle avait en effet l'intention, lors du dernier trimestre, de faire davantage d'expression orale avec les enfants et projetait notamment de créer puis de jouer une scénette avec les élèves. Du fait de cette modification, elle n'a pas pu faire aboutir ce projet (Decq, 1996).

Comme le suggèrent ces exemples, l'objectif est atteint, la tâche est réalisée, mais parfois au détriment de la santé et/ou de la qualité du travail. Le troisième exemple interroge sur le statut à accorder à ce qui, dans l'activité, « pourrait se faire et ne se fait pas ». L'activité, c'est aussi « ce qui ne se fait pas », qui n'est pas sans répercussion sur la santé. Le coût du travail pour l'opérateur est lié à ce qu'il ne lui est pas possible de faire (Clot, 1995, 1999).

L'ergonome aborde les liens entre activité de travail et santé en observant sle rôle actif de l'opérateur dans la construction de modes opératoires qui ont un impact favorable sur sa santé et les cas où cette construction est tenue en échec conduisant ainsi à des effets défavorables (Guérin et coll. 1997). Dans cette perspective, la notion de **marge de manœuvre** est essentielle, en ce qu'elle lui permet d'agir sur la situation, et en particulier sur les objectifs et les moyens, lorsque des indices d'alerte relatifs à son état interne le conduisent à travailler autrement, à mettre en œuvre un autre mode opératoire. Lorsque les marges de manœuvre sont faibles ou inexistantes, la construction d'un compromis acceptable au regard des exigences de santé, devient plus difficile, voire impossible. Les résultats, la performance économique, sont atteints au prix de modifications de l'état

interne, susceptibles de se traduire à terme par des atteintes relative à la santé.
Les liens entre activité, performance et santé peuvent être modélisés ainsi (figures n°3, d'après Guérin et Coll., 1997, p.100 à 102) :

- les modes opératoires mis en œuvre par un opérateur sont le résultat d'un compromis qui tient compte des objectifs assignés, des moyens de travail, des résultats produits, ou du moins de l'information dont il dispose sur ces résultats, de son état interne (figure n°3.1) ;

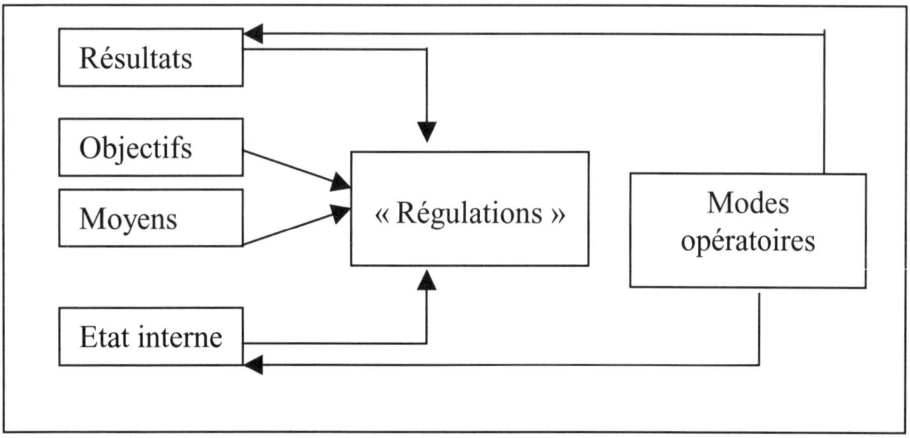

Figure n°3.1

- en situation non contraignante, des indices d'alerte relatifs à son état interne (fatigue) le conduisent à modifier les objectifs ou les moyens de travail pour éviter les atteintes à sa santé (figure n°3.2) ;

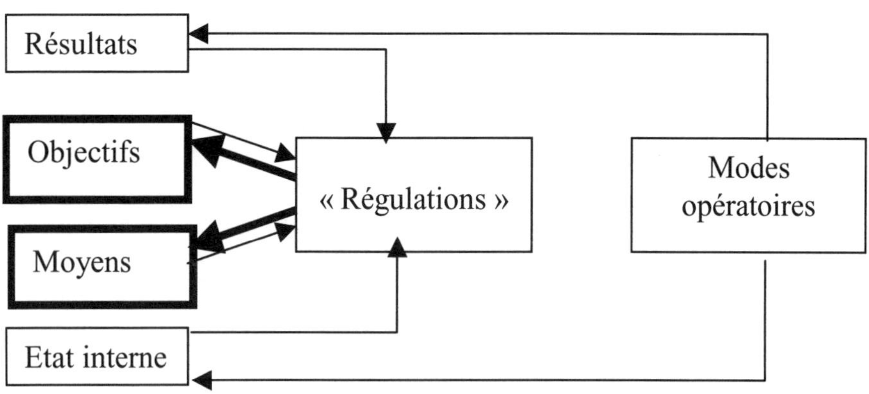

Figure n°3.2

- à l'inverse, en situation contraignante, il n'est pas possible d'agir sur les objectifs ou les moyens de travail. Dans un premier temps, les résultats sont atteints au prix de modifications de l'état interne, susceptibles de se traduire à terme par des atteintes relatives à la santé (figure n°3.3) ;

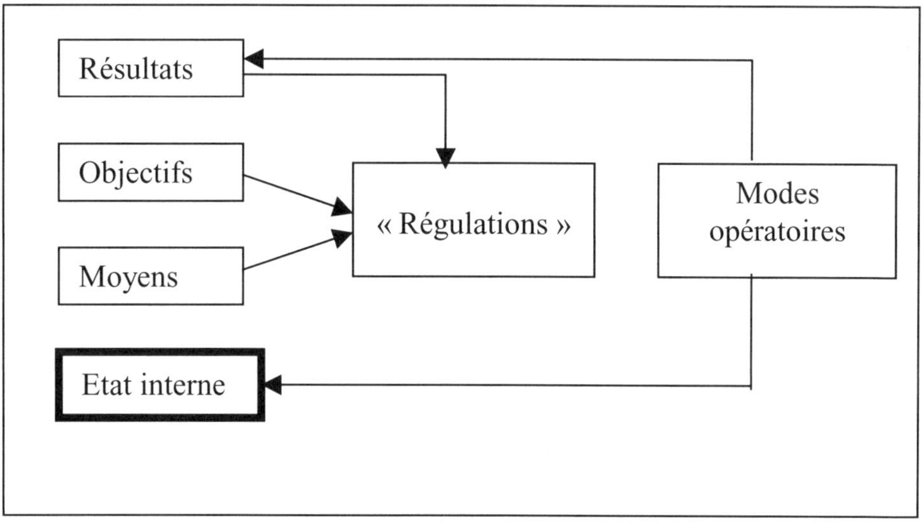

Figure n°3.3

- dans un deuxième temps (typique du "débordement"), l'opérateur ne peut plus atteindre les objectifs fixés, quels que soient les modes opératoires mis en œuvre (figure n°3.4).

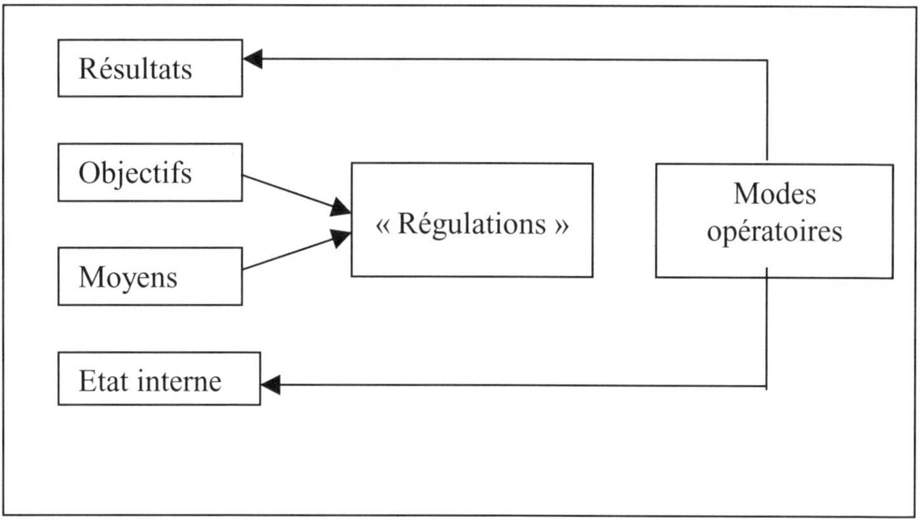

Figure n°3.4

Ainsi, il n'y a pas de relation de cause à effet directe entre un déterminant et un résultat. La connaissance de l'existence et de l'intensité d'une contrainte ne suffit pas pour prédire ses effets sur les personnes et le système (conséquences) et agir sur la situation. L'enjeu de l'analyse ergonomique du travail est de restituer l'unité du travail en mettant en évidence les relations complexes et dynamiques entre ses trois dimensions constitutives : les déterminants, les conséquences et l'activité. Le point de vue de l'activité, révélant la manière dont les hommes et les femmes réalisent le travail, « ce que ça leur demande », est nécessaire.

La posture, indicateur de l'activité et de la charge physique de travail de l'enseignant

Nous présentons ici, pour illustrer notre propos, l'exemple de l'analyse de la posture. La posture adoptée à un moment donné pour travailler constitue un indicateur complexe de l'activité et des contraintes qui pèsent sur elle. Elle doit à la fois permettre de maintenir l'équilibre malgré les effets de la gravité, être le support à l'activité gestuelle (elle concourt à la force et à la précision des gestes et des efforts physiques) et aux prises d'informations visuelles (détermination du champ visuel, distance aux objets regardés). Elle peut témoigner aussi de l'état de l'opérateur dans la mesure où elle n'est pas indépendante de sa fatigue musculaire ou visuelle. Cet ensemble complexe est aussi influencé par les relations entre les caractéristiques anthropométriques de l'opérateur et les caractéristiques physiques des postes de travail, comme les caractéristiques des machines, des mobiliers, l'encombrement des espaces, la qualité de l'éclairage.

Les postures sont aussi objet d'étude pour elles-mêmes dans la mesure où elles sont sources de fatigue et peuvent générer des troubles musculo-squelettiques (douleurs articulaires, maux de dos) et de la circulation sanguine (en particulier dans les membres inférieurs).

Dans le déroulement d'un cours, un enseignant adopte des postures variées qui témoignent de son état instantané et sont des indicateurs de son activité. Les plus fréquentes sont la posture debout et la posture assise. Mais dans les écoles maternelles, le mobilier adapté à la taille des enfants amène les instituteurs(trices) à prendre plus ou moins fréquemment d'autres postures (fortement courbé, accroupi, à genoux), particulièrement sollicitantes pour le dos et certaines articulations, au cours de leur activité, lors de l'établissement des relations avec les enfants. Dans ces situations, la courte durée des séquences en lien avec le maintien de l'attention des enfants, s'accompagne de multiples manutentions pour installer et ranger les matériels et jeux, objets nécessaires à la réalisation des tâches proposées aux enfants.

> *Deux institutrices d'une école maternelle, dont la directrice, formulent une demande relative à la fatigue physique quotidienne et à l'apparition de douleurs rachidiennes qu'elles attribuent à*

des postures répétitives et contraignantes nécessaires à l'accompagnement de l'enfant (se baisser, se plier, porter, déplacer le matériel). L'ergonome commence par identifier les tâches effectivement réalisées et les conditions dans lesquelles elles sont accomplies. Elle observe par exemple qu'un maximum de tâches (5 à 7 créneaux) est réalisé le matin en un minimum de temps (1/2h à 3/4h maximum par créneau), alors que l'après-midi, les tâches sont en nombre moindre, réalisées sur une plage horaire plus grande (1h 15mn) avec un effectif moindre d'enfants.

Les déplacements de l'institutrice sont nombreux à l'intérieur de la classe, mais également en dehors en relation directe avec des recherches d'informations et d'actions nécessaires à la réalisation de la tâche.

Les contraintes posturales sont bien présentes : la posture debout prédomine, mais des ajustements posturaux fréquents sont observés en relation avec l'accompagnement de l'enfant (flexion et inclinaison latérale du buste, accroupie, ...). La réalisation d'autres tâches (rangement, distribution du travail, déplacement d'objets...) s'accompagne aussi de postures contraignantes (extension du rachis avec élévation des bras). Les relations de l'institutrice à l'enfant sont souvent accompagnées d'actions telles que écrire, gommer, ranger qui ne sont pas en soit très contraignantes, mais qui sont réalisées au niveau des tables des enfants (mobilier adapté à leur taille).

Ainsi, dans une classe avec un effectif de 27 enfants répartis sur 4 activités, elle relève 1 déplacement de l'institutrice toutes les 24 secondes en moyenne ; les changements de posture suivent le même rythme, également 1 toutes les 24 secondes en moyenne. La position debout représente 52% du temps, la flexion du tronc 23% et l'inclinaison latérale 13%, soit 88% du temps pour les postures les plus sollicitantes pour le système musculo-squelettique.

Dans une situation de décloisonnement avec 2 activités, il n'y a plus qu'un changement d'emplacement toutes les 6 minutes en moyenne et 1 changement de posture toutes les 3 minutes 25 secondes. Cette situation apparaît comme plus favorable au regard des contraintes de la charge physique (Dufour, 1996).

Une telle analyse met en évidence la place importante des contraintes posturales et des déplacements pour mener à bien l'action pédagogique. Elle permet de mieux comprendre l'origine de la fatigue décrite par les institutrices. Elle confirme aussi que l'activité diffère, parfois de façon importante, selon les caractéristiques des déterminants, dans ce cas le nombre d'enfants en particulier.

II. La conception des espaces d'activité

Dans cette seconde partie, nous reprenons les principaux résultats d'une recherche[10] à laquelle nous avons participé, consacrée à la conception et à l'aménagement des espaces d'enseignement et de formation des lycées professionnels et des lycées techniques (Vaxévanoglou, Six et Lancry-Hoestlandt, 1991). Nous tentons de montrer comment une meilleure connaissance de l'activité des enseignants et des élèves est indispensable pour une conception adaptée des espaces de formation.
Qu'en est-il des relations entre les espaces de travail, l'organisation du travail, les exigences pédagogiques et les activités en milieu scolaire ? Comment sont conçus et aménagés les lieux d'enseignement et d'apprentissage technique ? Quel est le poids des choix pédagogiques sur l'organisation de l'espace d'enseignement ? Dans quelle mesure ces choix déterminent-ils ou sont-ils déterminés par les options architecturales et les options d'aménagement des espaces ? Dans quelle mesure y a-t-il prise en compte de l'activité des élèves et des enseignants, ainsi que de leurs interactions ?

L'aménagement de l'espace comme activité de l'enseignant

L'aménagement des espaces de formation résulte aussi d'une activité de l'enseignant. Il tente de répondre ainsi à certaines exigences pédagogiques. Le poids des contraintes architecturales et spatiales, des contraintes des matériels et mobiliers à implanter, en particulier dimensionnelles, est variable selon les situations.
Dans les classes maternelles, les capacités de maintien de l'attention des enfants sur une même tâche ou occupation induisent des séquences, souvent appelées ateliers, de durée limitée et donc une multiplication des activités proposées aux enfants. L'aménagement de la salle de classe intègre cette exigence de façon plus ou moins satisfaisante selon les cas.

> *Cette classe de maternelle accueille 29 enfants de 4 ans. Elle est organisée par l'institutrice en plusieurs « coins » : 4 « coins » dits de travail composés de tables ovales ou rectangulaires, un « coin cuisine », un « coin voitures » délimité par des bancs pouvant accueillir tous les enfants, lieu de rassemblement, et un chevalet peinture. L'espace est donc aménagé pour que les enfants travaillent en petits groupes ; cinq ateliers peuvent ainsi se dérouler simultanément après une phase d'explication collective au « coin rassemblement ». Ces sept emplacements sont ceux où vont se trouver les enfants ; plusieurs armoires et des casiers permettent le rangement des matériels. Toutefois, l'encombrement*

[10] Recherche financée par le Ministère de la Recherche et de la Technologie (Programme Homme – Technologie – Travail) et par le Conseil Régional Nord – Pas de Calais.

ainsi créé rend plus ou moins aisés les déplacements de l'institutrice pour superviser le déroulement des ateliers, répondre aux sollicitations des enfants (Plomion, 1998).

Les déplacements sont un indicateur intéressant pour rendre compte de l'activité de l'enseignant et des contraintes induites par l'organisation de l'espace. Ils sont souvent l'occasion de prises d'informations, de contrôles, de contacts avec d'autres personnes. Ils sont essentiels dans l'activité de l'enseignant, et retrouvés dans toutes les observations quels que soient le niveau de la classe ou la matière enseignée.

L'investissement de l'espace classe par cette enseignante de CE1 fait apparaître des lieux privilégiés en fonction de ce qui est recherché ou de ce que le lieu permet. Ainsi, elle se tient dans le secteur droit lorsqu'elle souhaite une attitude d'écoute des élèves ; le secteur du tableau est « préféré » lorsqu'elle demande un investissement cognitif plus important aux élèves. Dans ce cas, les déplacements dans les rangs sont nombreux. Les multiples séances observées (écriture, orthographe, mathématiques, éducation musicale, lecture à rôles) ont permis de dégager des différences notoires selon la matière et le type de message, mais aussi de faire apparaître des similitudes dans l'enseignement d'une matière (comparaison de 3 leçons de mathématiques portant sur la symétrie, la technique opératoire de l'addition, la multiplication) (Decq, 1996).

Cette autre enseignante de CE1 a aménagé sa salle de classe de façon à limiter ses déplacements (figure n°4)

Elle se déplace essentiellement, selon son expression : " Pour voir si les élèves suivent ". C'est à dire pour constater s'ils ont compris la consigne qu'elle leur a donnée, vérifier qu'ils font leur exercice, voir s'ils tiennent convenablement leur crayon, si leur cahier est propre. Les enfants ont une place fixe pour toute l'année. L'enseignante a pris en compte leurs problèmes de vision ou d'audition pour préparer son plan de classe : les enfants susceptibles d'avoir des problèmes de compréhension pour ces raisons ont donc été placés devant. Les élèves les moins autonomes ont été placés à des endroits faciles d'accès et assez près du tableau pour qu'elle puisse leur venir en aide sans trop de difficultés. Pour les autres, elle les a répartis de façon à ce que les élèves les moins débrouillards soient à côté d'enfants plus débrouillards, dans un but d'entraide et de motivation.

Figure n°4

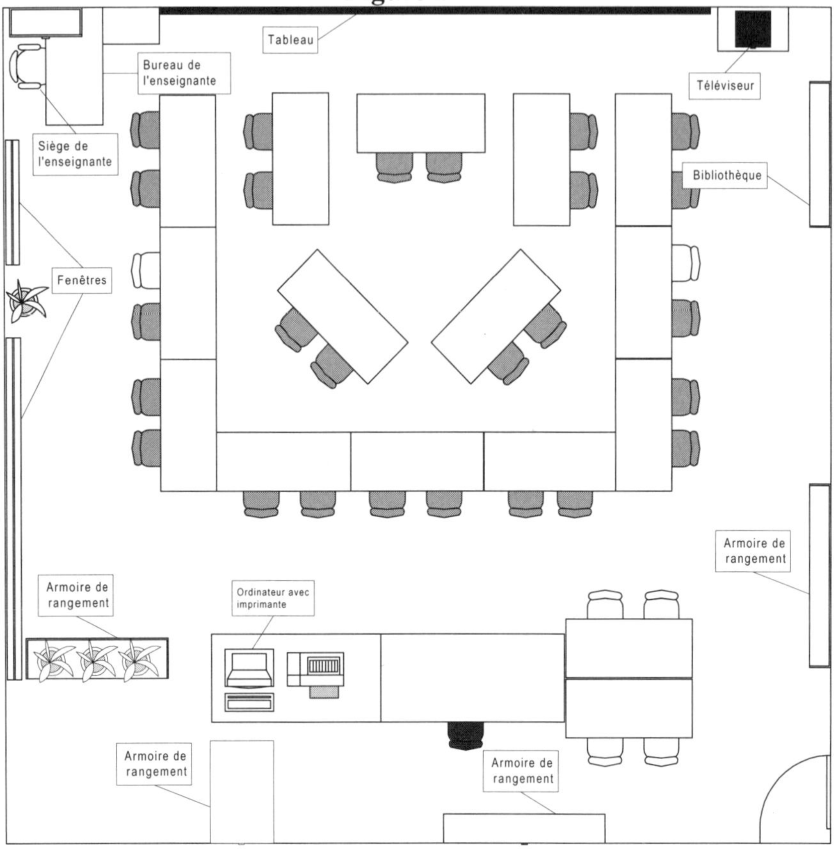

 : siège occupé par un élève.

 : siège occupé par l'observateur.

 : siège libre.

Ce type d'aménagement a également été préféré aux autres, plus classiques, pour que l'enseignante évite d'oublier les élèves situés sur les côtés de la classe, ceux-ci étant souvent moins sollicités pour la participation. L'enseignante fait alors référence au rôle de l'accessibilité visuelle interindividuelle qui a été mis en évidence par Flament en 1965 (cité par Vaxévanoglou, Six et Lancry-Hoestland, en 1991) : on préfère s'adresser aux personnes qui nous font face pour juger de l'effet de nos paroles sur l'interlocuteur.

Le tableau n°2 met en relation le type de verbalisations de l'enseignante (en pourcentages) et le lieu de la classe vers lequel il est destinée.

Tableau n°2 : Pourcentages des verbalisations de l'enseignante émises vers les différents lieux de la classe

Lieux	Types de verbalisations					
	Question individuelle	Explication individuelle	Consigne individuelle	Vérifi-cation	Discipline individuelle	Réponse à un enfant
A H G	13,9 %	66,6 %	60 %	30,8 %	24,5 %	18,2 %
F E	8,3 %	16,7 %	0 %	0 %	19,5 %	29,5 %
B	19,5 %	16,7 %	0 %	11,5 %	7 %	11,3 %
D	13,9 %	0 %	0 %	34,6 %	22 %	16 %
C	44,4 %	0 %	40 %	23,1 %	27 %	25 %

On peut constater en premier lieu que c'est aux enfants occupant les lieux A-H-G et C que l'enseignante s'adresse le plus fréquemment. ***C'est vers l'endroit de la classe le plus proche du tableau que l'enseignante donne le plus de consignes et d'explications individuelles*** *et le seul lieu vers lequel elle ne donne aucune explication est le lieu C, le plus éloigné du tableau. Elle pose par contre beaucoup de questions aux élèves de ce rang (44,4 % des questions y sont destinées). Et ceux-ci lui en posent également beaucoup puisque 25 % des réponses qu'elle donne aux questions des enfants sont destinées aux élèves de la rangée C. Les consignes individuelles ne sont dirigées que vers les tables juste devant le tableau (A-H-G) et vers les tables de la rangée du fond (en C).* ***L'enseignante ne donne donc jamais de consignes aux enfants situés sur les côtés de la classe****. C'est également en A-H-G et C que les interventions pour faire de la discipline individuelle sont les plus fréquentes.*

Les enfants occupant les lieux E et F que nous avons définis comme étant les lieux les plus difficiles d'accès, sont ceux vers lesquels l'enseignante pose le moins de questions individuelles (seulement 8,3 % des questions y sont destinées), elle ne leur donne aucune consigne et ne fait aucune vérification à cet endroit. Par contre, c'est des lieux F et E, ainsi que C que proviennent le plus de questions de la part des enfants, ils se manifestent donc d'eux-mêmes à l'enseignante.

Les vérifications sont les plus fréquentes en D (rang à droite de la classe) et en A-H-G (Leschaeve, 1999).

La nécessité de l'analyse de l'activité des enseignants et des élèves dans des situations de référence

Nous avons montré lors d'analyse de l'activité dans des ateliers de lycées professionnels et techniques, que la tâche, ses caractéristiques et ses exigences, le matériel nécessaire pour l'accomplir et la disposition spatiale des élèves et des professeurs sont des déterminants importants de l'activité des acteurs. Malgré la variabilité des niveaux, des contenus et de l'organisation des enseignements dans les différentes filières (mécanique - productique, électronique – électrotechnique, bureautique) et sections, et la diversité architecturale des espaces d'activité étudiés, les analyses ont révélé certaines constantes relatives à la fois aux interrelations entre l'organisation de l'enseignement (choix pédagogiques) et l'organisation de l'espace et aux interactions entre espace, dispositions spatiales et activité des enseignants et des élèves (Vaxévanoglou, Six et Lancry-Hoestlandt, 1991).

> *Dans ce lycée, deux professeurs se coordonnent et se répartissent les enseignements des deux années de baccalauréat production mécanique. Ainsi le premier (A) prend en charge la mécanique et les TP tournage, le second (B) l'étude du système et des TP de fraisage. Pour les TP, les élèves sont répartis en deux groupes pour permettre leur passage sur l'ensemble des postes ; le matériel, en particulier les machines lourdes, limité en nombre, impose une telle organisation. Ils se déroulent dans trois lieux différents : la salle de cours S1 où les élèves d'un même groupe sont réunis pour des explications collectives, la salle S2 où se font les TP tournage et la programmation sur micro-ordinateur des TP fraisage, et l'atelier avec les machines et postes de travail pour les TP fraisage (machine à commande numérique, montage modulaire, banc de préréglage, rugosité...). De ce fait, l'activité de l'enseignant A, lors des séances de TP, se déroule dans un espace délimité où sont réunis tous les postes de travail des élèves ; toutefois, l'encombrement y est important et les voies de passage étroites. Au contraire, l'activité de l'enseignant B se déroule dans un espace ouvert, caractérisé par la dispersion des postes de travail des élèves en lien avec l'implantation des machines ; ces derniers sont répartis en binôme.*
>
> *L'activité des deux enseignants présente de ce fait des différences notoires, comme l'a bien montré l'observation lors d'une séance de TP (de 3h 50mn), des interactions entre l'enseignant et les élèves ; leurs déplacements et leurs échanges verbaux étaient enregistrés systématiquement. Ainsi, l'enseignant A (en salle) se rend de lui-même auprès des élèves plus*

fréquemment (32,6% des interactions) que l'enseignant B (17,2%). Le premier voit l'ensemble des élèves et peut aisément repérer ceux qui ont un problème. Il anticipe la demande de l'élève, ce qui explique aussi que les communications sont d'une durée plus courte. Par ailleurs, et en contre partie de ce qui précède, les élèves du TP fraisage se déplacent plus (20 déplacements observés) vers l'enseignant que ceux du TP tournage (12 déplacements observés). L'enseignant B n'étant pas visible, les élèves doivent le solliciter à plusieurs reprises avant d'obtenir une réponse, car il a souvent plusieurs demandes à gérer simultanément. Trois demandes n'ont d'ailleurs, au cours de cette séance, reçu aucune réponse. Les élèves recherchent alors des réponses auprès d'autres élèves de leur groupe, ceux qui ont déjà réalisé cette partie du TP. Il est clair que l'agencement spatial n'est pas le seul déterminant de l'activité des enseignants, et qu'il faut aussi considérer la nature de la tâche de l'élève par exemple (Charlemagne, 1997).

Les résultats de cette analyse rejoignent ainsi parfaitement ceux que nous avions obtenus quelques années auparavant dans des ateliers de lycées professionnels et de lycées techniques (Vaxévanoglou, Six et Lancry-Hoestlandt, 1991). Le contenu et le volume des communications ainsi que la fréquence et les circuits des déplacements sont gérés en fonction de ces déterminants et de leurs interactions. La disposition des élèves par rapport au bureau du professeur semble avoir un effet sur les interactions, ceux qui ne sont pas accessibles visuellement communiquent moins avec l'enseignant que les autres. De même l'éloignement ou l'isolement spatial des élèves occupant les postes périphériques oblige ceux-ci à des déplacements en vue de communiquer.

Par ailleurs, lorsque les ateliers ne disposent pas de salles de cours, les aspects théoriques sont déconnectés de l'enseignement pratique. Il en résulte l'impossibilité pour les enseignants de pratiquer une pédagogie de groupe car les regroupements sont impossibles. Cependant, ils se révèlent inutiles dans certains cas, au regard des caractéristiques de la tâche des élèves (réalisation d'un projet à plusieurs) qui sont génératrices d'une activité collective qui s'exprime par le partage et la coordination des sous-tâches ainsi que par la coopération interindividuelle. Inversement, des salles laboratoires (de Bureautique par exemple) équipées à la fois de postes informatiques, de tables et de tableaux pour le travail théorique permettent aux enseignants d'alterner théorie et pratique sans limites.

Dans cette salle de Bureautique, l'espace d'enseignement est divisé en deux zones, chacune correspondant à un niveau d'activité différent. Une première zone est composée de l'ensemble des postes écran-clavier et imprimante. Au sein de ce sous-espace où évoluent les élèves, les tâches sont individuelles et chacun "a sa place". Dans la deuxième zone, par contre, celle occupée par la table et le tableau, la tâche est collective ; on n'y pénètre en théorie qu'en début et fin de séance le cas échéant, quand l'enseignant le décide. On peut considérer qu'il existe une troisième zone, le poste de l'enseignant, où les élèves ne se rendent qu'en cas de problème ou de difficulté. Ainsi, les tâches en cours et la nature des interactions entre les élèves et les enseignants diffèrent en fonction de la zone au sein de laquelle elles se déroulent (Vaxévanoglou, Six et Lancry-Hoestlandt, 1991).

Ainsi, la tâche, son contenu et ses exigences, le matériel et les moyens à la disposition des enseignants, l'aménagement de l'espace - en particulier la disposition géographique des machines et des postes dans l'atelier et dans les deux salles – influencent dans une large mesure les déplacements et les interactions entre l'enseignant et les élèves et entre les élèves.
Dans toutes les situations étudiées, nous avons observé que les élèves interagissent plus entre eux qu'avec les enseignants. L'aménagement de l'espace a donc aussi un effet sur le comportement des élèves. Leurs communications et déplacements sont témoins d'une stratégie qu'ils se construisent pour répondre à l'autonomie que leur laissent l'organisation et les pratiques pédagogiques de l'enseignant. Ainsi, ils utilisent les sources d'information les plus proches et les plus accessibles.
Les déterminants de la structure et du contenu des interactions sont schématisés à la figure n°5.

Figure n°5 : les déterminants de la structure et du contenu des interactions (Six et Vaxévanoglou, 1993)

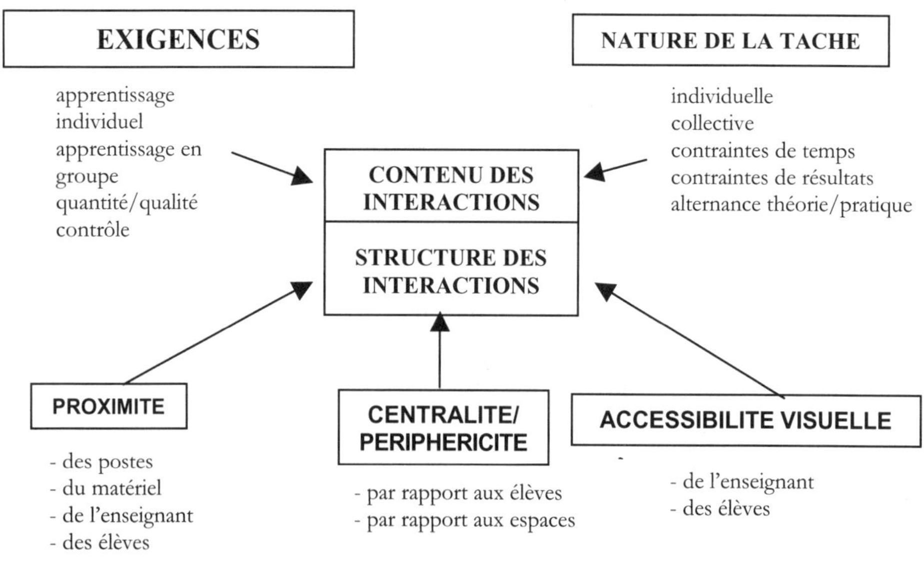

Les différents résultats obtenus indiquent que l'espace et la disposition spatiale médiatisent les effets de l'organisation de l'enseignement, des choix pédagogiques et des exigences des tâches sur les communications et les déplacements. L'aménagement des espaces d'enseignement n'est donc pas neutre. Il influence les modalités de l'activité des élèves et des enseignants en même temps qu'il médiatise les interactions fonctionnelles et sociales.

L'aménagement de l'espace est donc bien le résultat d'un compromis qui intègre de multiples déterminants, comme la superficie disponible, la forme du local, les caractéristiques des mobiliers et leur nombre, l'effectif des élèves et les choix pédagogiques. La connaissance des élèves, leur niveau, leurs difficultés, leur rapidité dans la réalisation des tâches sont aussi pris en compte. Il est donc nécessaire de mieux connaître comment se construisent ces compromis pour en instruire les acteurs de la conception des espaces.

Quelle démarche de conception ?

Rapportons tout d'abord l'exemple d'une intervention beaucoup trop tardive des ergonomes dans le projet de conception (Vaxévanoglou, Six et Lancry-Hoestlandt, 1991). Quand les choix architecturaux et techniques sont arrêtés, il est difficile de revenir en arrière. Les apports sont alors nécessairement limités.

> *Pour la conception des nouveaux ateliers d'un grand Lycée Scientifique et Technique (1.500 élèves) de la Région Nord, le chef de travaux avait élaboré en collaboration avec les professeurs un projet d'implantation et d'aménagement des 4.000 m2 d'atelier en fonction de choix pédagogiques qui nécessitaient la création d'îlots d'enseignement flexibles (îlots initiation, préparation, production,...). Ils correspondaient à une double logique pédagogique de progression (dans l'année et d'année en année) et d'interactions (entre les enseignants et les élèves). Selon cette logique, les différentes machines n'auraient pas une place fixe et définitive dans les ateliers, dans la mesure où les évolutions techniques, en même temps que celles des contenus et programmes, obligeaient à des adaptations pédagogiques permanentes. Face à ces préoccupations exprimant les choix pédagogiques actuels tout en prévoyant les options futures, les architectes et les constructeurs opposaient fermement les exigences techniques et économiques qui étaient plutôt génératrices de fixité que de flexibilité ou d'évolutivité : le poids de certaines machines était supérieur à celui que la dalle prévue pouvait supporter. Il fallait donc connaître,*

avant telle date, leur emplacement précis afin d'augmenter à ces endroits la résistance au sol. La solution du renforcement de la résistance de l'ensemble de la dalle constituait une alternative pour prendre en compte l'évolution des exigences pédagogiques ; elle ne pouvait plus être envisagée une semaine avant le coulage du béton de la dalle.

Ainsi, l'impératif technique qui traduit un coût financier ne pouvait être remis en cause. Il imposait donc une forme d'organisation et d'implantation qui n'aurait plus de possibilité d'évolution. Même si, dans un premier temps, l'adéquation entre l'espace et les choix d'implantation résultant des choix pédagogiques se réalisait, elle ne résisterait pas aux changements d'options d'enseignement et entraînerait des dysfonctionnements dans l'organisation des enseignements et, par là même, imposerait des contraintes qui pèseraient sur l'activité des élèves, des enseignants, ainsi que sur les relations et interactions entre élèves et entre élèves et enseignants,

Pour l'histoire, signalons que le renforcement de la dalle sur toute la surface a été réalisé "grâce" à l'intervention des ergonomes qui ont trouvé l'argent nécessaire à cette opération. Ils avaient en effet réussi à convaincre les partenaires que des murets en briques (2 m x 2 m chacun) disposés autour de l'atelier et face aux portes des salles de cours auraient très peu d'effet sur l'ambiance sonore à l'intérieur des salles. Le point le plus difficile de la négociation a tourné autour de l'aspect esthétique de ces murets et de leur utilité en matière de séparation des ateliers et des salles.

Dans ce contexte, en dehors de quelques conseils généralistes, la contribution ergonomique consiste à "optimiser" les choix d'implantation qui obéissent à la logique pédagogique en introduisant des recommandations relatives aux circulations, aux accès, aux dispositions des machines entre elles et en essayant de prendre en compte le fait que l'enseignement d'une matière technique induit au moins deux types d'interactions : enseignant-élève et enseignant-groupe d'élèves. A l'occasion de l'intervention rapportée ci-dessus, nous avons donc constaté que la dialectique organisation du travail - architecture industrielle se transposait en milieu scolaire où elle se déroule entre les pôles : choix pédagogiques (à la fois en matière d'implantation et de type d'interactions dans l'enseignement) et architecture scolaire.
Or, des démarches d'intervention ont été élaborées et éprouvées par les ergonomes pour la conception des systèmes de production industriels, de bureaux, d'hôpitaux, etc. Elles reposent sur une analyse de l'activité des opérateurs dans des sites de référence et la participation des futurs

opérateurs à la conception par des méthodes de simulation de leur activité future. Il s'agit non pas de prescrire celle-ci, mais de s'assurer que les opérateurs pourront développer au moins un mode opératoire compatible avec l'atteinte de leurs objectifs et de ceux de l'école et aussi avec la construction de leur santé.
Par ailleurs, dans ces démarches, l'ergonome se positionne non seulement comme assistance à la maîtrise d'œuvre, les concepteurs, mais aussi comme assistance à la maîtrise d'ouvrage dans la définition des objectifs du projet. Il importe, en effet, que ceux-ci ne soient pas définis uniquement selon une logique technico-économique, mais intègrent aussi les dimensions relatives à l'organisation du travail et aux caractéristiques des populations qui vont travailler avec les nouveaux moyens.
L'analyse de l'activité des opérateurs dans les situations de référence est essentielle pour identifier les tâches effectivement réalisées, pour connaître la façon dont sont gérées les variabilités qui se retrouveront nécessairement dans les situations futures. Ces données, ni le maître d'ouvrage ni l'architecte ne les possèdent ; il faut donc les construire, afin de les leur fournir, en se basant sur des analyses de situations de référence, développées selon la méthodologie présentée dans la première partie de cet article. Deux types de sites de référence peuvent être identifiés : d'une part l'établissement qui fait l'objet du projet, lorsqu'il s'agit d'un agrandissement, d'une restructuration ou d'un déménagement, d'autre part des établissements qui présentent des caractéristiques similaires à celles prévues dans le projet de construction neuve (Daniellou, Garrigou, 1992).
La connaissance des interventions ergonomiques dans les projets permet d'identifier au moins deux modalités de contribution des ergonomes à la conduite des projets architecturaux (Daniellou, 1999) :

- lorsque les plans existent déjà, l'ergonome peut tenter d'approcher l'activité future à travers des simulations des formes possibles de celle-ci ; il s'agit pour lui de contribuer à évaluer comment les espaces de travail prévus détermineront partiellement le travail (et la vie) futurs des usagers, et d'identifier les difficultés probables et les modifications qui seraient nécessaires ;
- lorsqu'il/elle est sollicité-e avant que le cabinet d'architecte ne soit retenu, l'ergonome peut aussi contribuer à la programmation architecturale, en favorisant la prise en compte du travail dans l'instruction des choix initiaux ; dans ce cas, il/elle se situe en position plus "proactive" que "réactive" par rapport aux propositions des concepteurs. Il/elle est face à une diversité d'acteurs comme la Maîtrise d'ouvrage, les Maîtrises d'œuvre, les représentants des différentes catégories de personnels concernés. Il s'agit alors de définir un projet de fonctionnement du futur établissement, en favorisant la participation des acteurs concernés ; celui-ci permettra alors de définir les objectifs fixés à l'architecte.

III. En conclusion

La pratique de l'analyse de l'activité et la confrontation à d'autres disciplines (psychologie du travail, sociologie, psychodynamique du travail, anthropologie, philosophie) ont conduit les ergonomes à un ensemble de constats. Ils concernent, par exemple, la différence entre le travail prescrit et le travail réel, la complexité des raisonnements dans nombre de situations, la mise en évidence des compétences mobilisées, la complexité des compromis élaborés par les travailleurs et leurs effets en termes de performance et de coût, l'ampleur des déterminants de l'activité, la complexité des facteurs de nature collective entrant en jeu dans l'élaboration des stratégies des travailleurs, la complexité des mécanismes d'atteinte à la santé, et le rôle positif que peut jouer le travail dans la construction de la santé (Daniellou, 1996).
S'intéresser au travail des enseignants devient urgent. Il comporte des enjeux importants pour la performance du système éducatif, la santé des acteurs, et aussi pour l'ergonomie. Un parallèle peut être fait avec le travail des cadres qui, depuis plusieurs années, est l'objet d'un intérêt marqué de la part des ergonomes, (Langa, 1994 ; Carballeda, 1997 ; Six, 1999). Le travail des enseignants peut être vu « comme une double activité qui consiste d'un côté, à « créer les cadres » de l'action future, des élèves, et de l'autre, à « faire cadrer » les actions et à faire en sorte qu'elles ne sortent pas du cadre » (de Terssac et Cambon, 1998, p.49). La référence au contenu du travail est donc essentielle.
Les points essentiels à considérer dans une intervention ergonomique consacrée au travail des cadres (Daniellou, 1997) peuvent être repris à propos des enseignants : (1) les enseignants sont des travailleurs, et non des simples exécutants des programmes de l'Education Nationale et des objectifs propres et instructions de l'établissement, (2) ils rencontrent des difficultés qui peuvent être à l'origine d'atteintes à leur santé, (3) ils ont un rôle actif à jouer dans la réflexion sur les changements d'organisation du travail, en tant qu'opérateurs ayant des compétences spécifiques. L'ergonome est invité à contribuer à l'existence des collectifs d'enseignants, au sein desquels les compétences pourront être reconnues, notamment à l'occasion de la conduite de projets, par exemple de conception architecturale ou de réaménagement des espaces d'activité.
Ainsi peu à peu le paradigme d'application de connaissances scientifiques sur le fonctionnement de l'homme à la conception des moyens et de l'organisation du travail, paradigme fondateur de l'ergonomie dans les pays anglo-saxons (Wisner, 1996), se révèle largement inopérant, même s'il est toutefois à l'origine de la production d'un ensemble de connaissances toujours utiles actuellement.
Nous avons montré, à l'occasion de plusieurs interventions réalisées dans le cadre de la conception et de l'aménagement d'ateliers de formation, en lycées professionnels et techniques, que les choix architecturaux

inappropriés, par manque de connaissance de l'activité déployée dans ce milieu particulier de travail, conduisent à des difficultés, voire des impossibilités à réaliser les tâches prévues avec les choix pédagogiques initiaux. Réciproquement, les exigences pédagogiques des enseignants, celles liées à l'organisation du travail peuvent entraîner des options architecturales et techniques plus ou moins facilement réalisables (Six et Vaxévanoglou 1993).

« L'enjeu de l'introduction de l'ergonomie dans les processus de conception des moyens de travail n'est pas seulement la prise en compte par les concepteurs de données générales sur les propriétés humaines, bien que cet aspect de sa contribution soit toujours essentiel. Il s'agit plus précisément d'éviter que des représentations erronées de l'activité soient matérialisées dans les moyens de travail et engendrent des difficultés pour la production et pour les opérateurs » (Daniellou, 1992, p.36). L'approche proposée s'appuie sur un processus d'interaction entre concepteurs, acteurs de l'école et ergonomes, visant à obtenir une description de « l'espace des formes possibles de l'activité future » et un pronostic concernant les conséquences des choix sur les personnes et sur la pédagogie. Elle est basée sur des analyses de l'activité dans des sites de référence, qui vont chercher à repérer les déterminants de la manière dont les différentes catégories de travailleurs de l'école vont organiser et structurer leur activité de travail. Elle repose également, de manière essentielle, sur la participation des différentes catégories d'acteurs (enseignants, élèves, personnel administratif et de maintenance) au processus de conception (Garrigou, 1992 ; Daniellou et Garrigou, 1993). Il importe donc de mettre en œuvre des démarches qui permettent de confronter les logiques portées par les différents acteurs intervenant dans la conception et la conduite d'un projet.

Un autre enjeu de l'analyse ergonomique du travail des enseignants est de fournir des descriptions de la réalité de leur travail qui puissent servir de base à la formation des futurs enseignants. Encore une fois, il ne s'agit pas de formaliser un « one best way », mais plutôt de révéler les compétences effectivement développées face à la diversité et à la grande variabilité des déterminants des situations de travail scolaires.

Encore faut-il que les décideurs au niveau de l'Education Nationale, les maîtres d'ouvrage (Etat et collectivités territoriales), les chefs d'établissement formulent des demandes aux ergonomes en étant convaincus de l'utilité de la démarche proposée et de ses apports possibles.

Bibliographie

Carballeda G. (1997), *La contribution des ergonomes à l'analyse et à la transformation de l'organisation du travail : l'exemple d'une intervention relative à la maintenance dans une industrie de process continu.* Thèse de Doctorat d'ergonomie , Paris, CNAM.

Chabaud C. (1990), Tâche attendue et obligations implicites. in M. Dadoy et coll. (Eds*), Les analyses du travail, enjeux et formes*. Paris, CEREQ, Collection des Etudes, 174-182.

Clot Y. (1995), *Le travail sans l'homme. Pour une psychologie des milieux de travail.* Paris, L'Harmattan.

Clot Y. (1999), *La fonction psychologique du travail.* Paris, PUF, coll. Le Travail Humain.

Daniellou F., (1992), *Le statut de la pratique et des connaissances dans l'intervention ergonomique de conception.* Thèse d'habilitation à diriger des recherches. Toulouse, Univ. De Toulouse Le Mirail.

Daniellou F. (1996), *L'ergonomie en quête de ses principes. Débats épistémologiques.* Toulouse, Octarès éd.

Daniellou F. (1997), L'activité des cadres : quelles modélisations pour l'action des ergonomes. *Performances Humaines et Techniques*, 97, 7.

Daniellou F., (1999), Contribution de l'ergonomie à la conduite de projets architecturaux hospitaliers. Communication au Congrès ICOH « Santé au travail des personnels de santé ». Montréal.

Daniellou F., Garrigou A. (1993), La mise en œuvre des représentations des situations passées et des situations futures dans la participation des opérateurs à la conception. in A. Weill-Fassina, P. Rabardel et D. Dubois. *Représentations pour l'Action*. Toulouse, Octarès éd., 295-309.

Delvolvé N., Mazeau M., (1987), L'enfant au travail. Pour une ergonomie scolaire, *Revue des Conditions de Travail* n°29, mai/juin 1987.

Guérin F, Laville A., Daniellou F., Duraffourg J., Kerguelen A., (1997), *Comprendre le travail pour le transformer*, éd. ANACT, collection Outils et Méthodes.

Kerguelen A., (1990), *KRONOS, Logiciel de recueil et de traitement de données d'analyse de l'activité.* Ed. de l'ANACT, Montrouge.

Lancry-Hoestlandt A., (1987), Filmer une classe en situation de travail : observations et aspects méthodologiques. in A. Lancry-Hoestlandt, D. Levent et F. Six, *La qualité de la vie scolaire*. Marseille, éd. Octarès, 220-226.

Lancry-Hoestlandt A., (1994), Modèles de la tâche dans l'analyse du travail scolaire. Communication au Congrès IAAP, Madrid, juillet 1994.

Lancry-Hoestlandt A., Six F., Furon D., (1990), - Ergonomie scolaire. – Editions Techniques – *Encycl. Méd. Chir.* (Paris - France), Intoxications, Pathologie du travail, 16795 A^{10}, 3p.

Langa P., (1994), *Adaptation ou création de l'organisation du travail lors d'un transfert de technologie. Analyse de l'activité de l'encadrement et conception de l'organisation.* Thèse de doctorat d'ergonomie, CNAM, Paris.

Leplat J. (1997), *Regards sur l'activité en situation de travail.* PUF, Le Travail Humain.

Leplat J., Hoc J.M., (1983), Tâche et activité dans l'analyse psychologique des situations. *Cahiers de Psychologie Cognitive*, 3, 1, 49-63.

Rabardel P., Lang N., Le Jollif G, Chesnais M., Carlin N.et Pascal M., (1998), Enseigner l'ergonomie en lycée professionnel pour former des « acteurs ergonomiques » : une étude de cas. in R. Patesson, *Intervenir par l'ergonomie . Actes du XXXIème Congrès de la SELF,* Bruxelles, 311-318.

Six F., (1999), *De la prescription à la préparation du travail. L'apport de l'ergonomie à la prévention et à l'organisation du travail sur les chantiers du Bâtiment.* Habilitation à diriger des recherches, Université Charles de Gaulle, Lille 3.

Six F. et Vaxévanoglou X., (1993), Espaces d'activités et aspects collectifs du travail dans les ateliers des lycées techniques et des lycées professionnels. in F. Six et X. Vaxévanoglou, *Les aspects collectifs du travail*. Toulouse, Octarès éd., 151-156.

Terssac de G., Cambon L.,(1998), Le travail d'encadrement : relation entre cadre et action. *Performances Humaines et Techniques*, n° HS séminaire DESUP / DESS de Paris 1, 49-53.

Vaxévanoglou X., Six F. et Lancry-Hoestlandt A., (1991), *Espaces d'activités dans les ateliers des lycées techniques et des lycées professionnels*. GERN, rapport de fin de recherche, 97p. dactyl.

Wisner A. (1996), Questions épistémologiques en ergonomie et en analyse du travail. In F.Daniellou (s/d.). *L'ergonomie en quête de ses principes. Débats épistémologiques*. Toulouse, Octarès, 29-55.

Mémoires de Recherche (TER de Maîtrise)

Charlemagne M., (1997) *Analyse de l'activité de deux enseignants en lycée professionnel. Influence de l'aménagement de l'espace*. Mémoire de TER, Maîtrise de Psychologie, Université Charles de Gaulle, Lille 3.

Decq M., (1996), *Analyse de la situation de travail d'une enseignante en école primaire (classe de CE1)*. Mémoire de TER, Maîtrise de Psychologie, Université Charles de Gaulle, Lille 3.

Dufour C., (1996), *Analyse du travail des institutrices à l'école maternelle*. Mémoire de TB B0, CNAM, Lille.

Duvivier C., (1997), *Analyse de l'activité d'un enseignant de 1ère année de BTS (Assistant de gestion des PME et PMI)*. Mémoire de TER, Maîtrise de Psychologie, Université Charles de Gaulle, Lille 3.

Leschaeve M., (1999), *Analyse de l'activité d'une enseignante de l'école primaire*. Mémoire de TER, Maîtrise de Psychologie, Université Charles de Gaulle, Lille 3.

Plomion S., (1998), *Analyse du travail d'une institutrice en maternelle*. Mémoire de TER, Maîtrise de Psychologie, Université Charles de Gaulle, Lille 3.

Potier S., (1996), *Analyse ergonomique de l'activité d'une enseignante (école maternelle)*. Mémoire de TER, Maîtrise de Psychologie, Université Charles de Gaulle, Lille 3.

Vandewiele G., (1997), *Analyse de l'activité d'un enseignant des sciences de la vie et de la terre*. Mémoire de TER, Maîtrise de Psychologie, Université Charles de Gaulle, Lille 3.

Vanuxem E., (1996), *Analyse de l'activité d'un enseignant des sciences de la vie et de la terre*. Mémoire de TER, Maîtrise de Psychologie, Université Charles de Gaulle, Lille 3.

Chronopsychologie et éducation : des temps de l'école aux expériences d'aménagement des temps scolaires

Claire Leconte-Lambert –
Professeur de Psychologie de l'Education
UPRES " Temps-Emotions-Cognition " - UFR de Psychologie – Université de Lille 3

Le titre de ce chapitre conduit fatalement à se poser trois grandes questions, auxquelles nous tenterons de répondre.
La première concerne l'importance que l'on doit attribuer aux temps scolaires dans notre société actuelle : que représentent-ils ? Quels enjeux génèrent-ils actuellement et comment ont-ils acquis, à travers l'histoire de l'éducation et/ou de l'école, la place qu'ils occupent aujourd'hui ?
La deuxième question porte sur la nécessité –ou le besoin ou encore les intérêts- de vouloir les " aménager ". Là encore, quels enjeux et à qui cela doit-il (et pourra-t-il) servir ?
Enfin le troisième questionnement, pour partie connecté aux réponses apportées aux questions précédentes, a trait au concept d'expérimentation dans ce domaine, et à sa justification. Est-il légitime d'*expérimenter* dans un domaine qui touche la vie et le développement des enfants, en n'ayant pas systématiquement en tête l'idée d'une généralisation de ce qui " marche bien " ? On peut aussi se demander si cela est imaginable. Pour Massot (1997, pp. 47) " rien n'est plus irritant que de tenter des expériences scolaires. Mais il peut être encore plus grave de ne rien faire devant la faillite des systèmes scolaires. Entre ces deux risques, il conviendrait de prendre le moindre et d'en limiter l'expérience avant d'envisager son extension générale à l'ensemble du réseau scolaire ".
Nous allons tenter de répondre à nos trois questions en nous appuyant sur des expériences concrètes, et nous nous autoriserons quelques réflexions prospectives en nous fondant sur l'actualité de nos politiques éducatives.

" Si l'école remplit les fonctions d'un appareil idéologique dominant dans les sociétés industrialisées, c'est, entre autres choses, parce qu'aucune autre institution ne monopolise autant le temps de vivre (*souligné par l'auteur)* des jeunes ". C'est ainsi qu'Alain Massot introduit son article " Innover au passé ". Que peut-on dire de ce temps des enfants et des jeunes passé à l'école, de ce qu'on appelle le " temps scolaire "

I. Le temps scolaire à travers les âges .

Selon Compère et Savoie (1997, p.271), “ l'année scolaire, telle que nous l'entendons, délimitée d'une part par la rentrée et de l'autre par le départ pour les grandes vacances, est la première à avoir une histoire dans l'ordre du temps scolaire ”. L'emploi du temps scolaire, à savoir la programmation des différents temps de séquences scolaires au cours desquelles des apprentissages ont lieu, trouve son origine, dans pratiquement tous les pays d'Europe, au 16ème siècle, époque où la conception moderne d'école a vu le jour. A côté de ces temps scolaires, à la même époque et en complémentarité de ceux-ci, le “ congé scolaire ” acquiert une signification mais verra son statut changer au cours du temps, entre le 16ème siècle et nos jours. Comme le rappelle Caspard (1997), avant qu'ils ne fréquentent exclusivement l'école, la plupart des enfants partagent leur temps entre l'école et le travail, selon des variations diverses bien que régies par des réglements ; l'une de ces réglementations la plus durable (elle perdure au 20ème siècle) est celle qui réserve l'hiver à l'école et l'été aux travaux des champs. Ces travaux des champs ont longtemps été, pour les enfants des écoles élémentaires, la justification de leurs “ vacances ” d'été. Il n'est d'ailleurs pas rare que ce terme vacances ait été associé à une vacance d'activités intellectuelles (celles-ci allant de la prière au devoir à faire à la maison), puisqu'autrefois le congé n'était rien d'autre qu'un allègement d'un temps pensé en permanence sous tension. Pour M. Le Boulenger (1909), l'initiative des vacances revient sans doute aux gens de justice qui suspendent, pour la période des vendanges, les séances des tribunaux : les écoles, fréquentées par les enfants issus de ces milieux se seraient alignées sur ces pratiques. Ce constat d'une organisation de vacances scolaires non pensée d'abord dans l'intérêt des enfants se retrouve malheureusement encore dans nombre d'écrits récents, et représente d'ailleurs toujours un sujet de critiques des scientifiques qui s'intéressent au temps scolaire. Ainsi l'arrêté du 5 Juin 1974, fixant les dates des vacances scolaires pour 1974-1975, fait se substituer l'appellation “ vacances de printemps ” à celle des “ vacances de Pâques ”, la désolidarisation de ces vacances de la fête mobile de Pâques allant dans le sens d'une logique d'équilibre des périodes de travail, liée à l'intérêt des élèves. Très rapidement des considérations socio-économiques très éloignées des intérêts des enfants (plus encore des enfants de milieux socio-culturels défavorisés) imposeront la “ logique ” d'étalement des vacances rendant complétement inopérante la précédente puisqu'elle imposera des décalages aberrants entre les vacances des différentes zones académiques. Notons toutefois que la reconnaissance de ces vacances apparaît dès le 16ème siècle dans les nombreuses normes scolaires qui fleurissent à cette époque dans ce qui deviendra l'Europe. Leur longueur est alors proportionnée au niveau de la classe : plus la classe est élevée, plus les vacances sont longues. Cet échelonnement est progressivement effacé au cours du 18ème siècle : les différences entre les classes s'estompent pour finalement disparaître.

I.a- Comment se construit le temps scolaire ?

A partir de la lecture d'une multiplicité de travaux menés dans différents pays d'Europe, on constate qu'une thèse assez consensuelle transparaît qui considère le temps scolaire comme " imposé d'en haut ", la plupart du temps d'ailleurs en estimant qu'il s'agit d'un progrès bienfaisant. On ne peut à cet égard, ignorer les textes les plus récents rédigées par le Ministère de l'Education Nationale, qui confirmeraient cette thèse et dont nous reparlerons plus loin. On constate aussi, à travers les historiques des temps scolaires, que l'allongement du temps pendant lequel l'école restera ouverte est associée à la méfiance développée à l'égard des capacités éducatives de la famille et/ou doit permettre de compenser l'inassiduité scolaire prévisible (par exemple du fait de la participation des enfants aux travaux des champs). De fait, dans les écrits relatifs à cette question, la diminution du temps de présence à l'école, associée à une volonté d'alléger la charge de travail supportée par les enfants, est systématiquement associée à une " politique scolaire progressiste ". Force est de constater que si de nombreux domaines de l'enseignement ont été largement repensés et modifiés depuis le 19ème siècle, il en est un qui a résisté à tout changement en profondeur, il s'agit de la conception de l'utilisation du temps à l'école. Il faudra en France, attendre les résultats de la " consultation-réflexion sur l'école " d'Alain Savary en 1983 pour qu'on accepte de rompre l'immobilisme de ces temps scolaires, représenté par " les " heures de cours ", l'emploi du temps relevant d'une conception mécaniste dans une institution fermée, marquée par ses origines monastiques " (Galupeau Y., 1992).
Le recul de l'âge obligatoire de scolarisation (correspondant à un allongement du temps passé à l'école) peut facilement être associé à une nécessité imposée par les changements économiques (lutte contre le chômage et donc intérêt d'un retard d'insertion sur le marché du travail des jeunes) et culturels (professionnalisation croissante des femmes). L'enfant-élève n'apparaît pas central dans ces réflexions imposant des modifications du système scolaire dans son volet " temps de scolarisation et de formation ". On peut, à partir de ce constat, s'accorder avec Caspard qui, actualisant une lecture de Max Weber, considère " l'allocation de temps aux activités scolaires comme l'une des manifestations les plus significatives des comportements économiques individuels et collectifs ". Pour Compère (1997, p.9) " le temps scolaire peut être considéré comme un des lieux révélateurs d'une civilisation toute entière, puisque s'y rencontrent, au plan des représentations comme des réalités, un faisceau d'idéaux et d'intérêts potentiellement en conflit : bien-être des enfants et

des adultes, besoins de l'Etat et de la société et même, avant que l'Etat ne s'en mêle, projection d'une société sur son avenir. ". Quel temps scolaire pour quelle projection sur l'avenir dans notre société actuelle qui fait se côtoyer des réalités multiples et non convergentes : chômage, civilisation des loisirs, passage à la semaine de 35 heures, à la semaine de quatre jours de travail... De plus, on a tendance à associer démocratisation et allongement de la durée de la scolarisation obligatoire en oubliant que l'une des périodes les plus décisives pour une politique d'égalisation des chances se situe avant l'âge de la scolarité obligatoire. Comme nous l'avons écrit par ailleurs (Leconte-Lambert C., 1999) à l'heure actuelle la société recherche une partition idéale des temps de vie (temps d'apprentissages, scolaires, de travail, familiaux, personnels,..) qui permettrait de satisfaire à la fois ses nécessités économiques et une meilleure perception quant au " bien-vivre son temps " de chaque individu. Bien qu'ayant une espérance de vie deux fois plus grande que celle de son aïeul du 19ème siècle, l'homme d'aujourd'hui révèle, à travers différents sondages, que le temps est, avec le chômage (dans lequel le temps devient un problème en soi) une de ses principales préoccupations. Sans oublier, comme l'affirme Kodron (1997, p.379) que " le temps qu'un élève doit consacrer à son éducation scolaire est un fait qui ne structure pas seulement sa vie, mais aussi celle de ses parents, avec parfois des conséquences touchant la participation de ces parents au marché du travail. Rien que de ce fait la recherche sur le temps pour l'école trouve sa justification ". Cette affirmation est tout à fait transférable aux recherches engagées sur l'aménagement des temps scolaires.
Quelles propositions faire ? Faut-il et peut-on aménager les temps scolaires ? Pour une meilleure adéquation de l'école à la société actuelle ou pour apporter des réponses aux besoins aujourd'hui reconnus des enfants ? Doit-on s'accorder avec Massot (1997, p.46) citant Cossé et al. (1980) pour qui " tous les défauts de notre organisation du temps sont inscrits dans le temps scolaire, sous leur forme pure. De quatre à dix-huit ans, l'enfant consacre le plus clair de son temps à étudier. La semaine scolaire, c'est déjà les 40 heures. La vraie vie est déjà ailleurs. ". Depuis la fin du 19ème siècle, une multitude de travaux scientifiques, émanant des médecins, biologistes, psychologues ont été menés pour analyser l'adaptation des temps scolaires aux besoins des enfants. Les conclusions de ces travaux ont malheureusement rarement été suivis d'effets concrets.

I.b- A propos de l'aménagement des temps scolaires :

Cette terminologie fait implicitement référence au fait que l'on cherche comment mieux adapter les temps scolaires aux besoins constatés des élèves, en fonction de leur âge, de leur maturation physiologique, de leur développement psychologique. Or ce type de réflexion est tout à fait récent, puisque la relecture des textes fondateurs de l'école publique nous révèle que les uniques préoccupations des législateurs relativement à cette question ont toujours été liées à la détermination du calendrier scolaire et à la durée horaire, journalière et hebdomadaire des classes fixée en référence aux obligations de service des enseignants. Comme nous l'évoquions précédemment, le contenu de ces textes législatifs nous prouve combien le temps scolaire est structuré par les valeurs dominantes de la société. Pour Kodron (1997, p. 379) " la structuration du temps est un phénomène de nature culturelle de premier ordre, qui peut révéler vite et clairement des changements dans nos cultures ". Nous considérons que ce constat s'accorde tout à fait bien avec le temps scolaire pris dans sa spécificité. D'ailleurs Vasquez et Xavier de Brito (1996) affirment que l'étude des processus de transculturation de certaines minorités urbaines (ethniques et/ou économiques) a mis en relief les effets pervers de leur insertion dans des sociétés où le temps est trop éclaté en fonction des activités (travail, loisirs, famille).

Il faudra attendre les années 1980 pour assister à une véritable révolution épistémologique marquée par le fait qu'une conception psycho-pédagogique de l'organisation des temps scolaires –et même plus largement des temps de vie des enfants- prenne le pas sur la priorité économique. Avant cette époque, trois grandes périodes peuvent être repérées, comme le font fort justement Fotinos et Testu (1996) qui, toutes, mettent au premier plan les nécessités du contexte politico-économique.

La première période, période " socio-politique ", s'étend de 1882 à 1922. Elle est marquée par l'obligation et la permanence scolaires liées à la gratuité, l'Ecole étant apparue pour la Troisième République en train de s'installer comme l'outil incontournable pour légitimer les valeurs républicaines et les pérenniser. La gratuité et l'esprit " aide sociale aux familles " transparaissent dans les textes de l'époque en même temps que se trouve affirmée la concurrence entre cette école républicaine et l'enseignement " privé ". Durant cette période l' " aménagement du temps scolaire " (terminologie inappropriée à cette époque) n'est concerné que par le calendrier scolaire annuel et les horaires d'enseignement pour chacune des disciplines. Dans le calendrier annuel, les vacances intermédiaires (Toussaint, Noël, Février) n'existent pas, l'arrêté du 18 Janvier 1887 précise simplement la date et la durée des congés extraordinaires. L'organisation de la journée et de la semaine est régie par l'article 2 de la loi du 28 mars 1882 qui précise que les écoles primaires vaqueront un jour par semaine, en outre du dimanche, " afin de permettre aux parents de faire donner à leurs enfants, s'ils le désirent l'instruction religieuse en dehors du temps scolaire " (Fotinos et Testu, ibid, p.12). La durée des classes, selon le règlement scolaire modèle de 1887, est fixée à 3h. le matin et 3h. l'après-midi. La durée hebdomadaire est alors de 30 heures. Les textes de cette époque tendent principalement à faire bénéficier tous les enfants de " l'école de la république ", en préservant toutefois les fonctionnements des familles sans souci de la santé des enfants : ainsi peut-

on constater que des " dispenses de fréquentation scolaire " peuvent être accordées aux enfants employés dans l'industrie et arrivés à l'âge de l'apprentissage ou encore à tous les enfants employés, hors de leur famille, dans l'agriculture.
La deuxième période, appelée par les auteurs " période socio-économique " s'étend de 1922 à 1961. Cette période se signale par un allongement important des vacances d'été d'une part et d'autre part, par une centralisation des pouvoirs et des décisions réglementaires concernant l'organisation du temps scolaire vers le ministère, centralisation certes lente mais effective. Ainsi, dès 1939, le calendrier scolaire sera définitivement arrêté par le ministre de l'Education Nationale à l'identique pour tous les niveaux d'enseignement. Le contexte socio-économique de l'époque, transparent dans certains discours de Jean Zay, ministre d'alors, justifie totalement l'organisation de ce calendrier scolaire. Nous sommes dans l'après-grande guerre qui impose le travail des jeunes pour suppléer les adultes manquants afin d'assurer la survie des familles rurales et le maintien de la production agricole du pays. D'autre part le développement de la société industrielle à laquelle sont rattachées la concentration urbaine et les luttes sociales ouvrières conduit le ministre à apporter des solutions relativement à la création des congés payés et au développement des mouvements de jeunesse et d'éducation populaire (colonies de vacances, patronages) dans lesquels, d'ailleurs, l'engagement militant des enseignants est massif et non insignifiant sur les rôles de ceux-ci dans la vie quotidienne des enfants. Il sera à ce propos nécessaire de s'interroger sur l'actualité de ces engagements et ses conséquences. Jean Zay s'exprimait alors ainsi : " Pour concilier les dispositions de la loi (sur les congés payés) et les besoins de la production nationale comme les nécessités matérielles d'organisation des congés, il s'est avéré nécessaire qu'ils fussent répartis sur la plus longue période possible ", et aussi, " Il faut que les vacances des enfants et les congés des parents soient mis en harmonie " (Extraits du discours de Jean Zay au Conseil supérieur de l'instruction publique (5 et 8 juillet 1938), cité par Fotinos et Testu, Ibid, p.14). Les solutions apportées passeront par un étalement du nombre et de la durée des congés, un allongement des grandes vacances d'été et la création des vacances " intermédiaires " de Toussaint, Noël, Mardi-Gras et Pâques. La trame sous-tendant notre découpage actuel de l'année scolaire est mise en place. L'organisation du temps scolaire quotidien et hebdomadaire est, quant à elle inchangée et toujours régie par les textes du 19ème siècle. Il est important de noter qu'au cours de cette longue période " socio-économique ", des compromis peu en accord avec l'intérêt des enfants auront lieu pour répondre aux pressions contradictoires, économiques, sociales et pédagogiques. Ainsi Fotinos et Testu (Ibid) rappellent-ils l'hypocrisie de l'argumentation ministérielle relative à leur publication d'une circulaire autorisant les inspecteurs départementaux à déroger aux dates de rentrée scolaire pour les enfants de 9 ans et plus dans

les régions viticoles (et non plus uniquement, selon la loi du 22 mai 1946, pour les enfants âgés d'au moins 12 ans) ainsi manifestée : " Mon attention ayant été appelée sur le fait que les enfants sont souvent employés, dès l'âge de 9 ans, sans fatigue excessive, à la cueillette du raisin, je ne verrais pas d'inconvénient à ce que la limite d'âge fixée par la loi fût assez largement interprétée " ! D'ailleurs, en 1947, un rapport préparé par une commission d'étude pour la Réforme de l'enseignement (nommé fin 1944), fondé sur la démocratisation de l'enseignement et la justice sociale, est remis au ministre d'alors de l'Instruction publique : il prévoit une réduction sensible des temps scolaires afin de " tenir compte des possibilités physiologiques et des besoins psychologiques des enfants ". R. Mabit (1998) rappelle à ce propos (p.36) " que ce rapport a connu, selon les termes d'Antoine Prost, " à la fois un immense succès et un échec total ". Il servira de référence à la gauche pendant des décennies ; mais la réforme qu'il proposait (plan Langevin-Wallon) ne recevra pas le moindre début d'application. ". Toutefois les médecins commencent à insister sur le fait que, pour le bien-être physique, intellectuel et moral des enfants et adolescents, la longueur des vacances d'été ne devrait pas excéder 2 mois et les pédagogues soulignent quant à eux le fait que la longueur excessive des grandes vacances crée une rupture dans la vie scolaire des élèves qui les conduit à oublier beaucoup de connaissances, ce qui entraîne une baisse d'études qui s'accumule d'année en année. Cette époque est la pleine époque de l'émergence des travaux des biologistes qui veulent faire reconnaître leurs études dans le champ des rythmes biologiques et l'incidence de la non-reconnaissance et du non-respect de ces rythmes sur les activités humaines (Reinberg, 1989). Deux textes vont paraître en Avril et Juillet 1959 pour parer à ces constats, le premier indiquant dans sa conclusion qu'est mis à l'étude un ensemble de mesures susceptibles de réaliser un aménagement plus rationnel et plus profitable de l'année scolaire et " qu'il convient d'établir un meilleur équilibre entre les périodes de travail et de repos scolaires qui puisse contribuer au développement harmonieux de l'intelligence et de la santé morale et physique des jeunes français. C'est l'organisation scolaire qui doit s'adapter à ce développement et non l'inverse ". Pourtant rien ne sera concrétisé en la matière et cette volonté affichée ne trouvera de fait sa réalisation que dans la loi d'orientation sur l'éducation de 1989. D'ailleurs, en 1961, ce sont les préoccupations économiques qui réussiront leur percée à travers une circulaire.

Une troisième période apparaît alors, celle dénommée " période économique " par Fotinos et Testu et qui s'étend de 1961 à 1980. " L'influence de l'économique sur l'éducatif au cours de cette période est déterminante ", " C'est ainsi que l'arrêté fixant les vacances de l'année 1960-1961 précise que les dates de vacances d'hiver et de printemps sont fixées " en accord avec le ministère des Travaux publics et des Transports de façon que la S.N.C.F. puisse organiser les retours dans les meilleures conditions " ". A partir de l'année 1962 est introduit le " zonage " des vacances qui va progresser régulièrement jusqu'en 1976-1977, date à laquelle apparaît celui des vacances de printemps. En 1979-1980 apparaît pour la première fois, la possibilité de déroger, pour les recteurs, aux dates du calendrier national pour les établissements ou écoles appelés à participer à des expériences d'aménagement du temps. En août 1978, le premier ministre demandait au Conseil Economique et Social d'examiner les problèmes posés par l'organisation des *rythmes scolaires* compte tenu des nécessités de l'aménagement général du temps et de proposer des solutions. " Le système du temps scolaire, mis en œuvre à la fin du siècle dernier, n'apparaît plus en harmonie avec l'organisation sociale dans son ensemble. Sa remise en cause vient de l'extérieur de l'école : au plan social, le travail de la mère et l'éclatement de la famille, au plan économique les bouleversements survenus dans la conception du temps de travail et les exigences exprimées dans le secteur des loisirs manifestent l'inadaptation d'un temps pensé à une époque où ces réalités étaient ignorées. La question dépasse assez largement la revendication de la prise en compte des besoins psychologiques des enfants, question majoritairement traitée aujourd'hui sous le terme de " rythmes scolaires " " (Compère, 1997, pp.9). A partir des observations et suggestions du rapport du CES, un choix politique a été rapidement effectué, à savoir la mise en place dès l'année 1980-1981 d'un calendrier scolaire **déconcentré.** Celui-ci donne le pouvoir aux recteurs de réglementer leur organisation du temps scolaire, tout en leur imposant que celle-ci soit la même pour tous les niveaux d'enseignement scolaire et que les périodes d'activité soient fixées sur la base de référence de 314 demi-journées. Cette expérience d'un calendrier scolaire académique aura une durée de vie brève puisqu'elle sera définitivement cessée dès l'année 1982-1983 : c'est l'effet d'une " vaste désorganisation " qui apparaîtra comme dominant.

Autres modifications marquantes du calendrier scolaire au cours de cette période : la suppression du samedi après-midi de classe et le transfert du repos hebdomadaire du jeudi au mercredi.

La période qui suit sera fortement marquée par l'influence des pédiatres qui tentent d'alerter l'opinion publique sur les méfaits croissants du surmenage scolaire (Vermeil, 1976). Les travaux des biologistes affirmant l'existence de rythmicités biologiques gouvernées par des " horloges internes " acquièrent une reconnaissance scientifique incontestable (Reinberg, 1979) et sont relayés par ceux des psychologues qui s'interrogent sur l'existence de rythmicités psychologiques (Fraisse, 1980). Ces travaux commencent à percer dans le Grand Public, mais aussi auprès du milieu enseignant (Reinberg, 1979, Testu, 1979, Montagner et al., 1983, Lambert, 1985, Vermeil, 1986). Par ailleurs, le développement global du niveau de vie, le développement dans la population générale d'une aspiration à une meilleure connaissance de soi, la valorisation du développement personnel plutôt que social modifient profondément le ent des Français. C'est dans ce double contexte (médiatisation . scientifiques menés autour du Temps et affirmation d'un souci l des intérêts personnels) qu'apparaissent des préoccupations des familles relativement à l'organisation du temps scolaire de ants : en 1983, 79% des parents d'élèves interrogés dans le cadre u ndage effectué à la demande du ministère de la Jeunesse et des Sports s'affirment " être pour " une semaine à l'allemande, avec en particulier sports tous les jours. A la demande du ministre de l'Education nationale, le CES poursuit ses travaux quant aux rythmes scolaires sur la semaine, la journée et au cours de la séquence horaire. Par le biais de son rapporteur, E. Lévy, le CES émet alors l'avis suivant : " Tout réaménagement des rythmes scolaires doit être placé sous le signe de l'intérêt prioritaire de l'enfant, compte tenu des rythmes biologiques qui le caractérisent et qui commandent le respect d'un équilibre des temps de travail et de repos, notamment dans le cadre des 24 heures. ". Deux objectifs fondamentaux sont visés dans ce rapport :

* éviter la fatigue scolaire et favoriser les rythmes d'apprentissage ;
* harmoniser les différentes composantes scolaires et extra-scolaires du temps de l'enfant.

Certaines des propositions émises par le CES pour aider à l'atteinte de ces objectifs restent malheureusement encore aujourd'hui du domaine de l'innovation pédagogique : allégement de la journée avec augmentation modérée du nombre de jours de classe, étalement de la semaine sur le plus grand nombre de jours de classe, possibilité d'adaptation des horaires d'ouverture et de fermeture des établissements scolaires en fonction des rythmes saisonniers, durée de la séquence d'enseignement variable en fonction de l'âge de l'enfant, de la discipline enseignée et de la méthode pédagogique pratiquée (en moyenne chaque séquence serait de 45 minutes avec une variation possible de 20' à 3 heures). Ce rapport n'aura quasiment aucune influence jusqu'en 1986, année au cours de laquelle le ministre de l'Education nationale (J.P. Chevénement) propose deux calendriers pour l'année suivante, l'un de facture traditionnelle, l'autre construit à partir des résultats des travaux scientifiques évoqués précédemment et des propositions émanant des études réalisées dans le cadre de la rénovation de l'enseignement lancées par le ministre A. Savary : J.P. Chevénement soumet ses deux propositions à une large consultation de tous les acteurs concernés par l'enseignement qui, très majoritairement, se déterminent pour le deuxième calendrier. Celui-ci sera donc appliqué en 1986-1987, malheureusement pour une seule année étant donné le changement politique dû aux élections législatives.

Un nouveau changement surviendra en 1988 mais sera suivi d'un bouleversement sans précédent dans l'histoire de l'Education en France : la promulgation en 1989, par le ministre de l'Education Nationale L. Jospin, de la *loi d'orientation sur l'éducation* qui place l'enfant au centre du dispositif éducatif. La réussite éducative doit passer par l'adaptation du système à l'élève et non pas par l'inverse. Cette loi révolutionne le système éducatif en cela que, pour la première fois, l'organisation du calendrier scolaire est inscrite dans une loi, qui plus est un calendrier triennal. L'article 9 est ainsi rédigé : " L'année scolaire comporte 36 semaines (*36 semaines au moins suite à une modification de l'article en 1992)* réparties en cinq périodes de travail de durée comparable séparées par quatre périodes de vacance des classes. Un calendrier national est arrêté par le ministre de l'Education Nationale pour une période de trois ans. Il peut être adapté, dans des conditions fixées par décret, pour tenir compte des situations locales ". Cette loi est celle qui régit notre système éducatif actuel ; elle marque l'avénement de la volonté d'une " Nouvelle Politique " pour l'école dont l'axe principal est d'organiser le service public de l'éducation en fonction des élèves. Ce souci transparaît dans l'introduction de l'organisation de la scolarité par cycle, créée pour favoriser la continuité des apprentissages tout au long de la scolarité. Dans un rapport annexé à la loi d'orientation, il apparaît que " la notion de cycle d'apprentissage et une bonne articulation de ces cycles entre eux permettent de mieux tenir compte de l'évolution psychologique et physiologique de chaque enfant ... " et dans une note en date du 11 mars 1991, il est signalé qu'il faut " de la souplesse... pour adapter l'action pédagogique au rythme et au cheminement de chaque élève... " (pp.47). Cette Nouvelle Politique appelle à une généralisation de principes pédagogiques permettant une meilleure individualisation des apprentissages et une différenciation de ceux-ci en fonction des rythmes propres de chaque enfant. Ces principes n'étaient auparavant admis (mis en application) que dans le cadre d'écoles à pédagogie innovante. Ces textes rappellent que chaque enfant a un rythme de vie qui lui est propre qui n'est pas réduit au seul temps scolaire et qu'il est nécessaire de pouvoir le prendre en compte si l'un des objectifs des aménagements des temps scolaires est d'éviter toute surcharge d'activités. De plus, dans la circulaire du 24 avril 1991 il est déclaré : " L'organisation du temps scolaire **étant essentielle pour la réussite des élèves,** elle doit, avant tout, être basée sur des critères pédagogiques et faciliter les apprentissages.. " (pp. 52). Pour la première fois une politique éducative légifère sur le lien indispensable à créer entre organisation des temps d'apprentissage et qualité de ces apprentissages. " Le temps scolaire implique la croyance en un progrès puisqu'il programme des acquis cumulatifs " (Compère, 1997, pp. 13). La politique des cycles d'apprentissage autorise à accepter que ce cumul des acquis ne se fasse pas à la même vitesse pour tous, sans pour autant considérer qu'il y a échec. Il y a là un véritable progrès dans la possible concrétisation de l'égalisation des chances d'apprentissages pour tous les enfants. Malheureusement, en 2000, nous devons constater que l'application de cette politique reste, pour une grande partie du territoire national, un vœu pieux. On peut se demander si ces difficultés à instaurer des temps d'apprentissage inscrits dans une continuité ne sont pas associées à une réalité culturelle qui fait

dire à Kamdem (1994) que l'éclatement du temps selon les activités est le propre des sociétés industrielles.
En fait tous les textes ont principalement légiféré sur une harmonisation nationale de l'organisation du temps scolaire annuel, en tenant compte des obstacles apparemment incontournables générés par les contraintes nationales économiques. En revanche, la libération de l'organisation de la journée et de la semaine ne passe que par une politique contractuelle mise en place dès la publication des résultats de la " consultation-réflexion sur l'école " lancée par Alain Savary en 1983. Une telle politique contractuelle impose presque que les projets proposés dans ce cadre seront, au mieux, de l'ordre de l'expérimentation, si ce n'est une simple expérience. Est-ce tolérable quand les enjeux en sont l'éducation et la formation de l'adulte de demain ?

II. Le temps des expériences.

II.a- Chronologie brève des expérimentations

Il n'est pas concevable de présenter des expériences autour de "l'Aménagement des Rythmes Scolaires" sans démontrer à quel point ces expériences s'inscrivent constamment dans une histoire politique, certainement de manière plus sensible encore quand il s'agit de l'éducation de nos enfants, et ce de manière non spécifique à un pays donné. Dans tous les pays européens analysés par M.M. Compère (1997) " l'école semble obéir aux mêmes règles formelles. Les administrateurs constituent une communauté culturelle en Europe, tout comme les pédagogues : le Père Girard et Binet sont des références généralisées. On est à l'affût, dans chaque pays, des expériences qui se produisent dans les autres " (pp. 17). L'aménagement des temps scolaires n'échappe pas à ce principe : l'expérience dite d'Epinal (et qui sert souvent de référence pour les expérimentations relatives aux temps scolaires) ne s'est-elle pas construite à partir de " ce qui se fait en Allemagne " ? C'est bien la querelle sur les rythmes scolaires qui alimente la plupart des débats contemporains sur l'école. Comme on a pu le montrer les modifications introduites tout au long du 20ème siècle sur le temps scolaire sont restées relativement limitées. " Une raison de l'inertie propre au temps scolaire tient à la fragilité de l'équilibre construit au long des années entre les revendications des différents pouvoirs qui s'exercent sur l'école : il semble qu'on ne puisse y changer un détail sans que tout s'effondre. La tension la plus forte dans cet équilibre oppose l'ensemble des adultes (maîtres, parents, administrateurs et hommes politiques) aux enfants. Le temps des adultes est celui des longues séquences. (...) Au contraire le temps des enfants se partage volontiers en une succession de temps courts, qui doivent suivre des rythmes différents. De la même façon, le temps imposé par l'administration

a tendance à être uniforme (1 heure équivaut à 1 heure), celui des enfants varie en fonction de l'âge, du moment de la journée, de la saison. ". (Compère, 1997, pp.17). Et elle ajoute : " Ceux qui réclament une meilleure organisation le font au nom des enfants, qui ne revendiquent pas ou n'ont pas l'occasion de le faire et n'ont aucun pouvoir sur le temps qu'on leur impose. Mais ceux qui parlent en leur nom ne doivent-ils pas aussi être par définition suspects : leur discours ne légitime-t-il pas en fait des revendications qui leur sont propres ? On observe ainsi la faible portée du discours hygiéniste : quoiqu'ancien et paré des vertus de la scientificité, il reste d'un poids très faible, analogue au pouvoir réel de ceux qui le tiennent, sans commune mesure avec les impératifs économiques ou administratifs, ou la pugnacité de la revendication enseignante ". On ne peut nier que les revendications encore très actuelles des adultes toutes catégories confondues vont souvent dans le sens d'une non réduction des vacances scolaires et un allongement du week-end. Ne voit-on pas, dans certaines zones rurales, des écoles fonctionner (hors la loi) sur la base de quatre jours de 6heures30 de classe, l'un des arguments avancés étant celui des économies ainsi réalisées sur les transports scolaires ?
A la suite du travail d'Alain Savary, va fleurir une succession de contrats portant sur les aménagements du temps scolaire : en 1985-1986, c'est l'ATS (Aménagement du Temps Scolaire), sur la base de la circulaire Calmat-Chevénement signée en 1984, en 1987, apparaît l'ère de l'aménagement des rythmes extra-scolaires (circulaire sur les Contrats Bleus). A partir de 1988 " c'est la prise en compte des rythmes de vie de l'enfant, la prise en considération permanente de la globalité de l'enfant qui s'inscrivent dans le projet d'école qui se doit d'intégrer tous les temps sociaux de l'enfant " (Izard, 1995, pp.50). On assiste alors à l'introduction, dans cette politique d'aménagement des rythmes de vie, du ministère de la culture (circulaire Bambuck-Jospin). Apparaissent alors les Contrats de Ville, les Contrats d'Aménagement du Temps de l'Enfant (CATE) signés entre la municipalité et l'Etat, les Contrats Ville-Enfant, les Contrats Ville-Enfant-Jeune. La politique d'aménagement des rythmes de vie de l'enfant se centre délibérément sur l'enfant-apprenant, mais son fondement ne repose, malheureusement selon nous, que sur le **volontariat des écoles,** et s'appuie sur l'accord conjoint des responsables départementaux des deux ministères (Education Nationale et Jeunesse et Sports qui subventionne largement les actions) et la contractualisation avec les collectivités locales intéressées. En 1993, la coopération interministérielle est interrompue, et ne sera relancée que par la circulaire du 31 octobre 1995. On est en droit de s'interroger, quand on s'intéresse à <u>une</u> politique d'aménagement du temps de l'enfant, sur la cohérence introduite par cette séquentialisation permanente des orientations politiques (qui génèrent un morcellement des actions sur le terrain peu profitable aux enfants), inhérente à des choix d'adultes parfois difficilement justifiables. On reproche souvent à nos jeunes de " zapper sans cesse " dans leur quotidien, ce qui semble-t-il les

perturbe dans leur développement. Qu'a-t-on parfois l'impression que font les dirigeants de notre pays ?
L'objectif annoncé de la circulaire du 31-10-95 est " de pérenniser la politique d'aménagement des rythmes de vie des enfants et des jeunes (CARJEV) ". Ce texte simplifie les contrats en créant un contrat unique et pluriannuel, il rappelle la nécessité de conforter l'école dans sa mission d'enseignement en veillant à " limiter le temps pris sur les enseignements obligatoires ", il crée un comité national dont le secrétariat assuré par le ministère de la Jeunesse et des Sports, est chargé de l'instruction et du suivi des dossiers. La mise en place de cette expérimentation s'inscrit totalement dans le sillage de l'élection du nouveau Président de la République et de la formation de son gouvernement. Le candidat Chirac avait inscrit dans les principales propositions de son programme d'actions, la modernisation du système éducatif avec parmi les actions concrètes nécessaires à cette réforme, l'aménagement des rythmes scolaires : élu Président, il confirme cette proposition comme étant l'une des grandes priorités de son septennat. Le gouvernement nouvellement installé confie la mise en œuvre de l'organisation de nouveaux rythmes scolaires au ministre de l'Education nationale ainsi qu'au ministre de la Jeunesse et des Sports. Celui-ci a alors reçu une lettre de mission dans laquelle il lui est demandé d'apporter tout son concours aux expériences qui seront engagées dans le cadre de la politique d'aménagement des rythmes scolaires mise en œuvre par le ministre chargé de l'Education nationale. Dans cette même lettre il était annoncé que, à propos des expériences, " les plus concluantes seront généralisées ". Dans une émission télévisée en date du 5 septembre 1995 consacrée à l'éducation, le Président réitère sa volonté : " Vous avez vu les résultats exceptionnels et unanimement appréciés par les enseignants, par les parents, par les enfants, sur l'expérience qui se déroule à Epinal à l'initiative du maire, M. Seguin. Je crois –et c'est la volonté du Premier ministre sur la durée du septennat- qu'il faut que nous ayons partout en France un système qui consacre le matin aux disciplines de la connaissance traditionnelle, et l'après-midi aux disciplines sportives et aux disciplines de la sensibilité, les enseignements artistiques au sens plus large du terme ". (in Pour une approche globale du temps de l'enfant, 1999). Il s'agit bien alors d'une expérimentation en vue de généralisation, le Président et son gouvernement misant sur le contexte politique favorable qui leur laisserait un septennat pour mettre en place une nouvelle organisation du système scolaire en France à partir d'actions innovantes rapidement lancées. Effectivement dès le mois d'Août 1995, un appel à projets est lancé par le ministre de la Jeunesse et des sports, en vue de la réalisation d'une expérimentation fondée sur le volontariat. Début octobre 18 sites volontaires sont retenus par le conseil des ministres, après communiqué commun des deux ministres de l'Education nationale et de la Jeunesse et des sports. Le 31 octobre 1995 sera cosignée par les trois ministères (Education nationale, Jeunesse et sports, Culture) la circulaire instaurant

les contrats d'aménagement des rythmes de vie des enfants et des jeunes, contrats tri-annuels. Quatre objectifs généraux y sont indiqués :

* **le respect des rythmes de vie des enfants et des jeunes** : il s'agit de mieux prendre en compte les besoins et les rythmes biologiques, physiologiques, psychologiques et sociaux des enfants et des jeunes et de leur singularité ;

* **le développement harmonieux de l'enfant et du jeune** : ce développement équilibré de chaque enfant ou adolescent est favorisé par l'ouverture à tous de l'accès effectif aux divers domaines culturel, artistique et sportif ;

* **la réussite scolaire de l'élève** : l'aménagement doit permettre à chaque enfant de mieux réussir dans l'acquisition du savoir, dans son utilisation ;

* **la participation à la vie de la cité** : elle est facilitée par les activités, qui permettent une meilleure intégration.

Toutes les activités proposées aux familles sont gratuites.
Comme le signale F. Labadie (1999, pp.31) " ce sont là des finalités d'une politique éducative républicaine et humaniste, qui fait place à une dimension temporelle moins universelle et plus concrète et à des préoccupations visant à renforcer l'égalité des chances et la cohésion sociale ". Le 23 novembre 1995, le ministère de la Jeunesse et des Sports émet une circulaire dans laquelle apparaissent un certain nombre de recommandations opérationnelles dans la mise en œuvre de l'expérimentation qui insistent sur une articulation étroite entre le scolaire et le péri-scolaire, mais qui met l'accent principalement sur la dimension temporelle de l'action en intégrant les connaissances produites par la chronobiologie et la chronopsychologie (allégement, si possible, de la journée scolaire, respect de l'alternance 7 semaines de classe/2semaines de congés, éviter la dispersion d'activités (...) et la surcharge de la journée de l'enfant) : dans le même temps, ce ministère lance un nouvel appel à candidature pour étendre l'expérimentation à un nombre plus conséquent de sites pilotes, dès l'année 1996. 171 sites pilotes recevront une labellisation (sur la base de critères de recevabilité édictés dans la circulaire) au titre des années scolaires 1995-1996 et 1996-1997. Au vu des premiers résultats suite à cette première vague d'expérimentations, les critères de labellisation sont précisés et en particulier, imposent l'allégement de la journée et de la semaine scolaires. 76 sites pilotes nouveaux sont retenus au titre de l'année 1997-1998. 108402 enfants seront alors concernés. Dans chaque appel d'offres a été rappelée la nécessité de respecter, dans les propositions faites, les obligations scolaires

réglementaires (horaires, encadrement, programme, volumes horaires par bloc de discipline).

II.b- Rappels des références théoriques

Nous devons ici nous interroger plus avant sur les connaissances scientifiques qui ont présidé à la rédaction d'une telle circulaire. En particulier, notre équipe de recherche étant " responsable " de la constitution et de la médiatisation –parfois anarchique, et ce contre notre gré- de certaines de ces connaissances, il nous faut nous interroger sur les apports de la chronopsychologie.

Si effectivement les connaissances acquises en chronobiologie et en chronopsychologie doivent être appliquées pour proposer des aménagements du temps de l'enfant tenant compte des besoins et des possibilités de celui-ci, quelques rappels sont nécessaires.

La chronobiologie est définie par *Reinberg* comme l'étude de la structure temporelle des organismes et de ses altérations. Cette structure est endogène, mais son fonctionnement dépend de synchroniseurs qui sont capables d'influencer les rythmes biologiques. En pratique, il est indispensable de savoir comment les sujets sont synchronisés. Alain Reinberg, biologiste, peut se réclamer quant à lui, de la paternité de la chronobiologie.

La chronopsychologie caractérise le fait, *selon Fraisse*, que nos activités sont soumises à des rythmes qui ont une infrastructure biologique, mais qui ont aussi des réalités psychologiques dépendant des conditions socioculturelles de notre existence. Paul Fraisse, premier psychologue avec Piéron à avoir exploré scientifiquement les rythmes d'activité de l'homme, peut être considéré comme le "père sprirituel " de la chronopsychologie.

En psychologie de l'éducation, *selon Leconte-Lambert,* la chronopsychologie s'intéresse aux rythmes des activités psychologiques des enfants et cherche à mettre en évidence les moments et les conditions environnementales favorisant une plus grande efficience et un plus grand mieux-être dans les apprentissages pour aménager les contextes scolaire et périscolaire en conséquence. Dans le champ scolaire et de l'enfance, s'imposent actuellement les équipes de Leconte-Lambert (Lille), Testu (Tours), Delvolvé (Toulouse), Reinberg (Paris), Montagner (Montpellier). A l'étranger, celles de Folkard (G.B.) et de Estaùn (Espagne).

II.b.1- Une chronopsychologie de l'éducation : pour quoi faire?

Il est intéressant de constater que si, dans l'esprit de tous, "rythmes scolaires" (terminologie, selon nous, inadéquate, cf Leconte-lambert, 1999) et "rythmes biologiques" semblent bien indissociables, en revanche la psychologie ne tient encore que trop peu de place dans les réflexions menées pour aménager les emplois du temps scolaires en vue d'une amélioration de l'efficience des élèves, et, peut-on espérer, d'une résorption d'une partie des échecs scolaires. Et il apparaît qu'encore à l'heure actuelle, malgré les refontes régulières si ce n'est systématiques du calendrier scolaire comme on a pu le voir en première partie, on n'assiste en fait qu'à des amendements de celui-ci alors qu'une réforme de fond de tous les horaires serait nécessaire. En dépit de quoi on pourra continuer de constater que l'institution scolaire en France est le reflet d'une organisation sociale du temps qui correspond de façon cohérente à un mode de production hautement développé et on ne peut alors que s'accorder avec Mullet (1980) qui déclare que "le rythme scolaire est associé à la compétition et à une conception globale du succès".

Or pour que cette réforme de fond se fasse, il faut qu'elle s'appuie sur des données scientifiques incontestables et qui tiennent compte de tous les facteurs, parfois difficilement contrôlables, qui interviennent et qui font que les profils des variations des activités intellectuelles ne suivent pas, bien souvent, ceux des variations physiologiques. Ces facteurs, qui seront détaillés par la suite, doivent être pris en considération dans les études menées en milieu scolaire.
En 1980, Lévy constate que "la notion de rythmes scolaires s'est peu à peu substituée à celle d'emploi du temps". Il considère que ce changement de vocabulaire correspond à une prise de conscience de ce que "l'enfant possède une dimension et une organisation temporelles qu'il convient de respecter". Il ajoute qu' "on ne peut manipuler inconsidérément le temps scolaire et imposer sans dommage aux individus des rythmes d'activités qui bouleverseraient leur horloge personnelle".
Si des réorganisations scolaires sont proposées en vue de préserver réellement les rythmes de développement de l'enfant, il est indispensable de s'interroger d'abord sur l'ensemble des facteurs générateurs de fatigue, ainsi que sur le temps nécessaire à la récupération : ce qui impliquerait nécessairement une modulation individualisée des séquences d'apprentissage. Pour ce faire, il faut étudier en même temps l'enfant et ses caractéristiques propres et le milieu auquel il est soumis. En effet à l'intérieur de l'école, des éléments tels que l'environnement physique (espace, éclairage, aération, bruit, mobilier inadapté, les charges physiques inappropriées imposées par des cartables trop lourds...), les conditions dans lesquelles se déroulent les repas, le jeu, les activités de "détente", jouent un rôle important en matière de fatigue, et ceci quel que soit le niveau scolaire.

En psychologie de l'éducation, la chronopsychologie va s'intéresser aux rythmes des activités psychologiques des enfants en situation scolaire et va contribuer à la mise en évidence des moments et des conditions environnementales favorisant une plus grande efficience dans les apprentissages, avec comme objectif d'aménager le contexte scolaire en conséquence. Elle pourra se servir avec profit des connaissances acquises grâce aux travaux menés en Ergonomie, en Ergonomie Cognitive et en

Ergonomie Scolaire, qui est considérée par certains auteurs (Lancry-Hoestlandt, 1987) comme une méthode d'action qui se propose d'optimiser l'organisation de l'ensemble des processus éducatifs.
Pour que les travaux dans ce domaine puissent être menés à bien, trois catégories de facteurs vont devoir être pris en compte : les rythmes biologiques, les rythmes des activités psychologiques, les rythmes des activités péri-scolaires.

II.b.2- A propos de la chronobiologie

Pour ce qui concerne la chronobiologie, les données portant sur l'étude du rythme veille-sommeil, sur quelques conclusions quant au rythme d'élimination de certaines hormones et sur le cycle de température corporelle qui apparaît comme un bon "marqueur" du rythme interne de l'individu sont les plus importantes à connaitre et à utiliser dans le cadre scolaire. (cf. Leconte et Lambert, 1990, Montagner et al., 1983, Reinberg, 1989).

II.b.2.a- La température corporelle.

S'il n'est pas admis d'emblée (se reporter pour cela à Leconte et Leconte-Lambert, 1995) que chez l'adulte la température corporelle est un bon indicateur du niveau d'efficience, il faut toutefois savoir que chez l'enfant à l'école, des études ont montré qu'il existe une corrélation négative entre le niveau de gesticulation et l'amplitude de la température corporelle au cours de la journée. Cela signifie que quand la température corporelle baisse, le niveau de gesticulations augmente. On peut bien entendu faire l'hypothèse -triviale- que l'enfant gesticule pour se réchauffer : quel que soit le sens de la relation on est en droit de se demander si le fait de gesticuler lui permet d'être aussi efficace dans son travail. Peu d'études hormis celles-là ont été menées pour suivre l'évolution de la température des élèves au cours d'une journée de classe, peut-être pour de simples raisons pratiques. Il faut quand même noter que des observations empiriques nous ont permis de constater que le délai de mise en route des élèves pour un travail donné était fortement rallongé quand la température ambiante est particulièrement basse (à savoir 14° dans le cas présent, ce qui n'est pas quelque chose de rare dans nos provinces du Nord, un lundi matin après un retour de vacances d'hiver!). C'est dans un de ces cas que l'ergonomie a quelque chose à dire. Citons encore le travail de Guérin et al. qui montre qu'il existe pour des élèves d'âge et de niveaux scolaires différents (classes de 9ème, 8ème et 7ème) une évolution statistiquement significative au cours de la journée de la température orale, similaire pour les trois classes et avec un maximum entre 15 et 16 h.. Ce travail ne met pas en évidence de corrélation entre l'évolution de la température et celle de la performance à une tâche de barrage. En revanche il montre que le lieu de la prise de repas (maison ou cantine) n'a pas d'effet sur l'évolution de la température, pas plus que n'en a un décalage imposé d'une heure due au passage à l' "heure d'été" (Reinberg et al., 1989). Dans ce dernier cas l'ajustement se joue sur deux jours. Nous aurons occasion de revenir à plusieurs reprises sur ce décalage, source de peu de perturbations contrairement à ce que certains propos non justifiés scientifiquement essaient de faire croire.

II.b.2.b- Le rythme veille-sommeil.

Le sommeil se découpe, tout au long de la nuit, en cycles d'environ 90 mns, constitués en début de nuit, principalement de Sommeil Lent (SL ou Sommeil Profond) et en fin de nuit, de Sommeil Paradoxal (SP, ou Sommeil de Rêves). Le SL permet les récupérations physique et musculaire, et est un moment de secrétion de l'hormone de croissance. Chez l'enfant, le SL est donc indispensable pour se remettre des fatigues de la journée et pour son développement staturo-pondéral. Le SP représente un temps d'"activité" du cerveau au cours duquel les informations nouvellement acquises peuvent être mémorisées. Coucher trop tard un enfant lui supprime une partie du SL, ne pas le laisser se réveiller spontanément lui supprime une partie du SP.
Il est indispensable de connaître les besoins réels de chaque enfant, en quantité d'heures de sommeil, afin de régler son heure de coucher en fonction de l'heure de lever imposée par l'école (sachant aussi qu'il existe des "petits" et "gros" dormeurs).
Il ne faut jamais perdre de vue que la qualité du sommeil, de la nuit, dépend de la façon dont s'est déroulée la journée précédente, mais qu'elle va aussi influer la qualité de la journée suivante (une journée anxiogène entraîne des perturbations du sommeil, une nuit agitée entraîne des somnolences au cours de la journée). (cf. in Lambert et al., 1988).

En effet la stabilité d'un rythme veille-sommeil équilibré semble être favorable aux acquisitions scolaires. Montagner et al. (1983) mettent en évidence que la variabilité de certains indicateurs biologiques de la réponse globale de l'organisme à des situations nouvelles et insécurisantes reflète surtout, chez l'enfant de maternelle, les modifications soudaines du rythme de vie et en particulier du rythme veille-sommeil. Cette variabilité est traduite sur le plan comportemental par l'apparition de nombreux comportements d'agression et/ou d'isolement. Nous-même avons pu montrer, dans un travail mené sur l'ensemble d'une école maternelle que les enfants de 4 à 5 ans à qui on supprime la sieste uniquement pour des raisons pratiques (manque de lieux de couchage) se révèlent être systématiquement les plus fatigués en fin de journée, à l'approche des vacances, et aussi les moins capables de maintenir leur attention à une épreuve créée pour eux : ceci en les comparant à la fois au groupe des petits (2 ans et demi à 3 ans et demi) et au groupe des grands (5 à 6 ans). Il paraît donc indispensable que puisse être

préservé le plus longtemps possible le rythme propre des enfants quant à leur cycle veille-sommeil.
Chez l'enfant plus grand, on constate des variations dans les performances au cours de la journée, indépendantes de celles dues à une quelconque rythmicité biologique.

Pour Benoît (1983) "aucune étude sérieuse n'a pu établir de relation entre la durée de sommeil d'un enfant et ses performances ou son intelligence". Toutefois elle considère que les baisses de performance effectives au cours de la journée seraient dues à une chute de l'attention conséquente de somnolences, elles-mêmes liées à une privation de sommeil, systématique ou ponctuelle. Soussignan (1986) constate que les enfants du Cours Préparatoire présentant la durée la plus faible de sommeil nocturne sont ceux qui présentent les comportements scolaires passifs (regarder l'enseignante) et les stéréotypies rythmiques (balancements de jambes) de durée les plus élevées. Ce résultat est à rapprocher de celui mis en évidence par le même auteur, à savoir que pour l'ensemble des enfants de Cours Préparatoire suivis, la fréquence des baillements est la plus élevée à 9 heures quand l'école commence à 8h.30. Cela est quand même révélateur d'un vraisemblable manque de sommeil pour ces enfants, en tout cas d'une difficulté à élever leur niveau d'éveil peut-être en relation avec un lever trop précoce (il est d'ailleurs souvent plus juste de parler d'un coucher trop tardif). Beugnet-Lambert (1985) montre que les enfants qui révèlent une plus grande variabilité dans leur durée de sommeil et une durée de sommeil globalement plus courte sont aussi ceux qui, en classe, sont les plus fluctuants du point de vue de leurs capacités attentionnelles. Il est important de noter ici que la régularité dans le temps de sommeil est une caractéristique qui s'éduque et pour l'acquisition de laquelle les parents ont un rôle actif à jouer. Cette affirmation peut être argumentée par deux résultats expérimentaux complémentaires. Reinberg et al. (1989) ont montré, dans la même expérience que celle qui a été relatée précédemment, qu'il n'a pas été observé de différence statistiquement significative dans les durées de sommeil, d'un jour à l'autre, pour une même semaine, pour un même enfant et d'une semaine à l'autre pour le même jour, ceci pour un recueil de données qui s'est effectué tout au long des deux semaines qui ont suivi le passage à l'heure d'été (donc provoquant un décalage d'une heure). Or les auteurs ont pu constater que les fillettes observées vivaient dans un milieu relativement strict quant aux heures de coucher et quant à la régularité de ces heures. En revanche, nous-mêmes (Lambert-Leconte et Bollengier, Labacolil) avons effectué le même type de suivi chez des enfants du même âge mais vivant dans des conditions moins favorables ; nous avons montré que les enfants qui voyaient leur temps de sommeil fortement fluctuer à la suite du changement d'heure étaient ceux-là mêmes qui, déjà avant le décalage, étaient particulièrement fluctuants. Enfin on peut citer un travail que nous sommes en train d'achever et qui montre que la comparaison entre quatre classes de sixième, deux dites de bon niveau et deux dites de niveau faible, met en évidence une différence significative dans les durées moyennes de sommeil de ces deux groupes ainsi qu'une différence quant à la stabilité intra-individuelle de ces durées. Or les variations introduites vont toujours dans le sens d'un retard, parfois très important, de l'heure de coucher. Ces résultats complètent ceux de Poulizac (1979) qui montraient que, chez des enfants de huit ans, le plus grand pourcentage d'enfants présentant un si ce n'est deux ans de retard scolaire, se trouvaient dans le groupe des enfants ayant moins de huit heures de sommeil en moyenne.

II.b.3- Les rythmes des activités psychologiques.

Nous ne ferons ici pratiquement qu'un rappel rapide des diverses données qui sont maintenant relativement bien connues de tous.

II.b.3.a- L'attention.

Peu de travaux existent qui se sont intéressés aux rythmicités de l'efficience attentionnelle en classe. Ceux parmi les plus incontestés (Folkard 1982) montrent que les performances à des épreuves de barrage, de temps de réaction, de triage de cartes effectuées avec des élèves, progressent tout au long de la journée. Beugnet-Lambert (1985) module ces résultats en montrant que le style cognitif Dépendant-Indépendant à l'égard du champ induit des effets différentiels sur les profils de performance : en particulier, quel que soit l'âge des enfants étudiés, les sujets dépendants du champ voient leur performance décroître au cours de la journée, particulièrement pour leur aptitude à être exacts. En revanche tous les travaux s'accordent à constater que le lundi est toujours un jour de moindre efficience. Enfin notre recherche précédemment évoquée, qui compare deux groupes de 6ème, compare aussi l'évolution des performances attentionnelles au cours de la journée, ceci en contrôlant le facteur "contenu des cours précédant ou succédant l'épreuve d'attention". Les premiers résultats mettent en évidence une sensibilité plus grande (repérée par des variations de performances plus importantes) au contenu des cours (plus particulièrement encore pour ceux de Français et de Maths) chez les élèves en difficulté scolaire.

II.b.3.b- La mémoire.

De façon générale on constate qu'il existe une inversion des profils de performance selon que l'on s'intéresse à la mémoire à court terme ou à la mémoire à long terme. Folkard et al. (1977) montrent que l'efficience en mémoire à court terme décline au cours de la journée alors que la rétention à long terme est meileure l'après-midi. Toutefois Lancry (1986) étudie les effets des fluctuations des horaires de sommeil sur l'efficience mnésique de l'élève. Il montre que le groupe présentant une forte variabilité du temps de

sommeil est nettement moins performant que le groupe non variable sur une tâche de mémoire à court terme, cette différence étant beaucoup plus marquée le lundi. De même Delvolvé (1989) étudie les effets du travail le mercredi ou le samedi entre autres sur les variations hebdomadaires de la performance à un test mnésique. En conclusion elle affirme que l'organisation hebdomadaire modifie l'évolution de la performance au cours de la semaine, de façon différente selon les niveaux (de classes primaires). A l'école maternelle et au cours préparatoire, les effets de l'organisation sur l'efficience des enfants sont soit inexistants soit masqués par d'autres paramètres. Au cours élémentaire, quand la classe a lieu le samedi, la performance est meilleure le vendredi que le lundi. En revanche quand les enfants travaillent le mercredi, la performance est stable au cours de la semaine. Au cours moyen, quand la classe a lieu le samedi la performance est aussi meilleure le vendredi que le lundi. Mais quand la classe a lieu le mercredi la performance est meilleure le lundi que le vendredi après-midi. Pour les deux niveaux de classe, la performance est, dans tous les cas, la meilleure le jeudi matin.
Nous avons, quant à nous (Beugnet-Lambert, 1985), montré que le style cognitif déjà évoqué, à savoir la Dépendance-Indépendance à l'égard du champ, est à nouveau à l'origine de profils différenciés : quel que soit le jour de la semaine, et au contraire des sujets Indépendants, les sujets Dépendants sont toujours meilleurs en mémoire à court terme l'après-midi que le matin.
Comme on le voit il n'est pas simple de déterminer la grille horaire d'apprentissage idéale.

II.b.3.c- Les activités intellectuelles.

Testu (1982) étudie les fluctuations journalières et hebdomadaires des performances de l'élève à diverses tâches. Il montre que le lundi et le samedi à un moindre degré sont les jours de faible performance alors que le jeudi et le vendredi sont les jours de meilleurs résultats (avec toutefois là aussi une modification dans les profils quand il y a classe le mercredi à la place du samedi). Dans la journée, après un "creux" de la première heure de classe, les performances progressent jusqu'en fin de matinée où se situe un "pic", elles connaissent un nouveau "creux" d'après-déjeuner pour croître enfin au cours de l'après-midi, plus particulièrement chez les enfants les plus âgés. Il montre aussi que les variations journalières et hebdomadaires des performances se modifient ou même sont inexistantes en fonction de l'âge, du contenu de l'enseignement, de la nature de la tâche. Nous avons étudié (Lambert, 1988) les profils journaliers des performances à diverses épreuves chez des enfants de CM1 et de CM2, au cours de trois semaines: celle qui a précédé le changement à l'heure d'été, celle qui l'a suivi et la semaine suivant le retour des vacances de Pâques. Nous montrons d'une part que les deux niveaux de classe n'ont pas le même profil de fluctuations. Toutefois, et cela pour les deux niveaux, nous constatons que les performances prises dans leur globalité sur l'ensemble des épreuves, sont les meilleures le lundi de la troisième semaine et les moins bonnes le mardi de cette même semaine, ce qui est contradictoire avec les données habituelles. En regardant les résultats obtenus les lundi matin de chacune des trois semaines, nous mettons en évidence les faits suivants : pour les épreuves considérées comme mettant en jeu des processus automatisés (calcul mental, conjugaison), on observe soit pas de différence significative (calcul mental), soit un accroissement continu des performances en fonction de la semaine (conjugaison). Pour les épreuves mettant en jeu des processus attentionnels (opérations, apparition d'intrus dans les épreuves de mémoire à court terme, apparition de Fausses Alarmes dans les barrages), le lundi matin de la troisième semaine est le moins bon. Comme on le voit sur des données objectives, ce ne sont pas forcément les déphasages temporels incriminés comme sources de perturbations qui provoquent une diminution de l'efficience du sujet.

II.b.4- Les rythmes des activités péri-scolaires.

De nombreux facteurs, sources de variations dans l'efficience, doivent être étudiés dans ce cadre. Ainsi en est-il principalement :

- de la famille, qui est un synchroniseur prépondérant des rythmes de vie de l'enfant. En particulier elle joue un rôle plus que non négligeable sur la variabilité du rythme veille-sommeil.

- des transports scolaires, qui sont, chez les jeunes collégiens, une source essentielle de variations de ce même rythme, compte non tenu de leur rôle inducteur de fatigue. En effet les enfants ont souvent à se lever plus tôt pour prendre le transport, et bien souvent cela se fait de plus au détriment de la prise de petit déjeuner.

- des activités de loisir. Ils imposent parfois des rythmes tout à fait inappropriés (c'est par exemple le cas des nombreuses séances d'entraînement au sport qui ont lieu en soirée). De plus il n'est pas rare de rencontrer des enfants dont les mercredis (quand ils n'ont pas classe) sont plus chargés que des jours de classe (c'est le cas d'une petite fille de 6ème qui passait son mercredi à courir pour se rendre au catéchisme, au dessin, au sport, au solfège, au piano, à la danse). De plus la plupart des enfants ainsi occupés le mercredi le considèrent toutefois comme une journée de repos et le prennent comme alibi (faux) pour se coucher plus tard la veille au soir.

- des rythmes alimentaires. De nombreux travaux attestent du fait que la non-prise de petit déjeuner ou le déséquilibre entre les apports glucidique et protidique sont générateurs de fluctuations anarchiques des performances. Une expérience a ainsi montré que l'établissement d'un petit déjeuner conséquent permettait de réduire à néant les accidents en atelier habituellement relevés au cours de la matinée chez des élèves de LEP. Il n'en était pas de même pour les externes continuant à venir sans avoir mangé. Une autre expérience a montré que les enfants de Cours Moyen venant en classe avec une prise alimentaire inférieure à 50 calories, se révélaient significativement moins efficients dans une épreuve de barrage ayant lieu en fin de matinée.

- de la gestion inadéquate des emplois du temps. Les diverses activités scolaires sont souvent placées à des moments qui ne tiennent que peu compte des rythmes de l'efficience des enfants : cours de Maths en fin de journée, cours d'Education Physique aléatoirement placés sur le planning horaire en fonction des disponibilités des salles de sport ou de l'unique piscine de la ville....

Il n'a pas été question ici des conditions matérielles et environnementales dans lesquelles les enfants ont à effectuer leurs apprentissages : il faut toutefois retenir que la plupart d'entre elles sont d'importantes sources de fatigue et en conséquence provoquent des variations de l'efficience incontrôlables. Par exemple il a été montré que c'est le cas des salles de cantine trop bruyantes, des déplacements trop fréquents au sein de l'école, d'autant qu'ils se font avec un cartable dont le contenu, mal organisé, crée une charge la plupart du temps trop importante en regard du poids des jeunes enfants, les éclairages défectueux ou inappropriés particulièrement dans les salles d'ordinateurs, du mobilier inadapté (c'est généralement le même pour une même tranche d'âge alors que les enfants se différencient par la taille parfois très sensiblement: 35 cms d'écart n'est pas rare), du non-aménagement des "temps libres", que ce soit les récréations tout au long de la journée, les moments de post-cantine, mais aussi les permanences pour lesquelles le manque de locaux ou de surveillance crée des situations fatigantes.

La liste pourrait encore être longue mais il faut aussi avoir présent à l'esprit le fait que l'exercice d'une bonne maîtrise pédagogique permet que les variations spontanées ou provoquées de l'efficience ne soient pas la cause de difficultés d'apprentissage. Sans doute faudrait-il que tous les enseignants aient accès, à travers leur formation, à l'ensemble des informations ici succintement présentés.

Comme nous l'avons évoqué précédemment, il nous semble important, dans cette information, que l'on ait en tête les résultats permettant de mettre en évidence les effets de facteurs divers sur les rythmicités.

II.b.5- Les facteurs influençant les profils chronopsychologiques

II.b.5.a- L'âge et le niveau de développement

Il n'est pas surprenant de considérer l'âge comme une variable importante à prendre en compte dans les études sur la rythmicité de l'efficience et des comportements, ne serait-ce que parce qu'en fonction de son âge l'enfant ne se situe pas au même niveau maturatif. Ce qu'il faut aussi savoir c'est que les études faites à propos des rythmes de développement montrent principalement que les enfants ne se développent pas tous à la même vitesse et n'atteignent pas tous le même stade au même âge. Il faut aussi avoir présent à l'esprit que le vieillissement représente un stade particulier de ce

grand rythme infradien que suit l'évolution développementale. Comme cela a été dit par ailleurs (Leconte et Leconte-Lambert, 1995), on constate généralement avec l'âge une diminution d'amplitude des rythmes.
Kerkhof (1985) cite ainsi les travaux de Weitzman et al. (1982) qui ont démontré une diminution d'amplitude pour la courbe de température et qui rapportent un changement dans les relations entre température et sommeil (on observe une avance du rythme de la température par rapport au sommeil chez les sujets âgés). Pour Kerkhof cela peut être mis en relation avec la corrélation mise en évidence par Akerstedt et Torvall (1981) entre l'âge et le degré de matinalité.
Quand une désynchronisation est créée il semble que âge et ajustement soient négativement corrélés : au cours des vols transméridiens, les sujets âgés ont besoin de plus de temps pour resynchroniser leur température après un décalage de 13h. que les sujets plus jeunes. Dans des expériences d'isolement temporel les sujets âgés ont plus tendance à se désynchroniser spontanément que les sujets jeunes (Wever, 1979).
Il semble donc que l'avance en âge s'accompagne d'un contrôle moins fort des rythmes circadiens, qui provoquerait en même temps qu'une désynchronisation une moins bonne adaptation aux changements de rythme d'activité.

Chez l'enfant, quelques travaux ont mis en évidence des modifications de profils de performances en fonction de l'âge. Par ailleurs, une enquête citée par Vermeil (1977) montre que 25% des enfants de 6 ans sont nettement en dessous du niveau compatible avec les enseignements du cours préparatoire, que 50% se trouvent à cheval sur un niveau moyen et que 25% sont d'un niveau supérieur. Non seulement ces résultats montrent que la vitesse de développement n'est pas la même pour tous à âge égal, mais de plus ils montrent qu'il paraît bien difficile de demander à ces enfants si différents de mener à bien les mêmes apprentissages aux mêmes moments. Les données actuelles ont peu changé (Vermeil, 1999).
Nous-même avons montré (Lambert, 1985) , dans un suivi d'enfants de cours préparatoire et d'enfants de sixième, que les profils d'efficience à une épreuve de barrages de signes se différencient en fonction de l'âge sur le facteur exactitude. Il semble que pour les enfants les plus jeunes il est particulièrement difficile d'étre "exacts" une journée entière et tout au long de la semaine.
Testu (1988) qui étudie les variations journalières et hebdomadaires des performances à deux types de barrage différents chez des enfants des différents niveaux de primaire, constate également que la "fatigue" apparaîtrait plus tôt au cours de la semaine chez les enfants les plus jeunes. De même il observe que les enfants de CP obtiennent des résultats faibles l'après-midi comparativement à ceux du matin, au contraire des enfants de CM2 qui obtiennent alors des résultats égaux ou supérieurs à ceux du matin. Toutefois l'ensemble des profils obtenus par cet auteur ne sont pas

comparables directement avec les nôtres dans la mesure où Testu ne tient compte dans ses performances que des bonnes réponses. Or on a vu qu'il était intéressant de prendre en compte aussi l'exactitude.
Nous pouvons encore citer nos résultats (Lambert, 1988) qui concernent une étude sur trois semaines de l'évolution des performances à différentes catégories d'épreuves chez une centaine d'élèves de CM1 et de CM2. Ces épreuves étaient des épreuves de conjugaison, de calcul mental et d'opérations (en rapport avec les programmes scolaires), d'attention et de mémoire à court terme. Or on constate que quand on compare les diverses épreuves en fonction des jours et des semaines, on trouve une différence due au niveau scolaire : les CM1 et les CM2 ne fluctuent pas de la même façon, pour chacune des épreuves concernées. Si on prend comme exemple les épreuves de mémoire à court terme, on relève les faits suivants:

- si les CM2 donnent globalement davantage de bonnes réponses que les CM1, ils donnent également davantage d'intrus. Peut-être la stratégie de réponses utilisée n'est-elle pas la même.
- pour les moyennes de bonnes réponses, on observe une inversion pratiquement systématique entre les performances du matin et celles de l'après-midi, pour les CM1, ce qui n'est pas le cas des CM2. Leurs performances fluctuent, mais sont équivalentes le matin et l'après-midi pratiquement chaque jour.
- en revanche on observe le phénomène inverse pour les variations dans l'apparition d'intrus : les CM2 inversent leurs scores du matin et de l'après-midi alors que les CM1 conservent les mêmes scores entre les deux moments de la journée.

Nous n'avons naturellement pas d'explication à ce phénomène, nous ne pouvons pour l'instant que le constater, mais il nous paraît suffisamment intéressant pour justifier que l'on s'interroge sur ce que l'on appelle des "profils de mémoire".
Une étude récente (Feunteun, 2000) confirme des résultats déjà plusieurs fois retrouvés, à savoir que plus l'élève est jeune, plus le pic de vigilance se situe tôt dans la matinée, plus le creux post-prandial s'étend dans l'après-midi : plus l'enfant est jeune et plus la reprise de vigilance apparaîtra tardivement, soit au retour de la récréation.
Enfin il est important de signaler que certaines expériences ont montré qu'à âge égal, le Quotient Intellectuel et/ou les performances scolaires représentaient un facteur différenciateur sur les profils d'efficience à diverses épreuves psychologiques. (Testu, 1987; in Leconte, 1995).

II.b.5.b- les différences inter-individuelles

II.b.5.b.1- Le sexe.

Comme le constate Querrioux-Colombier (1988) les données sont contradictoires quant à l'influence de ce paramètre sur les rythmes circadiens. Une étude de Montagner montre qu'il existe un effet différentiel

du sexe sur l'organisation circadienne révélé par le fait qu'à partir de 10 mois les filles dorment plus que les garçons (Montagner, Wever, 1984) quant à lui, constate que dans des conditions de synchronisation interne, le temps de sommeil chez les femmes est de 18% plus long que chez les hommes, mais que cette différence disparaît lors d'une désynchronisation interne. Or ceci serait dû à une diminution plus grande du temps de sommeil chez les femmes dans une telle situation.
En effet le même auteur montre que dans des conditions de libre cours, on trouve une différence de 28 mns dans la période du cycle veille-sommeil entre hommes et femmes, ces dernières présentant la période la plus courte. Mais, toujours dans une expérience de libre cours, Wever (1982) ne trouve pas de différence significative entre hommes et femmes dans la longueur des périodes de la courbe de température. On peut, au vu de ces résultats, suggérer que les femmes seraient plus sujettes à des désordres dans leurs rythmes quand un réajustement est à opérer. On est en droit de s'interroger sur les répercussions qu'ont de tels désordres sur les profils de performances de ces différents sujets. Soussignan (1986) qui effectue un suivi d'enfants de la grande section de maternelle au cours préparatoire, observe que, d'une part, au CP les garçons se différencient des filles par une durée de sommeil nocturne peu élevée, et d'autre part, et cette donnée est importante, les enfants ayant la durée de sommeil nocturne la plus faible se caractérisent par des durées élevées de comportements scolaires stéréotypés (stéréotypies rythmiques, activités concernant la zone orale), de comportements scolaires passifs (regarder l'enseignante) et parallélement par une durée peu élevée de comportements d'interaction avec un pair. L'auteur émet donc l'hypothèse qu'il existe une relation entre la durée de sommeil nocturne et le comportement de l'enfant, deux facteurs qui se différencient ici sur la variable sexe. Or il observe que, déjà en maternelle, les filles manifestent une durée plus élevée de comportements scolaires actifs (exécution de la tâche scolaire), alors que les garçons présentent une durée plus élevée de comportements stéréotypés et d'interactions verbales avec les pairs (non signifiantes pour la tâche scolaire). Soussignan se rapproche alors du modèle de l'activation de Duffy (1962) pour considérer que lorsque la durée de sommeil nocturne est faible, les enfants auraient un niveau de vigilance diminué par rapport aux pairs dont la durée de sommeil nocturne est la plus élevée. Ce qui se traduirait par des durées peu élevées de comportements de participation aux activités scolaires et d'interactions verbales, en même temps que par une tendance à présenter une durée plus élevée de comportements scolaires passifs. L'auteur considère encore que cette durée peu élevée de sommeil pourrait avoir une influence sur l'attention de l'enfant et sur sa performance à diverses tâches. Enfin la durée élevée de mouvements rythmiques du corps chez les enfants qui ont une durée peu élevée de sommeil pourrait suggérer que ceux-ci manifestent ces mouvements pour s'auto-stimuler afin de compenser un niveau d'éveil particulièrement bas. Comme on le voit la variable sexe qui semble

influencer très tôt l'organisation du cycle veille-sommeil va avoir par la suite un rôle différenciateur sur l'ensemble de la dynamique temporelle des comportements de l'enfant.

Almirall et Gutiérrez (1987) signalent également l'influence du sexe comme facteur discriminant pour de nombreux paramètres physiologiques et psychologiques. Elles-mêmes obtiennent des résultats qui mettent en évidence une différence significative due au sexe dans les profils de courbes obtenues pour le recueil de temps de réaction auditif et visuel effectués pendant 320 minutes. Elles montrent en particulier que la pente moyenne de la courbe d'évolution temporelle des temps de réaction est plus importante pour les femmes que pour les hommes, cette pente marquant une décroissance de la valeur des variables dépendantes tout au long de l'expérience. Or il n'y a pas de différence significative quant aux moyennes des temps de réaction. Les auteurs ne donnent pas d'explication particulière à leurs résultats mais suggèrent qu'ils pourraient être le fait d'une relation existant entre sexe et variables de personnalité telle que l'introversion-extraversion qui a été étudiée par de nombreux auteurs. Cette typologie a été définie par Jung et suggère que le sujet introverti est "un sujet replié sur lui-même, renfermé, fixant son intérêt sur sa vie intérieure, indifférent au monde extérieur" (Rennes, 1979). A l'opposé se trouve le sujet extraverti.

II.b.5.b.2- L'introversion-extraversion.

Colquhoun et Corcoran (1964), Blake (1971) et Luzon et Malapeira (1983) montrent que les temps de réaction ont tendance à s'allonger plus chez les hommes introvertis que chez les extravertis, alors qu'ils diminueraient davantage chez les femmes extraverties que chez les introverties au cours de la journée. De même pour les sujets en général, ils seraient plus longs pour les introvertis le matin que l'après-midi alors qu'ils seraient plus courts pour les extravertis le matin que l'après-midi . Eysenck, (1967) postule que les introvertis possèdent un niveau basal d'activité corticale plus élevé que celui des extravertis. Ce qui laisse à supposer qu'il existe aussi une relation entre certaines différences dans les fluctuations (puisqu'il a été montré que les variations du niveau de vigilance étaient d'autant plus grandes que le niveau de base est bas), et la dimension introverti-extraverti. D'après Blake (1971) les introvertis auraient une acrophase plus précoce que les extravertis dans la courbe de température, dans le rythme veille-sommeil et dans le rythme de performance. Toutefois, si l'on s'en tient à la revue de questions de Kerkhof (1985) à ce propos, on voit que les choses ne sont pas aussi simples. En effet selon l'auteur il existe autant de recherches qui laissent à penser qu'il existe des différences entre les profils journaliers des performances à des épreuves psychologiques d'extravertis et d'introvertis (Colquhoun et Corcoran, 1964, Colquhoun, 1980, Revelle et al., 1980 a) que de recherches qui laissent à penser qu'il n'existe pas de différences (Blake, 1971, Gale et al., 1972,

Revelle et al., 1980 b). Colquhoun et Folkard (1978), Reinberg et al. (1978) quant à eux ont montré que les sujets extravertis sont les plus aptes à s'adapter au travail de nuit.
Mais, et cela ne simplifie pas la prise en considération de cette dimension, Patkai (1970, cité par Testu) a montré qu'il n'y a pas indépendance entre les dimensions introversion-extraversion et matinalité-vespéralité. Les sujets du soir seraient plus extravertis qu'introvertis, et l'inverse est observé pour les sujets du matin. Il est donc indispensable de s'intéresser à cette dimension comme facteur possible de différenciation des rythmes d'activités.

II.b.5.b.3- La matinalité-vespéralité.

D'après Kerkhof (1985) qui cite les travaux de Wuth (1931) et de Winterstein (1932) les sujets "du matin" ("Morning type") auraient été originellement distingués des sujets "du soir" ("Evening type") en fonction de la situation dans l'échelle temporelle de leurs moments de sommeil. Les premiers se coucheraient tôt dans la soirée (parce qu'ils se sentent fatigués), s'endormiraient rapidement et se léveraient facilement le matin "en forme". Quant aux seconds, ils seraient performants en fin de journée, se coucheraient relativement tard, et se léveraient péniblement le matin en se sentant fatigués. Depuis, la distinction entre les deux groupes de sujets se fait à partir de questionnaires, dont le plus utilisé est celui de Horne et Östberg (1976), dans lesquels les questions portent non seulement sur les habitudes de sommeil mais aussi sur les heures préférées (en l'absence de toutes contraintes sociales) pour réaliser un travail physique et mental ainsi que sur l'état d'éveil subjectif au lever et au coucher.

Kerkhof (1985) répertorie tout un ensemble de travaux qui prennent en compte cette dimension : tous montrent que l'acrophase de la température se situe plus tôt pour les sujets du matin que pour ceux du soir, mais que l'amplitude de la courbe circadienne de la température serait plus grande chez les sujets du soir que chez ceux du matin. Akerstedt et Fröberg (1976) ont dressé des courbes de température, de fatigue, d'état d'éveil actif, en vue de différencier les individus "du matin" de ceux "du soir". Ils observent des variations significatives pour ces trois facteurs, associées à une corrélation entre les profils journaliers. En ce qui concerne les performances, les résultats varient en fonction de la tâche considérée. Patkai (1970) étudie les temps de réaction à des signaux lumineux chez des sujets du matin et des sujets du soir, qui effectuent l'expérience en début de matinée et en fin de journée. L'auteur montre que les matinaux sont plus rapides le matin que le soir à l'inverse des vespéraux qui réagissent plus vite le soir. En 1971, elle démontre que les courbes journalières de performances diffèrent en fonction de la typologie et que les fluctuations ne sont significatives que pour les sujets du soir : ceux-ci ont un temps de réaction à l'apparition d'un signal lumineux qui décroit, et leurs performances à une épreuve psychotechnique

(dénommer une couleur) et à des exercices mathématiques s'améliorent au cours de la journée. Horne et al. (1980) obtiennent des différences significatives entre sujets du matin et du soir à une épreuve de détection visuelle : les performances (en terme de rejets corrects) des sujets du matin sont meilleures le matin et déclinent tout au long de la journée, celles des sujets du soir progressent toute la journée et sont meilleures le soir que celles des sujets du matin. Le creux post-prandial n'est observé que pour les sujets du matin. Monk et Leng (1986) étudient l'évolution au cours de la journée (entre 8h. et 23 h.) des performances des matinaux et des vespéraux à une épreuve de barrage de lettres et à une épreuve de raisonnement logique. Les vitesses d'exécution ainsi que la température corporelle sont enregistrées. Les matinaux ont une température plus élevée le matin et plus basse le soir que les vespéraux ; de même les matinaux sont plus rapides que les vespéraux aux passations du matin pour l'épreuve de barrage, l'inverse se produisant pour les passations du soir. Toutefois les différences ne sont pas significatives. En revanche les matinaux ont leur maximum de performance à l'épreuve de raisonnement dès la première passation du matin, alors que ce maximum n'est atteint qu'en fin de matinée pour les vespéraux. Les différences sont significatives, et les auteurs relèvent une diminution continue après l'atteinte du maximum pour les deux groupes, cette diminution étant nettement plus marquée pour les matinaux que pour les vespéraux. Lancry (1986) montre que la performance en mémoire à court terme et le niveau de vigilance auto-estimée diminuent au cours de la journée chez les matinaux et augmentent chez les vespéraux.
Dans des situations de désynchronisation on relève également des différences dans les vitesses d'ajustement inhérentes au facteur typologique matinalité-vespéralité.
Colquhoun (1979, cité par Graeber, 1982) montre qu'au cours de vols transméridiens les vespéraux déplacent beaucoup plus leur rythme circadien de température que les matinaux. Cette différence persisterait durant les douze jours qui suivent le vol, ce qui attesterait d'une adaptation plus rapide des vespéraux que des matinaux. Pour Reinberg (1978), plus le sujet est "du matin" plus la perturbation de ses performances objectives et de ses sensations subjectives de bien-être est grande après un vol transméridien. Dans les conditions d'isolement temporel, en cas de désynchronisation interne spontanée, les matinaux auraient plutôt tendance à raccourcir leur cycle veille-sommeil à l'inverse des vespéraux qui auraient tendance à l'allonger (Wever, 1985). Peut-être est-ce à mettre en partie en relation avec le fait que dans les conditions normales les vespéraux se sentent fatigués le matin au réveil : cela pourrait être le signe d'un manque de sommeil qu'ils pourraient compenser en situation d'isolement.

Signalons ici que ces travaux n'ont malheureusement pu être menés que trop peu chez l'enfant, à cause en particulier des difficultés à réaliser des instruments de mesure des typologies concernées adéquats.

Un dernier travail est à signaler : c'est celui de Sarmany (1984) qui étudie l'évolution sur 24h. de la performance à l' épreuve de "la baguette et du cadre" (Witkin, 1968), chez des sujets matinaux et vespéraux. Or il montre que les vespéraux sont beaucoup plus stables sur les 24h. dans leurs performances à cette épreuve que les matinaux. Cette épreuve permet de classer les sujets selon leur style cognitif "dépendance-indépendance à l'égard du champ" qui est le dernier facteur de différenciation inter-individuelle que nous allons aborder.

II.b.5.b.4- La dépendance-indépendance à l'égard du champ (DIC).

Cette variable de personnalité a été décrite d'abord par Witkin et al. (1978) puis par Huteau (1975, 1980, 1984, 1987) comme la capacité ou non à distinguer au cours d'activités perceptives et cognitives les traits pertinents d'une situation : elle permet de situer les individus sur un continuum de performances. A une extrémité de ce continuum les sujets "indépendants du champ" perçoivent analytiquement le champ environnant et sont capables de déstructurer ce champ pour distinguer dans le contexte général les traits essentiels et dominants. A l'autre extrémité, les sujets "dépendants du champ" ne parviennent pas à se détacher du contexte dominant et réagissent globalement à la situation, sans en analyser les divers éléments. Pour Witkin et Huteau, ce style cognitif concerne aussi bien les activités perceptives qu'intellectuelles.
Il est intéressant de noter que divers travaux ont tenté de dégager les surfaces de recouvrement entre la DIC et l'introversion-extraversion. Pour Huteau (1987) "l'assimilation pure et simple des deux dimensions ne va pas de soi mais il (lui) paraît clair qu'au plan descriptif il existe de larges recouvrements entre les deux dimensions". Pour cet auteur, on manque d'éléments pour juger de l'étendue du recouvrement entre ces deux dimensions, bien que quelques résultats partiels semblent indiquer qu'il proviendrait surtout de la composante "impulsivité" présente à la fois dans le pôle extraversion et dans la DIC. Or cette composante conduit les sujets à systématiquement privilégier la vitesse d'exécution d'une tâche par rapport à l'exactitude: cela est intéressant dans la mesure où ce type de fonctionnement particulier pourrait expliquer des différences de profils de performances à des épreuves où vitesse et exactitude sont les deux paramètres de réussite à considérer. Par ailleurs Huteau signale que le niveau de vigilance est associé de manière complexe au score dans les épreuves perceptives évaluant la DIC. De plus il cite certains résultats qui montreraient que le niveau de vigilance spontané serait plus élevé chez les sujets Dépendants du champ. On peut donc penser que chez ces sujets les variations du niveau de vigilance vont être moins marquées. D'autre part Huteau cite différents travaux qui ont étudié les profils de réponses physiologiques dans des situations d'apprentissage et au cours de tâches de détections de signal. Il apparaît qu'au cours des apprentissages les sujets IC

ont un niveau de vigilance plus élevé en même temps que de meilleures capacités discriminatives. Dans une tâche de détection de signal, Goldstein et al. (1970) montrent que la mise au travail a pour conséquence une augmentation de l'activité électrodermale spontanée et une décélération cardiaque (généralement signes d'un éveil de l'attention) plus marquée chez les sujets IC.
Huteau conclut de l'ensemble de ces données, et en citant Witkin et Oltman (1967), que "le niveau d'éveil des sujets DC ne varie pas en fonction des exigences de la situation ou des propriétés de la stimulation aussi facilement que celui des sujets IC". C'est pourquoi il nous paraît intéressant de prendre en compte cette dimension dans les études de chronopsychologie puisqu'elle nous semble pouvoir avoir valeur explicative dans certaines différences observées.

Testu (1987) étudie les profils journaliers et hebdomadaires d'élèves de Cours Moyen Dépendants et Indépendants du champ à des épreuves de conjugaison, de structuration spatiale et à des problèmes mathématiques. Il montre que les performances des sujets indépendants ne fluctuent pas significativement. Les profils des élèves dépendants ne se différencient de ceux des indépendants qu'au plan journalier, et uniquement pour les épreuves de problèmes et de structuration spatiale, c'est-à-dire pour les épreuves qui sont significativement mieux réussies par les indépendants. Pour la conjugaison, épreuve la mieux réussie, les résultats présentent une grande stabilité au cours de la journée et de la semaine. Chez les dépendants et pour les épreuves qui fluctuent, on observe une très forte progression le matin, un creux d'après-déjeuner et une nouvelle progression l'après-midi. En revanche la différenciation observée pour les profils journaliers ne se retrouve pas au plan hebdomadaire.
Nous avons pu montrer, dans nos propres travaux, que les IC se différencient des DC par une moins grande variabilité rythmée de leurs performances, tant en attention qu'en Mémoire à Court Terme. Or les DC (de différents âges) présentent des courbes de performances attentionnelles inversées par rapport aux courbes généralement trouvées pour l'évolution de la vigilance : c'est-à-dire que les DC sont systématiquement meilleurs à la première passation de la journée et deviennent de moins en moins performants au fur et à mesure que la journée avance. Nous avons pu suggérer (Leconte-Lambert, 1991) que ce phénomène était dû, d'une part à un niveau de vigilance de base plus élevé chez les DC, et d'autre part à une plus grande dépendance de ces derniers par rapport aux variations internes, ici principalement à leurs rythmicités biologiques.
Nos résultats demandent bien entendu à être confirmés, quoi qu'il en soit ils nous autorisent à émettre l'hypothèse que nous cherchons à valider, à savoir que la DIC serait un facteur de différenciation sur la capacité à ajuster son fonctionnement psychologique en fonction des nécessités imposées par les

rythmicités biologiques quand celles-ci ont pour conséquence l'apparition de périodes de moindre efficacité pour la réalisation d'une tâche donnée.

II.b.5.c- Les rythmes alimentaires

Les travaux des chronobiologistes ont permis de montrer qu'il existe des rythmes circadiens spontanés dans la prise alimentaire. Chez les jeunes enfants il a ainsi été démontré (Reinberg et Ghata) qu'il existe un rythme de deux prises de repas dans la journée : une correspondant au petit déjeuner et l'autre au dîner, avec un creux en milieu de journée. Or il faut constater que les habitudes alimentaires générales vont à contre-courant de ce rythme : en effet il n'est pas rare que le petit déjeuner soit purement et simplement "oublié" et c'est généralement le repas de midi qui se révèle le plus copieux. Les résultats des études effectuées pour connaître l'influence de la non-prise de petit déjeuner sont assez contradictoires.

Tuttle en 1957 observait que des enfants ayant reçu un petit déjeuner riche en protéines sont "plus alertes et actifs" en fin de matinée que ceux qui ont été moins bien alimentés. De même Tara (1961) montre que chez des travailleurs adultes, on trouve une augmentation du taux de production et une diminution du nombre d'accidents après la prise d'un petit déjeuner suffisant. Pourtant certaines études, rapportées lors d'un colloque du SNI (Syndicat National des Instituteurs) sur les rythmes scolaires (cité par Crépon, 1983), montrent que les performances à des tests de vitesse de calcul effectués chez des adultes ayant subi une diète protéique totale pendant trois semaines ne sont pas affectés par cette diète. D'autres résultats mettent en évidence le fait qu'il n'existe pas de différence significative dans l'évolution au cours de la journée de performances à diverses épreuves effectuées par de jeunes adultes dont certains n'avaient mangé que le matin et d'autres que le soir. Il nous semble qu'il faut être très réservé par rapport à ce type de résultats car chez l'enfant, et cela d'autant plus qu'il est jeune, il est établi qu'un petit déjeuner de mauvaise qualité se traduit par des défaillances en fin de matinée. Pour Plat (1979) ces défaillances ne seraient pas la conséquence de l'hypoglycémie en elle-même (baisse du taux de sucre dans le sang), mais seraient plutôt provoquées par une réaction de l'organisme en lutte contre la tendance à l'hypoglycémie. Or plus l'enfant est petit, plus l'effort demandé à l'organisme est important, et cela se conjugue avec le fait que la fin de matinée représente souvent une période de demande intense de haut rendement scolaire. Chez l'adulte aussi d'ailleurs, il a été démontré (Bopp et al., 1980) que si le travail intellectuel habituel ne semble pas modifier les systèmes de régulation glycémique de base, en revanche, une épreuve d'examen, stressante, sollicite fortement les mécanismes hormonaux réactionnels. Enfin le même travail a permis de montrer que l'exercice physique, même de durée limitée, en fin de matinée, s'accompagne d'une élévation de la glycémie. Ce qui pointe la nécessité d'une alternance entre exercice physique et exercices "intellectuels". Prendre un petit déjeuner

semble donc important pour éviter les coups de barre de la fin de matinée ne serait-ce que d'un point de vue physiologique. Toutefois cela s'avère également pour les performances psychologiques.
Un travail comparatif effectué chez des élèves de Cours Moyen dont la quantité calorique du petit déjeuner pris a été mesurée (Romon-Rousseau, 1984) montre que cela est aussi important pour le maintien d'un bon niveau attentionnel en fin de matinée. Deux groupes contrastés ont ainsi été comparés quant à leur performance à une épreuve de barrage passée un mardi en fin de matinée (10h.45). Les résultats font apparaître des différences significatives tant du point de vue de la rapidité que de l'exactitude dans l'exécution, toujours au profit des élèves ayant pris un bon petit déjeuner.
Non seulement la prise de petit déjeuner est importante mais aussi son contenu (équilibré entre protides et glucides à "combustion lente"), et le temps qui lui est imparti. Bien souvent celui-ci est réduit à sa plus simple expression pour permettre un éveil plus tardif. Ce qui nous ramène au problème évoqué précédemment de la bonne gestion du cycle veille-sommeil.

II.b.5.d- La motivation et l'intérêt pour la tâche

Georges (1983) montre que, classiquement, les situations motivantes s'accompagnent d'une élévation du niveau d'activation générale et du niveau de vigilance, ce qui a pour conséquence une modulation des profils journaliers de performances. Or pour Richard (1980), Georges (1983) et Leplat (1985) la connaissance des résultats est l'un des principaux facteurs motivationnels. Ainsi Blake (1971) montre-t-il que l'évolution journalière des performances à une épreuve de barrage de lettres est différente selon que les sujets ont connaissance ou non de leurs résultats : les fluctuations s'atténuent quand les sujets sont informés de leur performance, en présence du groupe. Mais la disparition des variations n'est mise en évidence que pour les sujets extravertis (cf. précédemment), qui, du point de vue social, semblent être plus sensibles à l'opinion des autres portée sur eux.
Les encouragements délivrés au sujet au décours de l'exécution de la tâche sont vraisemblablement aussi un facteur de motivation qui modifie les profils journaliers de performances. Chiles et al. (1968) ont placé des sujets pendant plusieurs semaines en situation de simulation de vol spatial. Ils montrent que les creux journaliers habituellement observés dans le niveau de vigilance disparaissent pour le groupe auquel il est demandé de fournir un effort supplémentaire à chaque fois qu'une baisse de vigilance est constatée.
Différents facteurs motivants peuvent être énumérés, qui agiraient sur les rythmicités des performances : ainsi en est-il par exemple des pauses et changements d'activités au cours de l'exécution d'un travail prolongé, les renforçateurs délivrés par exemple sous la forme de "bonus financiers" (Gadbois et Queinnec citent à ce propos l'expérience de Khalèque et

Verhaeghe, 1981) ou plus prosaïquement sous la forme de congratulations et d'encouragements individualisés ou encore de "récompenses" collectives pour l'obtention desquelles chaque individu du groupe est partie prenante : nous avons ainsi montré (Lambert et Darcheville, 1987) qu'il était possible d'atténuer les fluctuations des performances dans une épreuve de barrages de signes chez des élèves de S.E.S. (en grande difficulté scolaire) quand on les soumet à l'apprentissage (comprenant la délivrance d'une récompense à chaque fois que l'ensemble du groupe a atteint le niveau requis pour considérer l'étape de l'apprentissage comme franchie) d'une tâche qui les amène progressivement à organiser leurs stratégies pour effectuer efficacement l'épreuve de barrage. Ce phénomène a été reproduit avec des enfants de CP pour lesquels en fin d'année on ne retrouve plus de fluctuations de la performance au cours de la journée. L'effet de l'"expérience" de la tâche intervient probablement là aussi. Un autre facteur motivant est constitué par l'aspiration à terminer une épreuve. Cette aspiration ne peut être maintenue que si le sujet a le sentiment d'être capable de pouvoir réaliser correctement cette épreuve.

Ehrlich (1988), à la suite de diverses recherches effectuées avec des élèves de CE2, montre que le "découragement consécutif à une demande excessive entraîne une baisse du niveau d'activité des élèves". Il montre que quand la difficulté de la tâche augmente au-delà des capacités momentanées des enfants, un grand nombre d'entre eux se découragent, et leurs performances diminuent alors, faiblement ou fortement mais en tout cas toujours en-deça de ce qu'ils sont capables de faire. Il signale encore que le phénomène de découragement est d'autant plus marqué que la tâche est plus difficile et le niveau de compétence de l'élève moindre (ce résultat rejoint le fait que les niveaux de développement différents vont avoir un impact différent sur la dynamique des performances). Pour maximaliser les acquisitions et les performances (et réduire leurs fluctuations dans le temps) il considère qu'il faut maintenir un niveau d'activité de l'élève au maximum des possibilités de celui-ci. Il préconise donc la mise en place d'un système d'évaluation des objectifs qui permet que l'on assigne à chaque élève des objectifs raisonnables, tout à fait adaptés à ses capacités instantanées; ce qui implique des "réglages fins et répétés" permettant que soit prise en compte l'évolution des compétences au cours du développement et des apprentissages. Il rappelle enfin que les importantes différences inter-individuelles repérées font que l'écart optimal entre l'objectif proposé et les capacités de chacun est très variable d'un enfant à l'autre. La minimisation des fluctuations des performances passerait donc, comme on le voit, par une individualisation de la pédagogie, en tout cas par une remise en cause de l'unicité des critères scolaires pour tous. Le système préconisé par l'auteur passe par une évaluation immédiate de chaque exercice effectué et une connaissance immédiate de ses résultats par l'élève. Ce qui va dans le sens de ce que nous avons dit précédemment. Dans le même ordre d'idées, une expérience menée à Edinburgh (1987) étudie l'intérêt de l'évaluation "formative" (comparable à celle qui vient d'être décrite). Les auteurs montrent qu'elle entraîne une amélioration importante de l'apprentissage des élèves. De plus les élèves ne perçoivent plus l'évaluation comme "dirigée contre eux" par le maître, ce qui entraîne une augmentation de la motivation et une diminution des fluctuations. Enfin l'expérience montre qu'on constate aussi une augmentation de la motivation des maîtres, qui se sentent plus prêts à apporter de l'aide aux élèves demandeurs, ce qui ne peut qu'avoir un retour positif sur la "mobilisation" des élèves.

Enfin toujours en référence à cet effet motivant de l'aspiration à terminer une tâche, il faut citer le travail de Delvolvé et Préteur (1986) qui montre que, dans une tâche de temps de réaction à une épreuve de discrimination visuelle, effectuée pendant 6 heures au cours de la nuit, la performance de la dernière session est significativement meilleure que celle des deux précédentes. Or les auteurs considèrent que cette meilleure performance, en contradiction avec les attentes (à savoir que la privation de sommeil, la fatigue, le rythme circadien de la vigilance associeraient leurs effets pour créer un réel déficit dans la performance), serait due à la motivation des sujets qui, sentant la fin de l'expérience approcher, souhaitent la terminer par une forte implication de leur part permettant un comportement beaucoup plus efficace au cours de cette session.

II.b.5.e- Les caractéristiques liées aux tâches

Dès 1916, Gates mettait en évidence que la nature de la tâche avait des effets différenciés sur les profils de performance : en particulier un suivi d'élèves de 10-11 ans effectué sur un ensemble de tâches lui permet de distinguer les profils de performances à des tâches "mentales" et à des épreuves qu'il appelle "perceptivo-motrices". Et il montre qu'"en général la matinée est le meilleur moment pour un travail mental". Kleitman (1963) et Blake (1967) confirment les résultats de Gates ce que ne font qu'en partie Monk et Conrad (1979). Ceux-ci étudient, chez des secrétaires, les fluctuations de la performance à huit épreuves proches de celles qu'elles exécutent habituellement. Or ils ne trouvent de meilleures performances l'après-midi par rapport au matin que pour trois des huit tâches, les autres ne fluctuant pas, ces tâches étant pour part égale des tâches de vigilance et des tâches "mentales" requérant un traitement immédiat. Peu d'autres travaux ont été exécutés pour comparer l'évolution des performances à des tâches sensori-motrices et à des tâches "mentales". Il est donc difficile à l'heure actuelle de faire un point de la question. De plus nous avons déjà eu l'occasion de montrer que, même pour des tâches dites sensori-motrices, les choses ne sont pas simples puisqu'il semble nécessaire de distinguer les deux paramètres qui génèrent la performance, à savoir la vitesse et l'exactitude. En effet nous avons montré que l'évolution temporelle de ces deux paramètres ne suivait pas forcément la même courbe. De plus, et cela principalement chez l'enfant, il nous semble important de prendre en compte le niveau de complexité de la tâche, en tout cas le niveau de difficulté de réalisation de la tâche qui, comme on a pu le montrer, n'est pas le même pour tous les enfants d'un âge donné, et entraîne des différences de profils de performances.

Dans nos recherches nous avons constaté que même des tâches de barrage pouvaient provoquer des niveaux différents dans la facilité à les réaliser, et que les fluctuations des performances étaient inversement proportionnelles à la capacité des enfants (mais aussi des adultes) à trouver des "techniques" pour effectuer au mieux l'épreuve. Un travail que nous avons réalisé pour comparer les performances attentionnelles d'enfants "hyperactifs" et d'enfants "normaux" (élèves de 5ème) montre qu'il est peu pertinent de se référer à des "épreuves de barrage" en général, sans en préciser le contenu. Par exemple nous montrons que si les enfants se différencient très significativement quant à leur performance en exactitude à deux types différents de tâches de discrimination de lettres, il n'en est pas de même pour une tâche de discrimination de chiffres. D'autre part on peut ici signaler que les enfants "hyperactifs" se différencient principalement des autres par le fait qu'ils privilégient systématiquement la vitesse : pour ce faire, ils balayent visuellement énormément de signes, qu'ils barrent assez souvent au hasard, ce qui les conduit à faire beaucoup plus d'erreurs et d'omissions à vitesse égale.

Pour les épreuves impliquant la mémorisation, il a été montré que le contenu des épreuves à mémoriser (en particulier la charge mnémonique qu'il implique) avait un effet différentiel, de même que le type de mémorisation mis en jeu. En restitution différée, c'est le moment de l'apprentissage qui va avoir une influence sur les variations de performance, pas le moment de restitution.
Quand on étudie des tâches dites "complexes" on s'aperçoit que là encore il est nécessaire de caractériser les paramètres considérés pour évaluer la performance (par ex. différence entre les courbes d'efficience en lecture et dans le traitement de syllogismes).
Une autre -mais non dernière- caractéristique propre à la tâche à prendre en considération est la modalité de présentation des informations à traiter. En effet, indépendamment du type de traitement effectué, les informations peuvent être présentées soit en "sériel" (elles parviennent les unes après les autres) soit en parallèle (elles sont toutes présentes en même temps). Or il a bien été démontré que ces deux types d'épreuve n'induisaient pas les mêmes variations de performances (Parasuraman, 1984).

Quoi qu'il en soit, Colquhoun (1984) considère "quelque peu déprimant" le fait que le grand nombre d'expériences effectuées depuis cent ans n'a pas permis de faire faire beaucoup de progrès aux connaissances sur les fluctuations de la performance par rapport à celles élaborées par les "pionniers" du siècle dernier. Il suggère qu'un des facteurs explicatifs de cette non-progression dans la connaissance est le fait que les expérimentateurs d'aujourd'hui continuent à utiliser les mêmes tâches que ceux d'hier qui étudiaient les effets du moment de la journée sur la performance : or on ne sait sans doute pas encore exactement ce que mesurent ces tâches. Il pense donc qu'il faudrait élaborer de nouvelles méthodes permettant d'appréhender de manière plus précise le fonctionnement "cérébral". Il nous semble quant à nous, que ce sont surtout les indicateurs des performances qui sont principalement à affiner et ceci quel que soit le niveau de complexité de la tâche et du processus psychologique étudié : il faudrait par exemple pouvoir recueillir les différents temps d'effection de la tâche pertinents, ainsi que leur cinétique temporelle, tels que le temps de mise en route, les temps de pause au cours de l'épreuve. D'autres indicateurs sont aussi à affiner : il serait par exemple judicieux de trouver un indice unique permettant d'évaluer concomitamment la vitesse et l'exactitude dans les épreuves d'attention, avec lequel on pourrait pondérer les erreurs en fonction de leur probabilité différentielle d'apparition. En effet la théorie de la détection du signal n'est pertinente que dans le cas où le sujet fait effectivement des "fausses alarmes". Ce n'est pas le cas le plus fréquent.

II.b.5.f- Les conditions de recueil des performances

II.b.5.f.1- L'environnement de travail.

Si les caractéristiques de la tâche sont à connaître pour pouvoir en évaluer les effets, il en est de même pour les conditions dans lesquelles cette tâche est effectuée. Ces conditions peuvent avoir soit un effet démobilisateur, soit un effet organisateur, ces effets pouvant être plus ou moins massifs en fonction du type de tâches sur lequel ils s'exercent : dans les deux cas ces conditions peuvent modifier le profil de performances attendu.
Pour Fraisse (1980) la performance en situation de travail est fonction des conditions matérielles : ainsi Dogniaux (1978) compare-t-il deux usines quant à la fréquence d'apparition d'accidents du travail. Il met en évidence que la fréquence d'accidents est moindre dans l'usine la plus vétuste. L'explication donnée est qu'il existerait une augmentation du niveau de vigilance avec l'augmentation des risques. Non pas qu'il faille en conclure que les lieux de travail sont à conserver dans leur état de vétusté, mais bien plutôt qu'il faut les aménager de telle sorte que les situations dans lesquelles sont placés les travailleurs soient propres à maintenir un niveau de vigilance qui permet une stabilisation de l'efficience sans créer d'états de fatigue ou de stress. Ce qui signifie aussi une responsabilisation des individus face au risque mesuré. Ce phénomène n'est pas spécifique au travailleur adulte : il se retrouve chez l'enfant ou l'adolescent en situation d'apprentissage, qui, pour éviter les fluctuations trop importantes de son efficience, doit être capable d'évaluer les risques qu'il prend, et de les assumer, dans le type

d'organisation de son travail qu'il choisit d'appliquer (se mettre en avance ou non, réviser les leçons avant de se coucher, ou se lever plus tôt pour le faire,...). D'autres expériences ont montré que l'aménagement d'un environnement considéré comme étant "à risque" s'est révélé au contraire être source de régularisation des comportements. Il s'agit de l'aménagement des cours de récréation en maternelle (Fortin, 1980). Il a été montré que le fait d'introduire (de manière réfléchie) des espaces et du matériel de jeux (exempts de danger en eux-même) dans les cours et les lieux collectifs en école maternelle permettait de diminuer le niveau d'agressivité des enfants, de diminuer la fréquence d'accidents, de permettre une meilleure détente (et donc une réelle récupération) tant chez les enfants que chez les enseignants pour lesquels on observe une diminution du niveau d'anxiété au cours de leur surveillance. Cet ensemble de modifications de conduites ne peut que se manifester dans une stabilisation plus importante des comportements en classe.

II.b.5.f.2- Les comportements mobilisateurs.

Le maintien d'un certain niveau de vigilance nécessaire à une stabilisation de l'efficience dans diverses situations de travail est aussi dépendant de l'ensemble des comportements qui se manifestent dans ces situations.
Delvolvé et Préteur (1986) comparent les performances de sujets féminins à des épreuves de temps de réaction sur une tâche de discrimination visuelle, effectuées à intervalles réguliers pendant 345 mns, soit entre 9h. et 14h.45, soit entre 23h. et 4h.45. Un délai de 30 jours environ sépare les deux sessions. Elles montrent que les temps de réaction sont significativement plus longs la nuit que le jour. De plus la variabilité des mesures est beaucoup plus importante la nuit que le jour. En revanche les fréquences d'apparition d'erreurs et d'omissions ne se distinguent pas significativement la nuit du jour. Ce qui ressort principalement de cette étude est le fait que, pour être efficients la nuit, les sujets sont obligés de développer de plus en plus d'activités collatérales au fur et à mesure que le temps progresse et beaucoup plus qu'ils ne le font le jour (période pendant laquelle la fréquence d'apparition de ces comportements reste statistiquement stable). Les activités collatérales ici étudiées sont des activités ludiques et de manipulation d'objets (dessiner automatiquement, fumer, déplacer des objets,...), des réajustements posturaux (mouvements dits de confort), (croiser les bras ou les jambes, différents changements de positions dans l'espace ou mouvement postural,...), des mouvements auto-centrés (tout mouvement impliquant l'une ou l'autre des mains du sujet dirigé vers son corps propre : grattages, tapotements). Enfin les auteurs montrent que les sujets organisent différemment leurs comportement au cours de la nuit puisque l'analyse statistique met en évidence que les mouvements auto-centrés et les mouvements ludiques augmentent significativement la nuit alors que les réajustements posturaux diminuent significativement au même

moment. Les auteurs en concluent que le travail de nuit ne doit pas être considéré uniquement comme provoquant une diminution momentanée des habiletés du sujet, mais bien comme induisant un fonctionnement de l'individu, différent.

Chez l'enfant des études similaires ont été menées. Soussignan (1986), qui effectue un suivi d'enfants sur deux ans au moment du passage de la maternelle au CP apporte un ensemble de résultats qui confortent l'hypothèse que certains contextes scolaires constituent des contraintes pour l'enfant. "Entraînant une augmentation de l'éveil de l'enfant, ces contraintes se traduiraient par des comportements qui ont une valeur adaptative à court terme : les stéréotypies motrices rythmiques". Pour l'auteur, ces comportements permettraient à l'enfant de se "remobiliser" pour l'exécution des tâches scolaires. Il montre que des corrélations linéaires positives existent entre les comportements de mobilité de l'enfant et le temps qui s'écoule à partir du début de la tâche scolaire, plus particulièrement quand le niveau de vigilance est en baisse. Il formule alors l'hypothèse que la situation de contrainte motrice imposée aux enfants du CP ("obligation" de rester assis au "poste de travail") se traduit par un niveau croissant de l'activité motrice générale du début à la fin des tâches scolaires. Ce qui va dans le sens des hypothèses formulées par Solari (1982) qui étudie la mobilisation chez des enfants de 5-6 ans. Elle considère que "ce que l'on englobe sous la notion de processus de mobilisation est un ensemble de mécanismes complexes par lesquels le sujet s'investit à un certain niveau dans l'exécution d'une tâche, et régule son engagement en fonction des exigences des tâches et de ses propres possibilités énergétiques". Comme ces possibilités énergétiques sont variables selon le moment auxquelles elles sont appréciées et que l'investissement individuel des enfants dans les diverses tâches imposées pendant le temps scolaire est lui aussi soumis à des fluctuations temporelles (Soussignan, 1986), on voit que la capacité qu'aura l'enfant d'utiliser à bon escient ses comportements de mobilisation lui permettant de réguler son activité, va avoir une incidence directe sur les variations de ses performances. Il nous semble que le pédagogue, non seulement doit en tenir compte, mais de plus devrait insérer dans ses actions éducatives l'aide à l'acquisition d'une telle capacité.

Par exemple, en CP, autoriser l'enfant à aller calmement tailler son crayon au-dessus de la poubelle peut être très utile aux enfants les plus “instables”.

II.b.5.f.3- Les facteurs sociologiques.

Gadbois et Queinnec (1984) étudient l'influence de variables sociologiques sur la rythmicité des performances. Ils montrent que le partage des tâches est un facteur susceptible d'interférer positivement avec les rythmes biologiques. Les résultats de ces auteurs laissent à penser qu'il est indispensable d'inciter les individus au travail collectif, à mettre en place des systèmes de collaboration permettant, en répartissant judicieusement les tâches, de

diminuer la charge de travail. Il ne faut donc pas chercher systématiquement à individualiser le travail à fournir, moins encore semble-t-il quand il y a risque de baisse de la vigilance, que celle-ci soit le reflet d'une démotivation ou d'un "creux". Il faut garder présent à l'esprit le fait que les rythmes individuels peuvent être modifiés par l'interaction entre sujets.
Nous-même dans nos diverses recherches, qui toutes, pour des raisons méthodologiques, se sont déroulées en collectif, avons pu constater que cette situation représentait pour chacun des enfants une situation de compétition. Cette compétition était d'ailleurs autant intra-individuelle (chacun voulant "faire mieux" que précédemment) qu'inter-individuelle (il fallait "faire mieux" que le voisin). Ce phénomène a vraisemblablement entraîné des modifications dans la performance qui ne peuvent plus alors être attribuables à une quelconque rythmicité donnée. Or il est aussi apparu que, pour tous les enfants vus, "faire bien" et "faire mieux" signifient "aller le plus vite possible" c'est-à-dire encore "balayer le plus grand nombre de signes possibles". Peu importent alors les erreurs commises. C'est pourquoi, principalement chez l'enfant, il nous semble indispensable de prendre en compte le pourcentage d'erreurs comme indice d'efficience à une épreuve d'attention. Cet indice fluctue vraisemblablement davantage en fonction des rythmicités des activités attentionnelles.

II.b.5.f.4- Les effets de la fatigue.

Nous avons, à plusieurs reprises, souligné le fait que divers travaux ont montré que les performances à des tâches prolongées, non-éveillantes, telles que les épreuves de vigilance s'améliorent significativement tout au long de la journée. Or Bonnet et Webb (1978) ont montré que dans les expériences où cette amélioration était constatée, soit les sessions de test étaient très espacées, soit la tâche alternait fréquemment avec d'autres. Ils montrent que quand on réalise une expérience en "sessions massées" (le test est répété de nombreuses fois pendant une période de huit heures), l'augmentation des performances disparaît. Ils attribuent ce phénomène à l'effet de fatigue qui intervient et modifie les rythmicités. Ce masquage du rythme circadien par les effets de fatigue a aussi été retrouvé quand chaque session de test dure particulièrement longtemps.

Colquhoun et al. (1975) ont mené une expérience utilisant une tâche de vigilance auditive, effectuée de manière ininterrompue pendant quatre heures. Ils montrent que dans de telles conditions, il n'y a pas d'accroissement du taux moyen de détections entre une session du matin et une session du soir. Comme Bonnet et Webb, Colquhoun et al. observent que quand une telle expérience est menée la nuit, la privation de sommeil nécessairement associée à la longueur de l'épreuve, accroît fortement le déclin de l'efficience que l'on pouvait s'attendre à voir apparaître en tenant compte des fluctuations circadiennes "normales". Colquhoun (1984)

compare le sens et l'amplitude des différences entre les taux moyens de détections enregistrés sur les deux premières heures de chaque session de "surveillance" par rapport aux différences qui avaient été obtenues, lors d'une expérience précédente, dans les performances relevées aux périodes correspondantes de la journée. Il montre que le fait de prolonger la session expérimentale transforme l'élévation globale substantielle des performances normalement attendue entre 8-10h. et 16-18h. en une faible baisse de performances; de plus cela multiplie par trois la diminution globale attendue de 20-22h. à 4-6h.. L'auteur note alors que l'important déclin de l'efficience intra-session lors de la surveillance de 8h. à 12h. masque aussi l'amélioration qui pouvait être espérée au cours de cette période.
A partir de ces résultats et de ceux de Coates (1974), identiques, retrouvés dans le cas de performances à des tâches multiples, Colquhoun conclut que la mise en évidence des effets conjugués de la fatigue et du moment de la journée sur la vigilance doit nous rendre très prudents quant à la généralisation des résultats obtenus dans des expériences en laboratoire aux situations de terrain. En effet il considère que, généralement, en laboratoire aucune tentative n'est faite pour simuler les conditions de "travail", ce qui élimine toute possibilité de mettre en évidence le fait par ailleurs observé que, dans quelques cas, la fatigue plus que les rythmes circadiens peut être le facteur dominant qui détermine l'allure des changements de performances. Il rappelle que ce phénomène avait déjà été décrit par Gates au début du siècle et il déclare que les résultats actuels ne permettent pas beaucoup mieux de faire la part respective de chacun des facteurs impliqués. Il considère toutefois qu'ils fournissent une estimation quantitative de l'amplitude de leur interaction dans un type de tâche particulier, qui devient de plus en plus courant dans l'industrie moderne, à savoir la surveillance humaine des machines automatiques ou semi-automatiques. Et il faut bien admettre que les travaux des ergonomes qui, souvent, s'intéressent à l'effection d'une tâche dans une situation réelle de travail, vont probablement aider à mieux délimiter l'étendue des interventions de certains des facteurs impliqués dans les fluctuations de la vigilance.
Pour en terminer il faut noter qu'il devient de plus en plus courant d'utiliser des échelles d'auto-estimation de la fatigue et de la vigilance en complément des relevés expérimentaux des performances. Or il nous semble important de dire que si ce genre d'études peut être mené sans trop de problèmes chez l'adulte, il n'en est pas exactement de même avec les enfants. En effet il semble que ceux-ci aient beaucoup de difficultés à se détacher de l'épreuve qu'ils accomplissent ou des activités qu'ils viennent de faire : or pour eux, (nous avons pu observer cela à partir des entretiens et des questionnaires que nous avons utilisés avec les enfants qui ont accepté d'être nos sujets pendant une longue période), le sentiment de fatigue, de baisse de vigilance et même de baisse de l'attention est fortement lié à l'idée qu'ils se font de la réussite ou de l'échec de ce qu'ils viennent de faire. Comme cette idée est elle-même fort dépendante du "plaisir" et de l'intérêt qu'ils ont pour ce qu'ils font, on voit

que chez l'enfant, on observe une espèce de chaîne qui relie le plaisir à faire quelque chose au sentiment de la réussir et en bout de chaîne au peu de conscience de l'état de fatigue du moment. La réciproque est bien entendu vraie. Il ne nous semble alors pas étonnant que divers travaux (Reinberg et al., 1990, Testu, 1990) n'ont pas forcément mis en évidence une relation entre la courbe de performances et l'évolution de l'estimation de la fatigue.

En conclusion, il faut souligner que, que l'on ait le désir de construire un modèle théorique de la chronopsychologie, ou celui d'insérer les données chronopsychologiques dans l'étude du fonctionnement psychologique, il nous semble important que les chercheurs qui travaillent dans ce domaine, construisent leurs plans expérimentaux ou traitent les données recueillies en tenant compte des facteurs qui sont à contrôler.

En résumé, on voit que les variations, au cours de la journée, des performances à diverses tâches permettant de rendre compte du niveau d'efficience des activités intellectuelles peuvent être liées à des changements dans les procédures mises en jeu pour mener à bien leur exécution. Toutefois ces constats doivent s'inscrire dans un ensemble beaucoup plus complexe de réflexions prenant en compte les modèles tant physiologiques que psychologiques susceptibles d'avoir valeur explicative pour l'étude des rythmes des activités psychologiques.

Le temps de l'enfant ne peut se concevoir qu'en considérant l'ensemble des moments qui rythment sa vie, à savoir autant les moments à l'école, quels qu'ils soient, que ceux en dehors de l'école. En particulier, il ne faut jamais oublier que les rythmes de ses journées sont forcément en interaction avec les rythmes de ses nuits. Aménager le temps impose que rien ne soit laissé de côté.

On retiendra qu'une réflexion sur les rythmes de vie de l'enfant consiste à s'interroger sur les interactions existant entre les rythmicités propres des activités psychologiques et celles auxquelles l'enfant est soumis du fait de sa scolarisation. Cela revient à dire qu'il existe des rythmes d'activités "hors contexte particulier" (que l'on pourrait appeler structurels) dont il faut savoir apprécier l'importance, mais aussi des rythmes liés au contexte, (que l'on pourrait appeler fonctionnels), qui ont conduit au développement des études sur les *rythmes scolaires.* Ceux-ci ont amené les chercheurs à s'interroger sur les multiples facteurs qui ont un effet de modification des rythmes, ce qui n'est pas sans répercussion sur les propositions possibles concernant les diverses organisations temporelles chez l'enfant (sur la journée, sur la semaine, sur l'année).

Il faut donc, pour cette réflexion, intégrer les connaissances acquises sur les rythmes biologiques (en chronobiologie), sur les rythmes des activités psychologiques (en chronopsychologie), sur les rythmes des activités

périscolaires mais aussi sur les conditions de l'environnement dans lesquelles l'ensemble de ces activités sont pratiquées.
Il est indispensable d'avoir en tête que ces résultats sont très dépendants de l'ensemble des conditions dans lesquelles les activités sont étudiées. Ainsi, un sommeil écourté et/ou irrégulier, une non-prise de petit déjeuner, un trajet trop long en transport collectif, des mobiliers scolaires inadaptés, des salles de cantine trop bruyantes, un temps de midi mal géré, une non-motivation pour l'école,... sont autant de sources de fatigue qui diminuent l'efficience globale des enfants, et sont à prendre en compte dans les réflexions sur les aménagements du temps.
Au cours de la semaine, on constate que le lundi est systématiquement un "mauvais jour", dû à une désorganisation des rythmes provoquée par le week-end.
Les quelques résultats de recherche actuellement disponibles sont assez concordants pour privilégier le samedi matin de classe, par le fait qu'enfants et enseignants se montrent plus décontractés et "disponibles au travail de fin de semaine" qu'ils ne le sont quand ils ont classe le mercredi matin (constat de chercheur qui, nous le savons, va contre la volonté de beaucoup de parents).
Quant à la semaine de quatre jours -qui ne diminue pas la journée de travail scolaire mais ampute les petites vacances-, il est à dire que peu de résultats réellement positifs se dégagent actuellement, dans les écoles où elle est appliquée et analysée : plus grande fatigue chez les enfants les plus jeunes, difficulté chez les plus grands, pour "boucler" le programme (avec une dérive qui amènerait facilement les enseignants à passer plus de temps sur les maths et le français, -matières soumises à évaluations-, au détriment des autres activités scolaires, ceci pour minimiser les conséquences négatives de nombreuses ruptures imposant des révisions permanentes), grandes difficultés pour les municipalités peu riches pour organiser l'ensemble des temps libres, lundi "défectueux" dans sa totalité.
Au cours de l'année, on constate deux moments creux, et de plus grande fatigue, physique et intellectuelle : novembre et février. C'est pourquoi il est important de préserver les vacances de Toussaint et celles dites d'hiver (Février) en leur donnant le moyen d'être de vrais temps de récupération.

L'autre aspect important de l'expérimentation démarrée en 1996 (évoquée au début de ce chapitre) est d'y avoir intégré, dès le lancement de l'action, une démarche d'évaluation. Cette évaluation s'est voulu formative pour permettre aux protagonistes des actions de modifier éventuellement leurs conduites, pluraliste et participative, engageant tous les acteurs concernés à confronter leurs valeurs, leurs idées, leurs savoir-faire.

II.c- Les expérimentations et leurs évaluations.

II.c.1- Présentation générale

Ce travail d'évaluation s'est opéré à deux niveaux :

* au niveau national, avec la constitution du Comité d'Evaluation et de Suivi des Aménagements des Rythmes Scolaires, installé le 7 mai 1996 sous la présidence de J.P. Delevoye (président de l'Association des maires de France), devenu en 1998 Comité d'Evaluation et de Suivi des Aménagements des Rythmes de l'Enfant, afin de souligner le caractère global de la démarche et sa centration sur l'enfant et non sur l'école ; cette instance présentait une composition pluraliste (élus locaux, administrations et organismes sociaux, personnalités qualifiées) et a permis l'élaboration d'outils et d'analyses et la proposition de recommandations pour la poursuite et l'extension des expériences.
* au niveau local, chaque site a été invité à conduire sa propre démarche d'évaluation en associant, au sein des comités locaux, tous les acteurs concernés.
Six évaluateurs externes se sont vu confier des études classables sur trois axes : Impacts sur les enfants, Impacts sur la société, Les conditions d'extension.
Une lettre des sites, *Rythmes,* a été régulièrement publiée par le ministère de la Jeunesse et des Sports, avec comme fonction principale l'échange des expériences et des réflexions entre les différents sites. Enfin, F. Labadie (1999) caractérise cette démarche comme ayant une dimension démocratique qui s'est aussi traduite " par la réalisation d'auditions de syndicats, d'associations de jeunesse et d'éducation populaire, de parents d'élèves et des familles, de personnalités scientifiques, permettant de connaître et donc d'intégrer leurs positions dans l'étude de cette politique ". Le cadrage de cette expérimentation a été national, mais aucun modèle d'aménagement n'a été imposé a priori étant donnée l'hétérogénéité des réalités territoriales et les publics concernés. La notion de site recouvre des réalités très diverses : ce peut être une école, ou un groupe scolaire ou plusieurs établissements dans une commune ou encore un regroupement de communes. Cette expérimentation a majoritairement attiré des communes de faible et moyenne importance, elle s'est principalement implantée dans les écoles élémentaires (les collèges n'ont été que peu concernés). 14% de l'ensemble des établissements scolaires pilotes sont situés dans des zones d'éducation prioritaire (ZEP). Divers emplois du temps ont été proposés et expérimentés.
Nous-même avons participé tout au long de ces années, à la mise en place et au suivi de divers projets. Le propos que nous voulons tenir ici s'appuie sur un contact réel et de longue durée avec de multiples terrains d'expérimentations ; il nous est apparu que ces expérimentations sont beaucoup trop importantes dans les réflexions que l'on doit mener à propos de possibles modifications à apporter dans la prise en charge éducative globale des enfants pour qu'elles ne soient que l'objet d'analyses comparées -si intéressantes et si riches soient-elles- de résultats de recherches ponctuelles s'appuyant fréquemment sur des conceptions théoriques et des méthodologies divergentes au point, parfois, de ne pas permettre la

comparaison des données recueillies. Il est évident que toutes ces données sont indispensables. Notre équipe n'a d'ailleurs pas dérogé à la tradition puisqu'elle a soumis une dizaine de sites-pilote à un protocole d'évaluation dont les résultats feront l'objet d'un rapport tri-annuel, ces évaluations étant encore en cours. Un premier rapport a été présenté à l'INRP en décembre 99 (Leconte et al., 99). Mais il nous semble aussi qu'elles devraient à l'heure actuelle se donner les moyens d'être intégrées dans une réflexion collective de l'ensemble de la communauté scientifique qui permette au mouvement qui s'est mis en marche dans le but de contribuer à l'amélioration du développement de tous nos enfants de se poursuivre dans un climat serein de débats d'idées et non pas de mises en concurrence d'idées personnelles à défendre.

Les expériences pour lesquelles une vaste réflexion n'a cessé de se développer pendant plus de deux ans nous ont permis de relever plusieurs constats tout à fait remarquables.

Le "lancement" des sites-pilotes, nonobstant les critiques que l'on a été amené à faire sur les procédures utilisées et, souvent, nous l'attestons, le manque réel de préparation, a le privilège d'avoir réussi à mobiliser autour de l'enfant, autour de son éducation et de l'école, un nombre très important et diversifié de structures et de personnes assez rarement "partenaires" autour d'un même projet. Ces structures et ces personnes ne se sont pas uniquement mobilisées en tant que financeurs -bien qu'elles l'aient aussi fait en tant que tels à la fois de façon satisfaisante et plutôt inhabituelle-, elles se sont engagées dans la réflexion à mener pour produire des propositions acceptables : c'est un des traits innovants de cette expérimentation, sachant que cette mobilisation s'est faite à différents niveaux de l'échafaudage des projets (ministères, départements, municipalités, quartiers, écoles...).

Peu d'autres expériences d'innovations éducatives avaient réussi à faire s'investir dans la réflexion, et de façon concomitante, autant de représentants des mondes associatifs -culturels et sportifs-, des mondes éducatifs, économiques, sociaux et plus globalement, de la société civile. C'est là un point très fort à relever car cela représente déjà un prémisse important dans la réussite d'un tel projet, mais aussi parce que c'est ce qu'il faudra impérativement réussir à faire se développer si on tient à ce que le principe d'égalité dans l'éducation de tous les enfants soit un principe concrètement installé dans notre pays. Nous n'y sommes pas encore.

Ces expériences ont aussi été le théâtre d'échanges assez conséquents -et bien plus fréquents que ce qui se passe habituellement-, entre les "décideurs" placés au plus haut niveau de la hiérarchie et les "expérimentateurs" du terrain, de la base : ces échanges ont été, partout où ils nous ont été rapportés, considérés comme réciproquement fructueux, et à l'origine, en permanence, d'intéressants ajustements, tant dans l'évolution des idées de départ que dans la mise en pratique de ces idées. Or ces échanges sont le fruit et n'ont pu se réaliser que grâce au dynamisme volontaire et engagé tant de l'équipe ministérielle concernée que des responsables - ayant des responsabilités diverses- de la base.

Il est encore à signaler, ce qui, pour nous, fait partie des observations marquantes, que les équipes "laborieuses" du terrain rassemblaient (et continuent d'ailleurs de le faire) des responsables et des acteurs relevant de ministères différents, en particulier ceux de Jeunesse et Sports et de l'Education Nationale, tous réellement impliqués dans les projets et désireux de les faire positivement évoluer ensemble. Nous évoquons ici, bien entendu, les inspecteurs et conseillers pédagogiques des différents départements qui, là où les projets se sont bien construits et continuent d'évoluer de façon satisfaisante, ont été autant les chevilles ouvrières que les agents de liaison de ces projets.

C'est un autre point fort, à afficher et à déclarer comme incontournable, pour la bonne marche de telles expériences et surtout dans une perspective de généralisation.

Autre constat que nous avons été amenée à faire à partir de nos regards portés sur une multiplicité de sites : aucune cohérence ne peut être apportée dans la construction des projets s'il n'y a pas eu, auparavant, un important travail d'informations. Il est impératif que ces informations soient préalables, répétées, adaptées aux publics, aux contingences des lieux d'implantation : alors le projet peut se réclamer de réelles concertations, menées sur la base d'un niveau homogène de connaissances des différents acteurs, indispensable à la gestion objective des négociations parfois – souvent- nécessaires. Cela évite que chacun ne s'appuie sur ses "croyances", parfois sur des mythes -trop- amplement diffusés. Nous avons été ainsi confirmée dans l'importance qu'il y a, quand nous sommes chercheurs et à l'origine de certains travaux scientifiques sur lesquels des expériences se fondent (ce qui est le cas des chronopsychologues entre autres, dont je suis) de pouvoir informer en direct de ces résultats les terrains qui veulent se les approprier : cela évitera de nombreuses erreurs d' “ application des données des recherches ”, celles-ci étant souvent interprétées en dehors du contexte dans lequel elles ont été recueillies. (cf in Leconte, 1998).

Les concertations ainsi élaborées ne doivent évidemment pas être finalisées par le seul "bouclage" du projet : il faut qu'elles se poursuivent lors de sa mise en œuvre et, si possible, trouver le moyen de les institutionnaliser. Elles permettent alors d'éviter des dérives difficilement rattrapables après coup et souvent portées -parfois à juste titre- au crédit des dysfonctionnement réels relevés par les détracteurs des expériences : ces dysfonctionnements discréditent alors totalement les organisations mises en place. Ainsi a-t-on été amené à dénoncer l'aberration consistant à aller réveiller un enfant qui fait la sieste sous le prétexte qu'il devait participer à l'atelier auquel il est inscrit et mis en place dans le cadre d'une des expérimentations. Sans polémiquer, notons quand même que ces aberrations ne sont pas le seul fait de sites expérimentaux.

Il faut impérativement ne pas "oublier" d'associer les enfants à ces concertations, avant, pendant, après : on n'y pense malheureusement encore beaucoup trop peu alors que les contacts rapprochés avec eux nous ont confirmée dans l'idée qu'ils ont beaucoup à nous apprendre, sur ce qui fonctionne bien, sur ce qui ne va pas, sur ce qu'ils aimeraient proposer, faire évoluer. Ils ne peuvent être, dans les discours, "au centre de la réflexion" et, dans les faits rester à la périphérie de celle-ci. En revanche, nous avons pu constater que, très généralement, un gros effort a été fait un peu partout pour associer les parents qui veulent bien l'être. Notons quand même encore que nous avons pu constater que les personnels de service et d'entretien ne sont toujours que très mal informés des expériences en cours de réalisation et n'y sont quasiment jamais associés : ce manque d'informations et de participation génère malheureusement des tensions inutiles alors que facilement évitables.
La motivation nous est apparue comme devant être le maître-mot pour tous ceux qui participent à un tel projet. Or la motivation est très souvent liée au plaisir que l'on a à faire ce que l'on fait, lui-même dépendant de la compétence que l'on possède pour l'activité proposée, mais aussi de l'initiative et du degré de liberté qui nous sont laissés pour assurer cette activité. Notre motivation n'est certes pas la même quand nous exécutons quelque chose que l'on nous oblige à faire que quand on réalise quelque chose que l'on a construit soi-même sur la base d'un projet réfléchi. Ceci pour dire de bien réfléchir au danger que représenterait le fait de n'avoir, pour assurer les activités relevant des aménagements des temps de l'enfant, que des "prestataires de service".
Eviter cela nécessite également que de gros efforts soient poursuivis si ce n'est engagés pour assurer une formation d'excellent niveau propice à un encadrement sans défaillance des enfants. Je m'autoriserai à noter ici que, selon mes propres observations, la formation à assurer ne l'est pas, contrairement à l'idée fréquemment avancée, que pour les "intervenants extérieurs". Elle doit être aussi le fait des enseignants qui souhaitent prendre en charge des ateliers : si on veut atteindre les objectifs attendus, ces ateliers ne doivent surtout pas être un succédané d'activités scolaires et doivent donc être organisés autrement. Tous les enseignants ne sont pas forcément habitués à avoir en charge des enfants non-élèves.
Une idée force a depuis maintenant quelques temps été martelée : on ne construira pas de bon projet sans évaluation. Mais, selon nos observations, de nombreuses questions restent posées : qu'évalue-t-on ? Pour qui ? Avec quel dessein ? Nous ne pouvons pas ignorer que si les objectifs clairement affichés au démarrage de ces expérimentations se prêtaient facilement à évaluation, il en est beaucoup d'autres, qui sont restés implicites, dans le non-dit, et pour lesquels l'évaluation ne peut être définie alors même que ces objectifs restent latents.
Quelques éléments scientifiques quant à notre analyse des effets sur trois ans, des "changements" apportés dans les écoles étudiées, relativement à la

motivation des élèves, leurs comportements en société, leur satisfaction, tant relative à l'école proprement dite qu'à leur vie quotidienne depuis l'aménagement, la satisfaction des enseignants, des intervenants, l'évolution des élèves dans leur capacité à mobiliser des connaissances peuvent déjà être apportés. Mais nous pouvons dès à présent dire combien il nous a été difficile de mener à bien ces travaux, d'abord et avant tout à cause de la réticence extrême des adultes, toutes corporations confondues, de participer à des évaluations les concernant, même si celles-ci n'avaient à aucun moment un quelconque caractère de jugement : c'est une caractéristique très française de notre éducation nationale que de ne pas se prêter facilement à un système d'évaluation.

II.c.2- A propos de nos évaluations

Nous avons insisté sur le fait que ces expériences s'inscrivent dans l'histoire du temps scolaire, dépendante en permanence des bouleversements politiques. Dans sa circulaire de 1995, le ministère insiste sur une articulation étroite entre le scolaire et le péri-scolaire, qui met l'accent principalement sur la dimension temporelle de l'action en intégrant les connaissances produites par la chronobiologie et la chronopsychologie. C'est évidemment par rapport à cela que nous nous sommes sentis directement concernés, à la fois comme un des producteurs de ces connaissances mais aussi pour en suivre la mise en application. En effet, nous avons souvent dénoncé l'idée de vouloir appliquer telles quelles des données recueillies dans des contextes particuliers. Or, le risque de ces expériences était de ne proposer qu'un changement d'emploi du temps allant dans le sens des résultats des recherches chronobiologiques et chronopsychologiques.
Nous voulons ici évoquer notre position de chercheur : nous ne travaillons pas sur les Aménagements des Temps pour eux-mêmes. Ils ne sont pour nous qu'un instrument susceptible de provoquer un changement dans les conditions de travail, un outil au service de l'évolution des pratiques pédagogiques ; ceci aussi bien chez l'adulte pour ce qui est de l'Aménagement du Temps de Travail, que chez les enfants dans le cadre de l'Aménagement des Temps Scolaires et donc des changements dans les conditions d'apprentissage. Ce sont les effets possibles de ces changements, sur le développement de l'enfant et sur ses capacités d'apprentissage qui nous intéressent pour nos recherches.
Parmi les quatre objectifs généraux affichés par les ministères dans leur appel d'offres à sites expérimentaux pour A.R.S. (Aménagements des Rythmes Scolaires), deux d'entre eux nous intéressaient plus particulièrement :

- le développement harmonieux de l'enfant et du jeune : ce développement équilibré de l'enfant et de l'adolescent peut être favorisé par l'ouverture à tous de l'accès effectif aux divers domaines culturel, artistique et sportif ;

- la réussite scolaire de l'enfant : les aménagements, par l'introduction qu'ils autorisent de nouvelles possibilités d'apprentissages via les ateliers mis en place, peuvent aider chaque enfant à mieux réussir dans l'acquisition du savoir en utilisant différemment ses compétences.

Un protocole d'évaluation a été construit en fonction de ces attentes. Nous avons utilisé des épreuves validées (par exemple l'ECNI, Echelle Collective de Niveau Intellectuel), ou construit des questionnaires permettant l'auto-évaluation des enfants quant à leur satisfaction vis-à-vis de l'aménagement qui a modifié leur école, permettant l'estimation des enfants, et son évolution avec le temps, de leur qualité de vie à l'école, leur auto-évaluation relativement à une diversité de comportements que nous avons qualifiés de sociaux, certains d'entre eux étant considérés comme délictueux, qui ont trait à des comportements d'agressivité, de violence, subits ou produits, enfin permettant l'analyse des capacités d'attention-concentration et des capacités de motivation-mobilisation.

Il faut noter que nous avons été confirmés dans l'idée que nous avons, mais que tous les adultes ne partagent pas systématiquement avec nous, de la validité de la parole de l'enfant dans ces auto-estimations (tant en pré-test qu'au cours de la recherche évaluative elle-même, nous avons recoupé les questions formulées a-priori pour permettre ce recoupement, à travers différents questionnaires, et pu constater que les enfants ne se contre-disent pas.).

D'autres questionnaires ont été proposés aux enseignants, aux familles, aux intervenants extérieurs, afin de suivre l'évolution de leur satisfaction au cours des années.

Les sites, quant à eux, sont parfaitement hétérogènes ; notre objectif n'était pas d'abord d'analyser le bien-fondé de tel ou tel emploi du temps (il est d'ailleurs utopique de penser qu'il pourrait exister *un* aménagement des temps idéal pour toutes les écoles), mais d'étudier les effets possibles de changements induits par une modification de l'emploi du temps permettant l'introduction d'activités nouvelles, mais aussi par une réflexion nouvelle sur la nécessité d'agencer autrement les séquences scolaires, tant pour tenir compte des possibilités des élèves que pour assurer une cohérence pédagogique de la semaine scolaire, à partir du moment où l'aménagement induit une réduction de l'horaire hebdomadaire (sans réduction du nombre d'heures d'enseignement annuel). Nous avons donc une hétérogénéité des emplois du temps, une hétérogénéité des catégories d'activités proposées aux enfants, une hétérogénéité dans le recrutement des intervenants, ces hétérogénéités étant fonction des contextes et environnements scolaires différents.

En revanche, il existe une homogénéité de ces sites : tous avaient un projet éducatif lié aux besoins spécifiques de leur milieu de vie.

Le travail dont nous présentons ici quelques résultats, est actuellement totalement inachevé, car le nombre de données reçues a dépassé nos espoirs (plus de mille enfants des sites expérimentaux et 400 des sites témoins, sur une durée de trois années scolaires) mais aussi parce que certains des questionnaires à traiter ne nous ont été renvoyés que très tardivement. Il s'agit d'un travail longitudinal dont nous attendions qu'il nous permette de traiter l'évolution au cours du temps, des enfants en fonction de changements qu'ils rencontrent dans leur contexte de vie quotidienne.

En ce qui concerne les résultats relatifs aux apprentissages et la "réussite scolaire" (résultats des ECNI et des questionnaires de Vie Scolaire), nous constatons pour les enfants des sites expérimentaux (uniquement pour eux et pour tous les niveaux de classes), une augmentation au cours des trois années du pourcentage de Bonnes Réponses accompagnée d'une augmentation du pourcentage de Non-Réponses : ceci est intéressant dans la mesure où ces non-réponses indiquent en même temps une diminution du nombre de réponses doubles (significatives de réponses au hasard). Dans l'analyse détaillée des résultats que nous traitons dans un rapport en cours de diffusion, nous pouvons interpréter les résultats obtenus par un changement de stratégie de réponses de la part des enfants (si je ne sais pas, je ne réponds pas plutôt que de répondre au hasard), et une amélioration de l'affirmation de soi dans les réponses apportées. Nous constatons aussi une différence significative du sentiment de réussir à l'école, qui augmente au cours des trois années d'expérimentation, ceci chez les enfants des sites expérimentaux. Les enseignants quant à eux, constatent que, quelle que soit l'année, l'aménagement ne s'est pas fait au détriment des résultats scolaires. On observe même une augmentation, pour la troisième année, du pourcentage d'enseignants qui se disent moyennement ou tout à fait satisfaits de l'impact de l'aménagement sur la réussite scolaire des enfants. Quant aux demandes relatives au fait "d'aimer aller à l'école", elles se traduisent par une augmentation des enfants des sites expérimentaux qui affirment aimer souvent ou tout le temps, en même temps qu'augmente le pourcentage d'enfants des écoles témoins qu disent ne jamais aimer.

En ce qui concerne la satisfaction des enfants en ARS, par rapport aux aménagements proposés, on constate que, quel que soit cet aménagement, les enfants, en majorité, estiment que c'est "beaucoup mieux" que l'année précédente, et ce pour les trois ans. En revanche, on observe un effet significatif du type d'aménagement (au moins un après-midi totalement libéré par rapport à deux "demi-après-midi" aménagé), quant à la satisfaction des enfants pour le choix qu'ils ont pu avoir dans les activités proposées, et ceci toujours dans le sens d'une plus grande satisfaction des enfants en après-midi libérés. Cela mériterait une discussion de fond (réalisée dans le rapport déjà cité), mais nous permet au moins de faire constater que, comme nous le disions précédemment, le seul fait de

modifier l’emploi du temps n’est pas suffisant pour aménager les temps. Concernant la satisfaction des enseignants, on constate qu’au cours des trois années, ils sont toujours aussi nombreux à souhaiter pouvoir conserver le nouvel aménagement. Quant aux parents, plus des deux tiers d’entre eux restent favorables à la poursuite des aménagements (en 96-97, 70% des parents souhaitaient revenir à une organisation traditionnelle, en 97-98 ils sont 70% à ne plus vouloir changer et confirment ce souhait en 98-99 à 68%), sachant que les trois quarts se disent plutôt ou tout à fait favorables à l’aménagement (quelle que soit l’année).
Un travail très récent, mené dans notre laboratoire (Fouchard, 2000) a permis de mettre en évidence que des modifications organisationnelles de l’école, liées à un aménagement des temps scolaires et à l’introduction (suivie par l’équipe enseignante) d’activités sportives et culturelles gratuites proposées à tous les enfants sur les plages horaires libérées par l’Aménagement et encadrées par des personnels spécifiquement formés, induisent une augmentation des élèves dans les apprentissages, une meilleure appréciation de leur part quant à l’attribution causale de leurs réussites et échecs, une amélioration de leur « estime de soi » tant à leurs propres yeux que dans le regard de leur enseignant.
Il ne s’agit là bien sûr, que de résultats très partiels, mais tout à fait représentatifs des observations de terrain que nous avons faites. Néanmoins, beaucoup d’améliorations restent à faire et devraient avoir les moyens d’être réalisées.

Depuis très longtemps (cf revue de Leconte, 1995) nous affirmons qu'il ne suffit pas de prôner un nouveau découpage horaire pour changer efficacement les temps de travail de l'enfant et améliorer ses temps de vie. Ses rythmes de vie, ses rythmes d'apprentissage, ses compétences, son niveau d'acquisitions doivent être pris en compte : nous ne sommes évidemment pas ici exhaustifs dans l'énumération des facteurs dont il faut tenir compte. Nous rappelons simplement que l’enfant ne se réduit pas à l’élève.
Nous devons encore affirmer que nous ne devons faire preuve ni de négativisme forcené ni d'angélisme : des aménagements ont fort bien marché, mais divers problèmes sont restés non résolus. Par exemple nombreux sont les intervenants extérieurs très insatisfaits de leur contrat de travail, mais qui n'ont absolument pas osé l'évoquer dans les évaluations écrites qui ont été faites : ils ne se sont exprimés là-dessus que verbalement, avec des personnes avec lesquelles ils se sentaient en confiance. Néanmoins il faut constater qu’au fur et à mesure du temps les intervenants se sont de plus en plus stabilisés sur leurs lieux d’intervention : de plus l’évolution des échanges pédagogiques entre enseignants et intervenants n’a cessé de se faire favorablement. Enfin nous avons pu observer une importante régulation positive dans les activités proposées, à

partir de réelles réflexions sur les notions de "découverte", sensibilisation et approfondissement possible.
En revanche, parmi nos regrets, nous pouvons faire part de l'investissement par trop insatisfaisant, selon nous, de la part des enseignants : beaucoup se sont montrés très frileux dans les réponses à donner, ont refusé de coder leurs questionnaires comme cela était souhaité, ont eu dans certains cas, beaucoup de difficultés à accepter de ne pas être présents dans la classe au moment des évaluations avec les élèves. De plus, ils se sont, dans la plupart des cas, peu inquiétés d'utiliser les outils d'évaluations proposés comme outils didactiques, alors que plusieurs d'entre avaient été conçus pour cela.
Quant aux aspects financiers, beaucoup sont demeurés sans solution satisfaisante. Entre autres, dans les zones rurales, reste largement posé le problème des transports scolaires, et nous avons pu constater des blocages inhérents au refus de conseils généraux de " réfléchir " autrement à ce problème. Ce sont aussi parfois des problèmes strictement financiers qui empêchent l'évolution de structures d'accueil qui permettraient une évolution importante des relations écoles-collèges. Il est apparu évident qu'il n'est pas possible de déconnecter la politique d'aménagement de temps de la politique d'aménagement du territoire.

III. Peut-on conclure ?

Au terme de ces années au contact de sites expérimentaux, nous voulons dire qu'on ne peut continuer à s'interroger sur qui doit être maître d'œuvre unique de ces opérations expérimentales. Les compétences de tous sont indispensables pour faire réussir une telle entreprise.
Changer la perception -quand elle est négative- qu'a l'enfant de l'école et de ses connaissances et compétences, requiert qu'on lui renvoie des regards différents sur lui-même.
Construire des lieux d'échanges d'idées quant aux méthodes différenciées de transmission des savoirs permettrait sans doute de mieux faire comprendre que toute acquisition chez l'enfant ne nécessite pas, de la part de celui qui participe à son éducation, un même " style éducatif ". Les psychologues ont montré l'importance chez l'enfant, du développement de la métacognition : réfléchir sur les méthodes d'acquisition de ses propres connaissances permet d'acquérir un certain contrôle sur les choix stratégiques à opérer quand il s'agit de mieux traiter les nouvelles informations. " Mieux apprendre à apprendre " fait partie des procédures indispensables à mettre en œuvre quand on s'attaque à l'échec scolaire. Or cette procédure impose qu'une même information soit transmise de différentes manières, mais, qu'en fin d'apprentissage, l'information intégrée par l'enfant soit bien reconnue par lui comme unique. Cela nécessite souvent que tous les savoirs ne soient pas transmis uniquement par le seul enseignant de la classe, qui n'a pas forcément à sa disposition une palette suffisamment large de stratégies d'apprentissages. Mais cela implique aussi

que se développe une véritable collaboration entre tous ceux qui revendiquent le droit à la transmission de savoirs, pour ne pas abandonner l'enfant seul face à une multitude d'informations dont il ne voit pas la cohérence. Tous nous avons une responsabilité dans l'aide à apporter à l'enfant pour qu'il trouve du sens dans les apprentissages qu'il effectue, quels qu'ils soient. C'est fondamental pour son devenir. Comme l'exprime Schwartz, " autant l'élève peut être motivé par les connaissances qui lui permettent de décoder le monde, autant il s'ennuie à apprendre des savoirs dont il ne voit pas les finalités " (cité par Hummel, 1977). La plupart des résultats ici retrouvés nous permettent d'avancer l'intérêt d'une analyse psycho-socio-culturelle de développement de l'enfant. Comme l'affirme Chauveau (1992) à propos du développement de l'enfant, "tout au long de sa croissance, on peut faire jouer des mécanismes et des procédures qui la modifient et l'amplifient : l'étayage (le soutien et le guidage par des personnes plus compétentes), l'observation active de modèles, le conflit socio-cognitif (par la confrontation des façons de faire et de penser), la stimulation des activités intellectuelles individuelles (grâce à la "conviction partagée" par les intervenants), la prise de conscience et l'auto-réflexion (par le dialogue méta-cognitif qui permet d'expliciter le sens de l'activité proposée, la nature de la tâche, la méthode à employer...) (Ibid, p.71). Autant de phénomènes que nous avons vu évoluer chez les enfants placés en situation d'ARS. On peut penser qu'en fait, celles-ci ont eu un effet majeur de modification de la qualité du tissu socio-éducatif qui l'entoure.
En effet quand la plupart des conditions précédemment évoquées (pour le moins, en tout état de cause) ont pu être réunies, on a constaté que des projets se sont réalisés et rapidement, ont débouché sur une indéniable satisfaction de l'ensemble des acteurs, enfants, familles, enseignants, intervenants, et même les " responsables locaux ", et ce, parce qu'une "conviction partagée" était bien réelle. Et quels que soient l'emploi du temps qui a été choisi et l'organisation mise en place, (à condition que le choix ait été fait en connaissance de cause, en pesant au préalable ces effets, après un " diagnostic " de terrain), on constate qu'on est alors bien loin de l'école " à l'allemande " si effrayante pour certains d'entre nous.
En 1978, une déclaration était faite dont la teneur était la suivante : " toute notre pédagogie repose sur l'esprit individualiste, compétitif, ségrégatif. Ne vaudrait-il pas mieux troquer ces valeurs, structurant l'idéologie de l'ordre économique et social dominant, contre l'esprit de solidarité, d'entraide et de coopération ? " (CEQ, 1978, cité par Massot, 1997). A-t-on beaucoup évolué depuis ? Un changement de gouvernement s'est produit en 1997. De nouveaux textes sont parus, dont la " charte de l'école du XXIème siècle ". (B.O. du 26 nov.1998). On peut y lire que " l'activité de l'après-midi doit être conçue et exécutée sous l'autorité des enseignants de l'école primaire ". Sans remettre en question l'importance de l'enseignant dans sa fonction d'instructeur (nous sommes nous-même enseignant), il nous semble que ce n'est pas en appliquant les choses ainsi que la motivation

des partenaires de l'école à participer à l'action éducative se développera. Sur le terrain, on a parfois l'impression désagréable de " repartir à zéro ". Lors d'une journée de travail organisée par l'association des maires de France, en janvier 1999, Madame Royal évoquait les concessions qu'elle avait dû faire à ses enseignants pour qu'ils " acceptent un partenariat avec les autres acteurs ". *Accepte*-t-on un partenariat ? M. Allègre, quant à lui, au cours d'un colloque organisé pour les enseignants sur " l'école de toutes les chances ", leur confirmait que " l'éducation nationale avait repris la main sur les rythmes scolaires ". Ce que nous avons pu constater, dans nos recherches, est qu'un bon partenariat entre des équipes éducatives pluridisciplinaires est de loin bien plus bénéfique à l'enfant qu'une collection d'activités coûteuses sans objectifs définis en commun. Cela impose de faire avant tout projet, un état des lieux et un diagnostic de terrain permettant de mieux connaître les structures utilisables et les personnels qualifiés. Il faut encore se donner les moyens d'éduquer les jeunes et les enfants à s'approprier les espaces existants : eux aussi pourront " chercher " dans cet existant ce qui répond à leurs attentes. Cela suppose bien évidemment une autonomisation des enfants. Mais cela demande aussi à tous ceux qui ont en charge son éducation, de mieux mettre en œuvre les transferts de compétence entre l'enseignement dit " scolaire " et les activités péri et extra-scolaires. L'enfant a tout à y gagner. Comme l'affirme Christine Bachellerie (cité par Julien, ibid p.34), comme l'éducation artistique ne doit pas être scolarisée, "il faut pour cela que les enfants soient mis en contact avec un musicien ou un plasticien, sans que l'artiste fasse passer un message pédagogique. Quant aux enseignants, ils se trouvent souvent, devant l'artiste, aussi démunis que leurs élèves", d'où l'importance, dit l'auteur, d'un médiateur, ce dernier faisant le lien entre enseignant et artiste. Nombreux sont les sites où nous avons pu observer cela avec bonheur.

Mais cela implique aussi que tous nous acceptions de nous ouvrir aux possibles apports des enfants. Chacun d'entre eux possède une certaine richesse culturelle que nous devons savoir valoriser à ses propres yeux et aux yeux des autres ; cela ne peut que les aider à apprendre à respecter les différences. Nous sommes alors sur le chemin de l'éducation à la citoyenneté dont tout le monde parle sans trop expliquer ce qu'il met derrière. Nous avons pu constater qu'au delà des simples modifications d'emploi du temps, certaines expériences d'aménagement qui ont été menées (quand elles ont été bien conduites) ont permis à la fois de réconcilier les enfants les plus en difficulté d'apprentissage avec l'école, mais aussi de développer une forme de prévention contre la violence, en associant aux apprentissages cognitifs une éducation à la vie sociale. Mais cela impose des efforts de concertation de tous ceux qui se sentent concernés par un développement harmonieux de tous les enfants. Personne, ne nous semble-t-il, n'a le monopole de l'éducation de l'enfant : et selon nous il est tout aussi perturbant d'entendre revendiquer ce monopole par les personnels de l'éducation nationale, qui considèrent qu'il y a une spécificité de la capacité à transmettre des connaissances, ce qui n'est vrai que pour partie, que d'entendre dire des non-personnels de l'éducation nationale que rien ne sert d'avoir une formation pédagogique pour " s'occuper " d'enfants. Les éduque-t-on quand on s'en " occupe " ? Comme le rappelle Julien (1997) à propos du profil possible des intervenants culturels à l'école, "c'est un comédien, un plasticien, un écrivain, un danseur, un musicien –qui vit de sa pratique artistique- et qui accepte de travailler avec l'enseignant dans un travail de partenariat à partir d'un projet que l'enseignant a construit avec celui-ci.(...) L'intervenant culturel n'a pas sa pédagogie, mais il connaît bien son art". Il n'est pas rare de constater que l'Education nationale crée des hiérarchies là où elles ne devraient pas être : la place accordée à la parole des professeurs d'éducation physique et sportive dans les collèges et lycées a-t-elle réellement sensiblement évolué ? Pourquoi d'ailleurs n'interviennent-ils pas en élémentaire ? On n'est pas loin de pouvoir penser qu'il y aurait les enseignements nobles et les autres. Mais Jeunesse et Sports n'est pas exempt de tels " défauts " de fonctionnement : pourquoi ce ministère a-t-il décrété que les moments de moindre efficience des enfants pourraient être occupés par des activités devenant alors de second ordre, à savoir des activités culturelles et sportives ? Cela est tout à fait dommageable pour aider l'enfant en développement à se construire une image de soi positive, autour de toutes les potentialités qui sont en lui, que tout " adulte-éducateur " devrait avant tout s'efforcer de faire émerger, pour ensuite l'aider à les faire évoluer. Personne n'y perdrait son identité car l'émergence et l'évolution des potentialités nécessitent des apports multiples ; l'enfant, lui, aurait tout à y gagner. Chacun aujourd'hui cherche à matérialiser une éducation à la citoyenneté. Comment cela est-il possible quand cette citoyenneté qui, d'après nous, passe par une reconnaissance et un respect mutuel des compétences de l'autre, n'est trop souvent que peu perceptible par les enfants chez les adultes qui l'entourent et qui, souvent, ne font que se côtoyer plutôt que de coopérer ? L'acquisition de la citoyenneté ne peut pas ne se faire que par le biais d'apprentissages cognitifs.

Il nous semble important, aujourd'hui, de dépasser les conflits corporatistes, quelle que soit la corporation concernée, et de réclamer tous ensemble, le plus de moyens possible pour assurer, à tous les niveaux, une éducation de l'enfant qui lui permette de devenir un adulte bien dans sa peau et bien intégré dans la société à laquelle il appartient. Cela nécessite de revendiquer une qualité de la formation de tous les personnels ayant en charge l'enfant. Cela implique aussi d'accepter plus d'engagements éducatifs diversifiés et plus de différenciations dans l'évaluation des compétences existant chez l'enfant. Récemment (1999) Le Bret et Vuaillat s'interrogeaient sur comment " Bâtir l'avenir ". " A la veille du XXIème siècle, notre enseignement fait trop peu de place aux mutations en cours,

aux sciences, aux langues, aux technologies, aux enseignements artistiques, à l'éducation physique et sportive. Il faut, dans cette perspective, accepter de débattre, sans a priori idéologique, de l'organisation du temps scolaire et sortir de la seule alternative de la réduction. ".(…) " Si le débat est mené de façon ouverte, avec la participation active de tous ceux dont c'est la responsabilité d'enseigner, de faire évoluer les connaissances, avec l'apport des familles et des jeunes, avec celui des forces sociales qui sont concernées, nous aurons beaucoup avancé ". En étant en parfait accord avec eux, n'a-t-on pas de raison d'être inquiet d'en être, à la fin du 20ème siècle et même au début de ce 21ème Siècle, encore à poser cela comme préalable ? Dans le Monde du 26 Août 1999, Mme Royal, en " visite " dans une école de la Haute-Saône pratiquant *la semaine de 4 jours,* a déclaré qu 'elle allait " impulser une politique de généralisation de l'aménagement du temps des enfants dans les écoles ", et qu'elle allait demander à l'IGEN un bilan quantitatif et qualitatif de toutes les expériences d'A.R.S. d'ici décembre : " Je ne veux rien imposer a priori ni fixer des schémas rigides (…) mais je veux, pour la première fois, donner une impulsion nationale claire ".
Plus récemment encore, (le Monde, 14/15 novembre 1999, p.9), Sandrine Blanchard nous donne à savoir que "Claude Allègre veut développer la "culture sportive", ce qu'il a souhaité concrétiser, entre autres, par la signature d'une convention entre le ministère de l'éducation nationale, la Fédération Française de Football (F.F.F.) et l'Union Sportive de l'Enseignement du Premier Degré (USEP), ceci en présence, bien sûr, de Didier Deschamps et Aimé Jacquet. Ainsi peut-on lire : "Claude Allègre ne tarit pas d'éloges sur la "culture sportive", "véritable école de la citoyenneté, élément fondamental pour l'éducation". "J'ai appris autant en pratiquant du sport que dans les salles de classe", avoue-t-il en ajoutant : " J'obligerais, si je le pouvais, tous les enfants à pratiquer un sport collectif et un sport individuel". En attendant, il ne s'agit pas, avec la convention signée vendredi, de créer des écoles de foot mais simplement de favoriser l'apprentissage du football à l'école primaire "à la demande des enseignants, sous leur responsabilité et sans se substituer à eux". A quand une convention pour l'apprentissage du rugby pour tous ? Et aujourd'hui, du hand-ball pour tous ?
S. Blanchard poursuit : "Ainsi le texte devrait permettre aux écoles d'obtenir une formation des instituteurs (au football, quand on connaît le taux de féminisation de l'enseignement primaire !) et des aides éducateurs et la venue d'intervenants extérieurs. Le tout s'inscrivant dans la nouvelle adaptation des rythmes scolaires prévue par la "Charte pour l'école du XXIème siècle". "Apprentissages fondamentaux le matin, culture et sport l'après-midi", a-t-il précisé, oubliant le contenu même de la Charte, qui stipule que "l'idée d'une matinée avec cartable et d'une après-midi sans cartable" est un mauvais "schéma de pensée".
On zappe et on recommence ?

SOMMAIRE

BIBLIOGRAPHIE :

BIBLIOGRAPHIE :

AKERSTEDT T., FRÖBERG J.F. (1976) Interindividual differences in circadian patterns of catecholamine excretion, body temperature, performance and subjective arousal, Biological Psychology, 4, 4, 277-292.

AKERSTEDT T., TORSVALL L. (1981) Shift work: shift dependent well-being and individual differences, Ergonomics, 24, 4, 265-273.

ALMIRALL H. & E. GUTIERREZ (1987) *Auditory and visual reaction time in adults during long performance,* Percept. Motor Skills, 65, 543-552

Aménagement des rythmes extra-scolaires : " Contrats Bleus ", Circulaire n°87-14-JS, Secrétariat d'Etat auprès du Premier Ministre, chargé de la Jeunesse et des Sports, Réf. Circulaire n°86-107-JS du 10 décembre 1986

Aménagement des rythmes de vie des enfants des écoles maternelles et élémentaires - orientation pour l'année scolaire 1988-1989. Circulaire 88-183 MEN ; 88-156 JS, 2 août 1988, L. Jospin et R. Bambuck
BENOIT O. (1983) Le rythme veille-sommeil de l'enfant. In Les rythmes de l'enfant et de l'adolescent, Ed. Stock, L. Pernoud.
LE BOULENGER M. (1909) Essai historique sur les vacances judiciaires, Caen. (In " Histoire du temps scolaire en Europe ", sous la direction de M.M. Compère - INRP - 1997)
Circulaire n° 91-099 du 24 avril 1991 relative à l'organisation du temps scolaire dans les écoles maternelles et élémentaires.
LE BRET D. et M. VUAILLAT (1999) Bâtir l'avenir, Le Monde, 17 septembre 1999, pp.18
BEUGNET-LAMBERT C. (1985) *Vigilance et cognition : approche chronopsychologique de l'attention.* Thèse de Doctorat de psychologie – Université de Lille III
BLAKE M.J.F. (1967) Time of day effects on performance in a range of tasks, Psychonomic Science, 9, 349-350.
BLAKE M.J.F. (1971) Temperature and time of day, In Biological Rhythms and Human Performance, Colquhoun W.P. Ed., New York, Ac. Press., 109-149.
BONNET M.H., WEBB W.B. (1978) The effects of repetition of relevant and irrelevant tasks over day and night work periods, Ergonomics, 21, 999-1005.
BOPP J., DUMOULIN G., HENRIET M.T., NGUYEN N.U., BERTHELAY S. (1980) L'adaptation du métabolisme à l'exercice musculaire est-elle modifiée par un travail intellectuel préalable? Association des physiologistes, Nîmes, nov. 1979 - J. Physiol., 76, 1, 27.
CASPARD P. (1997) Le temps scolaire à l'époque moderne : Neuchâtel, XVIIè - XIXè siècles, In Histoire du temps scolaire en Europe, sous la dir. de M.M. Compère, INRP-Coll.Economica, Paris, 217-248
CHILES W.D., ALLUISI E.A., ADAMS O. (1968) Work schedules and performance during confinement, Human Factors, 10, 143-196.
COATES G.D. (1974) Interaction of continuous work and sleep loss with the effects of the circadian rhythms - II; In MORGAN B.B & COATES G.D. (Eds.), Sustained performance and recovery during continuous operations, Technical Report ITR-74-2, Norfolk, Virginia, USA, **In Colquhoun (1982).**
COLQUHOUN W.P. (1971) Circadian variations in mental efficiency. In W.P. Colquhoun, Biological rhythms and human performance, London, Academic Press, 39-107.
COLQUHOUN W.P. (1975) Evaluation of auditory, visual and dual-mode displays for prolonged sonar monitoring in repeated sessions, Human Factors, 17, 425-437.
COLQUHOUN W.P. (1979) Phase-shift in temperature rhythm afetr transmeridian flight as related to preflight phase-angle, Inter. Arch. Occup. Environ. Health, 42, 149-157.
COLQUHOUN W.P. (1982) Biological rhythms and performance, In WEBB W.B., Biological rhythms, sleep and performance, John Wiley Ed., New-York, 59-86.
COLQUHOUN W.P., CORCORAN D.W. (1964) The effects of time of day and social isolation on the relationship between temperament and performance, British Journal of Social and Clinical Psychology, 3, 226-231.
COLQUHOUN W.P., S. FOLKARD (1978) Personnality differences in body temperature rhythm, and their relation to its adjustement to night work, Ergonomics, 21, 811-817.
COMPERE M.M. (1997) Histoire du temps scolaire en Europe, Coord., INRP-Coll.Economica, Paris
COMPERE M.M. et Ph. SAVOIE (1997) Temps scolaire et condition des enseignants du secondaire en France depuis deux siècles, In Histoire du temps scolaire en Europe, sous la dir. de M.M. Compère, INRP-Coll.Economica, Paris, 267-312
CREPON P. (1983) Les rythmes de vie de l'enfant, du tout petit à l'adolescent, Ed. RETZ, Paris.
DELVOLVE N. (1989) Les activités collatérales: descripteur de la variabilité rythmée de l'individu au travail, Communication au Colloque Hispano-Français "L'homme et le temps", Barcelone.

DELVOLVE N., V. PRETEUR (1986) Performance and organization of the activities at work as a response of human circadian variations, Behavioural rhythms, Ed. Y. Queinnec & N. Delvolvé, Privat, I.E.C. Toulouse, pp. 35-44.
DOGNIAUX A. (1978) Approche quantitative et qualitative d'un problème de sécurité industrielle, Journal of occupational accidents, 32, 45-54.
EHRLICH S. (1988) Pour éviter le découragement, Communication au deuxième colloque national d'ergonomie scolaire, Toulouse.
EYSENCK H.J. (1967) The Biological Basis of Personality, Springfield, Ill, C.C. Thomas.
FEUNTEUN P. (2000) *Fluctuations journalières de la vigilance en milieu scolaire chez des élèves de 6 à 11 ans. Effets de l'âge et du niveau scolaire ; effets de synchroniseurs sociaux,* Revue de psychologie de l'éducation, 1, 75-91
FOLKARD S. (1975) Diurnal variations in logical reasoning, British Journal of Psychology, 66, 1, 1-8.
FOLKARD S., MONK T.H., BRADBURY R., ROSENTHALL J. (1977) Time of day effects in school children's immediate and delayed recall of meaningful material, British Journal of psychology, 68, 45-50.
FOLKARD S., MONK T.H. (1980) Circadian rhythms in human memory, British Journal of Psychology, 71, 295-307.
FOTINOS G. et F. TESTU (1996) Aménager le temps scolaire, Ed. Hachette Ed., Paris
FOTINOS G. et J. FORTIN (2000) *Une école sans violences ? de l'urgence à la maîtrise,* Hachette Education, Paris
FOURCHARD F. (2000) *La motivation et les activités physiques et sportives à l'école élémentaire dans les dispositifs d'aménagement des temps de vie et d'apprentissages de l'enfant de cycle 3,* Thèse de Doctorat de psychologie, Université de Lille 3, décembre 2000
FRAISSE P. (1980) Eléments de chronopsychologie. Le travail Humain, 43, 2, 353-372.
GADBOIS C., QUEINNEC Y. (1984) Travail de nuit, rythmes circadiens et régulations des activités, Le travail humain, 47, 3, 195-225.
GALE A., HARPHAM B., LUCAS B. (1972) Time of day and the EEG: some negative results, Psychonomic Science, 28, 269-291.
GALUPEAU Y. (1992) La France à l'école, Paris, Ed. Gallimard (Découvertes), n°147, 192p.
Note du 11 mars 1991 portant Orientations pour la mise en œuvre de la nouvelle politique pour l'école.
GATES A.I. (1916) Diurnal variations in memory and association, University of California Publications in Psychology, 1, 5, 323-344.
GATES A.I. (1916) Variations in efficiency during the day, together with practice effects, sex differences and correlations, University of California Publications in Psychology, 2, 1-156.
GEORGES C. (1983) Apprendre par l'apprentissage, Paris, P.U.F..
GOLDSTEIN A.G., NEURINGER C., KLAPPERSACK B. (1970) Cognitive, perceptual and motor aspects of field dependence in alcoholics, The Journal of Genetic Psychology, 117, 253-266.
GRAEBER R.C. (1982) Alterations in performance following rapid transmeridian flight, In BROWN F.M. & GRAEBER R.C. (Eds.), Rhythmic aspects of behavior, London: Lawrence Erlbaum Associates Publishers, 173-212.
HORNE J.A., O. OSTBERG (1977) Individual differences in human circadian rhythms, Biol. Psychol., 5, 179-190.
HORNE J.A., C.G. BRASS, A.W. PETTITT (1980) Circadian performance differences between morning and evening "types". Ergonomics, 23, 1, 29-36.
HUMMEL Ch. (1977) L'éducation d'aujourd'hui face au monde de demain, Paris, UNESCO/PUF
HUTEAU M. (1975) Un style cognitif: la dépendance-indépendance à l'égard du champ, L'Année Psychologique, 75, 197-262.
HUTEAU M. (1980) Dépendance-Indépendance à l'égard du champ et développement de la pensée opératoire, Archives de psychologie, 48, 1-40.

HUTEAU M. (1984) Les styles cognitifs et la recherche fondamentale, Psychologie Française, 29, 42-47.
HUTEAU M. (1987) Style cognitif et personnalité: la Dépendance-Indépendance à l'égard du Champ, Lille, Presses Universitaires de Lille.
IZARD H. (1995) L'école primaire : temps, espaces et acteurs, Coll. Education et formation, Série Références, Ed. L'Harmattan, Paris
KAMDEM E. (1994) Images anthropologiques du temps, Temporalistes, n°26, avril, 9-14.
Rapport annexé à la loi d'orientation n° 89-486 du 10 juillet 1989. Chapitre : offrir une formation moderne. Les cycles d'apprentissage.
KERKHOF G. (1985) Interindividual differences in the human circadian system: a review, Biol. Psychol., 20, 83-112.
KLEITMAN N. (1963) Sleep and wakefulness. Univ. Chicago Press, Chicago.
KODRON Ch. (1997) Le temps pour l'école en Europe : enjeux et difficultés de la comparaison, In Histoire du temps scolaire en Europe, sous la dir. de M.M. Compère, INRP-Coll.Economica, Paris, 357-382
LABADIE F. (1999) Genèse et caractéristiques de l'expérimentation des aménagements des rythmes scolaires, Pour une approche globale du temps de l'enfant, La Documentation Française.
LAMBERT C., DARCHEVILLE J.C. (1988) Aide à la focalisation et au maintien de l'attention dans l'apprentissage de la lecture chez des élèves en situation d'échec, European Journal of Educational Psychology, n° hors série, 236-238.
LAMBERT C., LANCRY A. & LECONTE P. (1988) Chronopsychologie : rythmes et activités humaines, Presses Universitaires de Lille, Lille.
LANCRY A (1986) *Mémoire et vigilance : approche chronopsychologique différentielle,* Thèse de Doctorat d'Etat, Université de Lille 3
LECONTE-LAMBERT C. (1991) *Les rythmicités de l'efficience attentionnelle : apports théoriques et réflexions pratiques,* 160 p., Habilitation à Diriger des Recherches, Université de Lille 3
LECONTE C. (1995) *La chronopsychologie à l'école,* Manuel de psychologie pour l'enseignement, sous la dir. de D. Gaonach', Paris, Ed Hachette
LECONTE P. et C. LECONTE-LAMBERT (1995) *La chronopsychologie,* Paris, PUF, Coll. " Que Sais-Je ? ", 2ème éd.
LECONTE-LAMBERT C. (1998) *Les effets sur les enfants : à propos d'un protocole d'évaluation,* In Aménager les temps des enfants, La Documentation Française, Paris, 117-127
LECONTE-LAMBERT C. (1999) *Temps (aménagement du),* Grand dictionnaire de la psychologie, Paris, Ed Larousse
LEPLAT J. (1985) *Erreur humaine, fiabilité humaine dans le travail,* Paris, Colin
MABIT R. (1998) *Quels temps font-ils ? Enjeux et objectifs de l'expérimentation,* In Aménager les temps des enfants : débats autour d'une expérience, La Documentation Française, Paris, pp.35-47
MASSOT A. (1997) *L'école à temps partagé et le partage du travail,* Les Presses de l'Université Laval, Québec, Canada.
MONK T.H. & M.C. CONRAD (1979) *Time of day effects in a range of clerical tasks,* Human factors, 21, 2, 191-194
MONK T.H. & V. LENG (1982) *Time of days effects in simple repetitive tasks : some possible mechanisms,* Acta Psychologica, 51, 207-221
MONTAGNER H. (1983) *Les rythmes de vie et l'espace chez l'enfant et l'adolescent.* In Les rythmes de l'enfant et de l'adolescent, Ed. Stock, Coll. Laurence Pernoud
MONTAGNER H. (1996) *En finir avec l'échec à l'école – L'enfant : ses compétences et ses rythmes.* Bayard Ed. Sciences, Paris
PARASURAMAN R (1984) *Sustained attention in detection and discrimination,* In Varieties of attention, Academic Press, 243-271
PATKAI P. (1971) *Interindividual differences and diurnal variations, in alertness, performance and adrenaline excretion,* Acta Physiol. Scand., 81 , 35-46

PLAT P. (1981) *L'alimentation et la nutrition chez l'enfant d'âge scolaire,* Tempo Médical International, 89, 121-134
POULIZAC H. (1979) *Le temps du sommeil chez l'enfant : les interférences de la durée du sommeil,* In A. REINBERG et al. , *L'homme malade du temps,* Pernoud/Stock, 165-168
QUERRIOUX-COULOMBIER G. (1988) *Chronopsychologie et niveaux de traitement : des tâches de vigilance aux tâches de compréhension,* Thèse de psychologie, Université de Poitiers
REINBERG A (1979) L'homme malade du temps, Paris, Ed. Stock
REINBERG A., HALLEH M. & T. HELLBRÛGGE (1987) *Rythmes biologiques,* in M. Manciaux, S. Lebovici , O. Jeanneret, E.A. Sand, S. Tomkiewicz Eds, L'enfant et sa santé, Paris, Doin, 337-360
REINBERG A. (1989) Les rythmes biologiques, Paris, PUF, Coll. " Que Sais-Je ? ", n°734, 5ème éd.
REINBERG A. (1998) *Le temps humain et les rythmes biologiques,* Ed. Du Rocher
RENNES P. (1979) Introversion, In PIERON, Vocabulaire de Psychologie, 6ème éd., PUF, Paris, p. 236.
REVELLE W., HUMPHREYS M.S., SIMON L., GILILAND K. (1980) The interactive effect of personality, time of day and caffeine: a test of the arousal model, Journal of Experimental Psychology: General Psychology, 109, 1, 1-48.
RICHARD J.F. (1980) L'attention, PUF, Le Psychologue.
ROMON-ROUSSEAU M. (1984) Le petit déjeuner chez des écoliers de CM1 du bassin de la Sambre, Mémoire de C.E.S. de médecine de santé scolaire, Lille.
SARMANY I. (1984) Interacting features of cognitive style (Field Dependence-Independence) and operator's simulated work during a 24- hour Cycle - II: Morning and Evening Type, Studia Psychologica, 26, 4, 323-334.
SOLARI M.J. (1981-1982) Les fluctuations temporelles et comportementales de la mobilisation en grande section de maternelle, et leur incidence sur la représentation de l'élève par la maîtresse, Bulletin de Psychologie, XXXV, 353, 1-5, 67-87.
SOUSSIGNAN R. (1986) Approche éthologique des processus d'adaptation de l'enfant de l'école maternelle au cours préparatoire, Thèse de Doctorat en Sciences de la Vie, Université de Franche-Comté.
TARA S. (1961) Alimentation et fatigue. In Arch. Mal. Prof. 12.
TESTU F. (1979) Les rythmes scolaires, étude sur les variations de performances obtenues à des épreuves d'addition et de barrage par des élèves de CP, CE2, CM2 durant la journée et la semaine scolaire, Rev. Fr. de Pédagogie, 47, 48-58.
TESTU F. (1982) Les variations journalières et hebdomadaires de l'activité intellectuelle de l'élève, Ed. CNRS, Paris, 121.
TESTU F. (1989) Chronopsychologie et rythmes scolaires, Ed. Masson, Paris.
TESTU F. (1990) Fluctuations journalières de performances psychotechniques et scolaires chez des enfants de 10-11 ans et autoestimation des résultats de la fatigue, 22ème Congrès du Groupe d'Etude des Rythmes Biologiques, Hôpital St-Antoine, Paris.
TUTTLE W. (1957) Physiologic results of breakfast habits, Nutrition Review, 15.
VASQUEZ A. et A. XAVIER DE BRITO (1996) Il était une fois le temps et l'espace, L'année de la recherche en sciences de l'éducation, PUF, 169-185.
VERMEIL G. (1976) La fatigue à l'école, Paris, les éditions E.S.F.
VERMEIL G. (1986) Le lièvre et la tortue. Adapter l'école à la diversité des élèves. Coll. Laurence Pernoud - Ed. Stock. Paris
VERMEIL G. (1999) *Le retard scolaire. Retard vrai ou maturité décalée ?* Ed. Ellipses, Paris
WEVER R.A. (1979) The Circadian System of Man, Springer-Verlag.
WEVER R.A. (1982) Behavioral aspects of circadian rhythmicity, In BROWN F.M. & GRAEBER R. C. (Eds.), Rhythmics aspects of behaviour, Hillsdale: N.J. Lawrence Erlbaum Associates, 105-171
WEVER R.A. (1985) Man in temporal isolation: basic principles of the circadian system, In FOLKARD S. & MONK T.H. (Eds.), Hours of work, John Wiley & Sons, 15-28.

WITKIN H.A. & OLTMAN (1967) A cognitive style approach to cross-cultural research, International Journal of Psychology, 2, 233-250.
WITKIN H.A., MOORE C.A., GOODENOUGH D.R., COX P.W. (1978) Les styles cognitifs "dépendants à l'égard du champ" et "indépendants à l'égard du champ" et leurs implications pédagogiques, Trad. M. Huteau, L'orientation scolaire et professionnelle, 7, 299-349.

L'anxiété et le stress des élèves, Approche théorique et pratique de leurs conséquences

STEPHANE RUSINEK

Il est souvent de bon ton de se souvenir avec nostalgie de la douceur de l'enfance, de son insouciance, de ces années durant lesquelles nous n'avions pas idée des pressions qui pesaient sur les épaules de nos parents, nous n'imaginions pas ce qui nous attendait... Alors qu'adultes, nous pensons comprendre, parce que nous sommes face à la réalité, nous sommes stressés par les contraintes financières, par les contraintes professionnelles, par ces relations entre individus qui n'ont pas la simplicité d'une bonne dispute le lundi pour une réconciliation toute naturelle le mercredi. Et toutes ces inquiétudes, ces angoisses, cette anxiété... Va-t-on pouvoir payer les traites de la maison, et si la voiture tombe en panne, que vont devenir les enfants, vont-ils réussir leurs études... Et encore une fois, nous ne nous souvenons de nos inquiétudes de marmots, de celles qui concernaient les cadeaux de Noël, l'intégration de l'équipe de football de l'école, la possibilité de s'asseoir à côté de telle copine ou de tel copain dans le bus du voyage à Paris.

Et pourtant, n'étions-nous pas tout autant stressés, tout autant anxieux, lorsque nous étions enfants? N'en avions nous pas conscience?

Nos jugements de valeur sur la quiétude de l'enfance sont en ce sens erronés pour au moins trois raisons.

La première est que, nous avons tendance, dans des circonstances émotionnelles non-négatives, à nous souvenir préférentiellement de bons moments de notre vie. Ainsi, même adulte, de nombreux hommes rient en évoquant leur service militaire et cet adjudant sadique qui les faisait marcher des heures sous la pluie avec trente kilos de cailloux sur le dos, et beaucoup de femmes, voient la naissance de leurs enfants comme les instants les plus beaux de leur vie, occultant les souffrances de l'accouchement qui précédaient ces instants. Ce phénomène qui semble naturel serait lié à un besoin de défense de la "santé mentale" des individus et existe même lors d'affections psychiatriques (Parks et Balon, 1995).

La seconde raison de notre erreur, vient simplement du fait que nous réinterprétons tous nos souvenirs avec nos yeux d'adultes, ou plus précisément avec notre structure mémorielle et nos traits de personnalité d'adultes. Or, l'un des buts de notre mémoire serait de construire l'image que nous avons de nous-mêmes, et de nous donner une idée de la continuité de notre vie (Beck et Freeman, 1990; Howe et al., 1994; Markus, 1977; Monteil, 1993; Thompson et al., 1996), et pour cela, notre mémoire et nos souvenirs sont "imparfaits", "déformables". Hyman et Pentland (1996) affirment même que notre mémoire est si suggestible, si sensible aux remaniements, aux réinterprétations, que cette notion de continuité n'est qu'une grande illusion. Thorne (1995) ira jusqu'à montrer que pour un même individu, un même événement ne sera pas rappelé de la même façon en fonction de son âge et de ses intérêts immédiats.

Adultes, nous avons nos propres jugements sur ce qu'est un événement stressant ou anxiogène, et nous pouvons penser que peu d'événements de la vie scolaire rentrent dans cette catégorie. Après tout, attendre quelques heures que la journée se termine à écouter une charmante institutrice expliquer des choses simples comme les fractions n'a rien de stressant, surtout que les émissions télévisées pour la jeunesse ne commencent qu'une fois la cloche sonnée. Nous ne réalisons sans doute pas pleinement que même une charmante institutrice peut être stressante par ses attitudes, que les fractions ne sont pas toujours très simples à appréhender, et que le contrôle, la note, sont toujours envisagés par les élèves stressés, même quand le contenu du cours est simple.

La troisième raison, qui n'est qu'une conséquence des deux premières tient au fait que nous n'envisageons pas la réalité de la vie scolaire, ce qu'elle représente pour un enfant. Et pourtant, cette vie est des plus stressantes. En général, car ce n'est pas le cas pour tous les enfants, l'élève[11] connaît les contraintes horaires, il se doit de réussir dans son activité d'autant plus qu'il lui est sans cesse rabâché que son avenir en dépend. Dès lors, tout contrôle des connaissances est un événement stressant mettant en jeu l'estime de soi, la compétition, la chance d'avoir une console de jeux vidéos pour son anniversaire.

Dans son activité, l'enfant ne peut faire de véritables projets à long terme, car son environnement est en continuel changement, et la nécessité de s'adapter efficacement à son environnement est l'un des enjeux du stress, comme nous le verrons.

Les relations interindividuelles des enfants sont au moins aussi compliquées que celles des adultes. Et pour finir, bien que la liste des sources de stress et d'anxiété dans le monde de l'école puisse être encore bien longue, il faut noter que les enfants, face à leurs stress et leurs

[11] Nous considérerons qu'il existe un élève type, qui désire avoir de bons résultats, même si pour cela, il lui faut travailler un minimum. Nous ne tiendrons donc pas compte de ceux pour qui l'école n'est qu'un lieu de rencontre, voire de commerce, ou tout au moins une perte de temps.

angoisses n'ont qu'un appui relatif des adultes, qui ne comprennent leurs maux que très difficilement.

Cette difficulté de compréhension qui touche aussi bien les parents que les enseignants, s'exprime de différentes façons et peut avoir différentes conséquences. Pour exemple, reprenons une étude de Hautekèete-Sence (1990) qui montre comment les interprétations des adultes face à l'anxiété des enfants peuvent être faussées.

Il s'agissait d'observer les réactions des enseignants face à certaines expressions de l'anxiété de leurs élèves. Il a d'abord été constaté que parmi les élèves les plus anxieux, beaucoup tentaient de se rassurer en posant de nombreuses questions, parfois bien futiles et naïves, à leurs enseignants. Les enseignants interrogés par la suite avaient différentes façons d'appréhender la chose en fonction du niveau scolaire des enfants.

Lorsque les enfants anxieux qui usaient de telles questions pouvant devenir agaçantes, étaient de bons élèves, ayant de bons résultats, les enseignants reconnaissaient leur anxiété et comprenaient leur besoin de se rassurer, répondaient de manière simple sans trop montrer leur agacement. Par contre, si les élèves n'avaient pas de bons résultats, étaient considérés comme mauvais, les enseignants ressentaient ces questions perpétuelles comme un signe d'agression et y réagissaient comme tel.

Il est indéniable que, même perdus parmi tant d'autres, l'anxiété et le stress des élèves sont des variables importantes dans la vie scolaire et face auxquelles les enseignants, dans leurs pratiques professionnelles peuvent agir, parfois simplement, de façon modératrice.

L'Anxiété et le Stress chez l'Enfant-Elève

L'Anxiété

L'anxiété chez l'enfant, au niveau émotionnel, n'est pas différente de celle de l'adulte. Elle peut être simplement définie comme un état émotionnel reposant sur un sentiment de danger imminent et indéfinissable, qui comprend des troubles physiologiques et qui peut être considéré comme une réaction normale, voire positive, si elle est provoquée par un danger réel, car son but premier est de mobiliser l'organisme pour faire face à ce danger. C'est un sentiment diffus d'appréhension, une peur de l'avenir qui n'a pas nécessairement d'objet.

Chez l'enfant comme chez l'adulte, l'anxiété peut être considérée comme un état émotionnel à un temps "t", ou comme un trait de personnalité. Cattell et Scheier (1961) ont les premiers proposé cette distinction entre "l'anxiété-état" et "l'anxiété-trait". Spielberger (1966) reprend cette distinction. Il parle "d'anxiété-état" lorsque l'anxiété ressentie par un individu, son intensité et sa durée sont fonction d'un danger perçu dans le moment, et lorsque que cette anxiété, est immédiate et relativement courte dans le temps. Il pourra s'agir ici d'une réaction normale lors d'une interrogation. L'anxiété est ici une émotion comme toute autre, pouvant avoir des aspects aussi bien positifs que négatifs. Elle sera "motivante" pour certains élèves d'au moins deux façons ; d'abord, de par sa définition même, l'anxiété leur permettra d'anticiper le danger et d'y faire face donc, par exemple, d'apprendre davantage ; ensuite, comme c'est une émotion désagréable au ressenti, ils pourront essayer de l'éviter en étant toujours prêts. Mais l'anxiété peut aussi être handicapante pour d'autres, car elle accapare les pensées, favorise dans certains cas l'abandon des tâches, etc.

Spielberger (1972) propose une séquence expliquant l'apparition de l'émotion anxieuse, l'anxiété-état, et son rôle dans la réaction face aux événements: situation de stress « perception du danger » réaction par une anxiété état « évaluation cognitive » développement de stratégies pour faire face, comportements d'évitements ou défenses psychologiques.

Pour reprendre l'exemple de l'interrogation, et bien qu'il existe bien d'autres comportements pour faire face aux situations anxiogènes, nous pourrions dire que c'est lorsque que les comportements pour faire face à l'anxiété seront du type de l'évitement ou de la mauvaise réévaluation ("de toute façon, un contrôle c'est pas bien grave"; "je suis mauvais quoi qu'il arrive"; "je n'ai jamais le temps de finir", etc.) que l'anxiété sera handicapante, alors que la confrontation ou la planification ("je m'y mets et on verra", "il me reste 5 minutes pour chaque question", etc.) seront un plus pour la réussite de l'élève. Mais bien sûr, la valeur des stratégies pour faire face aux situations dépend en très grande partie de la situation elle-même, et face à un troupeau d'éléphants qui charge, la confrontation n'est sans doute pas aussi efficace que la fuite ou l'évitement.

Par contre, "l'anxiété-trait" serait permanente, et se manifesterait chez certaines personnes ayant des dispositions à se retrouver dans un état anxieux. Alors, l'anxiété est une caractéristique même d'un individu, c'est un état émotionnel durable, un état de tension permanent qui fait qu'un individu considère, de façon fausse, son environnement comme une source constante de danger. C'est à ce moment que l'anxiété devient quasi pathologique, et c'est cette anxiété qui est la plus invalidante pour un élève, car quel que soit l'état de ses connaissances et aptitudes, il la ressentira toujours et ne saura y réagir de façon adéquate, ou tout du moins y réagira toujours d'une façon coûteuse, par exemple en travaillant plus que nécessaire, en s'inquiétant sans cesse, etc.

Au niveau pathologique, toutes les formes de troubles anxieux peuvent atteindre les enfants et les adolescents, bien que l'apparition de certaines soit plus précoces que d'autres (en référence au DSM-IV, A.P.A., 1994) :

- l'état de stress post-traumatique : faisant suite à l'exposition comme victime ou comme témoin à un événement traumatisant, auquel, selon la synthèse de Vila et al. (1999), les enfants paraissent très sensibles puisque des études comme celle de Terr (1981; 1983) concernant une prise d'otages dans un bus scolaire montrent que 100% des enfants montraient à court terme et à long-terme (4 ans après) des symptômes de cet état de stress

- l'anxiété généralisée : anxiété diffuse, sans spécificité et stabilité qui s'exprimera sur un vaste panel de situations de vie de l'enfant
- la phobie sociale : peur intense à l'évocation de toute situation sociale. Chez l'enfant, elle entraînera une inhibition comportementale, des rougissements et des pleurs quand il devra réciter devant les autres, manger devant les autres à la cantine, prendre le bus, ou sera invité à un anniversaire. On reconnaîtra cette phobie sociale dans son expression la plus simple comme de la timidité exagérée (George et Vera, 1999) pouvant être généralisée ou spécifique à certaines situations, comme par exemple prendre la parole en classe
- l'agoraphobie : peur des endroits ou des situations dont il est difficile de s'échapper, qui entraîne un refus catégorique des activités se déroulant en dehors des lieux bien connus de l'enfant
- le trouble panique : crises "physiques" d'anxiété qui font craindre la mort qui chez l'enfant peut être confondue avec les crises de spasmophilie
- les troubles obsessionnels-compulsifs : caractérisés par l'apparition de pensées obsédantes relatives à la peur de la contamination, de l'erreur, de la perte, etc., qui ne peuvent être "vaincues" qu'en effectuant des rituels dont les plus courants sont les vérifications, les comptages, les ruminations et les lavages
- les phobies spécifiques : peurs excessives d'objets ou de situations, en présence ou juste à la pensée de ces objets ou de ces situations. Les principaux thèmes des phobies spécifiques font référence à des animaux (oiseaux, insectes, serpents, rats, etc.), à des environnements naturels (orages, hauteurs, eau, etc.), à des situations (avion, tunnel, lieux clos, école, etc.), mais aussi aux injections, au sang et aux accidents. De plus, des peurs spécifiques seront observables chez l'enfant en fonction de son âge (école, contrôle, etc.)

Au niveau symptomatologique, les troubles anxieux ont en commun de nombreux signes touchant les sphères physiologique, cognitive et comportementale :

- des troubles physiologiques : accélération du rythme cardiaque, sudation, augmentation de la pression artérielle, palpitations, nausées, maux de tête, etc. et plus particulièrement chez l'enfant par des vomissements, diarrhées, énurésie, vertiges, douleurs abdominales, etc.

■ des troubles cognitifs : cauchemars, scénarios catastrophes, perturbations émotionnelles, inhibition, envie de fuite, sentiment d'humiliation, de gène et d'insuffisance, etc.

■ des troubles du comportement : évitements, rituels, agressivité, anorexie, etc. et plus spécifiquement chez les enfants : pleurer, gémir, se cramponner aux parents, marmonner, se ronger les ongles, etc.

En ce qui concerne plus précisément les phobies, on notera que dans la population générale, leur prévalence serait de 10% (André et Sauteraud, 1996), de 23,2% sur la vie entière (Chignon et Lépine, 1997), et de 2,4% chez les enfants (Jalenques et al., 1991). Les croyances et les connaissances sur les objets phobogènes ont une importance sur l'apparition du trouble (Lazarus et Smith, 1988), et Thorpe et Salkovskis (1995) affirment même qu'il serait étonnant de rencontrer un ornithologue ayant une phobie spécifique des oiseaux, bien que Pasteur ait eu des réactions phobiques concernant les microbes! Toutefois, la connaissance des situations a des limites, et l'élève ayant peur des contrôles sait précisément ce qu'est un contrôle et quelles en sont les conséquences, et c'est justement ce qui lui fait peur. De plus pour ce qui est des contrôles, l'apparition de l'anxiété peut aussi être liée à l'incertitude quant à l'atteinte des buts fixés, et un enfant de très bon niveau pourra connaître une anxiété de performance liée à ses doutes quant à sa réussite, plutôt qu'à sa connaissance de la situation.

De même, les possibilités de contrôle sur cet objet phobogène jouent un rôle considérable sur l'intensité de l'anxiété ressentie : des patients ayant une phobie des serpents et voyant malgré eux un de ces animaux rampants s'approcher ressentent une anxiété moins importante subjectivement et objectivement (conductance de la peau) que des patients, atteints du même trouble, mais qui eux commandent l'approche du reptile, et surtout sont obligés de le faire (Rose et al., 1995). Ce phénomène connu est souvent repris dans les interventions cliniques qui visent à la désensibilisation progressive des phobiques et à l'exposition à leur objet, qui associée à d'autres types de thérapies cognitives et comportementales sont des plus efficaces sur les phobies des enfants (Rusinek, et AL., 1999).

Chez les enfants, bien que toutes les sortes de phobies spécifiques soient observables (mises à part celles touchant certains aspects du monde qu'ils n'ont peut-être pas encore découvert, comme certains aspects de la sexualité, les performances professionnelles, etc.) il est courant d'accepter que les troubles liés à l'anxiété les plus importants soient l'anxiété de séparation et la phobie scolaire.

Une fois que l'enfant n'est plus un nourrisson, l'anxiété de séparation s'exprimera par une anxiété excessive lorsqu'il est éloigné des personnes auxquelles il est le plus attaché, mais aussi des lieux familiers, comme la maison ou l'école (Leveau et Vera, 1993).

La phobie scolaire concernera les enfants et les adolescents refusant d'aller à l'école, car ils connaissent une véritable peur, des plus handicapantes, de ce lieu (Kearney et al., 1995).

Comme le précisent Leveau et Vera (1993), l'anxiété de séparation peut être la cause même de la phobie scolaire, la dernière étant alors une exagération de la première, mais la phobie scolaire peut être aussi liée à la peur d'être évalué. Messer et Beidel (1994) relatent même que pour certains enfants, cette peur de l'évaluation ne serait pas sans rapport avec des comportements parentaux de surprotection et d'évaluation négative des événements de vie.

Toutefois, si la phobie scolaire peut paraître assez fréquente chez les enfants, elle reste très rare dans son expression symptomatologique "pure". Leveau et Vera (1993) tout autant que Kearney et al. (1995) ou Berg (1993) stipulent que ses critères diagnostiques sont très flous, car elle s'exprime souvent par des plaintes somatiques (maux de tête, du ventre, diarrhées, pâleur, etc.) et non par un refus catégorique d'aller à l'école. De plus, la phobie scolaire est très souvent associée à d'autres troubles dont l'inventaire exhaustif n'est pas possible, il apparaît donc toujours difficile de la diagnostiquer. En réalité, elle est souvent confondue avec une simple anxiété scolaire, bien plus fréquente.

L'origine des phobies et des troubles anxieux en général reste incertaine, et il ne fait presque aucun doute que de nombreux phénomènes et processus, dont certains peuvent connaître une influence des enseignants, y prennent part.

L'Homme Moderne connaîtrait certaines peurs dont l'origine serait phylogénétique, c'est-à-dire que nous en aurions hérité de nos lointains ancêtres et de leurs efforts d'adaptation aux contingences d'un environnement aujourd'hui oublié. Bon nombre de ces phobies peuvent être observées chez les animaux eux-mêmes et ne seraient que le fruit d'une adaptation nécessaire à la survie d'une espèce dans son propre environnement, son propre milieu de vie (Lazarus, 1991). Cette conception phylogénétique a été proposée par Darwin (1874) pour expliquer en partie nos émotions et nos comportements, et elle a fortement influencé d'autres travaux, même ceux de Freud (Ritvo, 1992).

Pour exemple, la peur pourrait avoir au départ un rôle de mobilisation des différentes ressources et des différents systèmes de protection face au danger. Si une quelconque espèce oubliait ce qu'est la peur, alors son extinction serait rapide, car chacun de ses membres deviendrait une proie facile pour les prédateurs, et les dangers plus "physiques" comme l'eau ou le feu seraient autant de morts certaines. Mais s'il est essentiel de tenir compte de l'évolution phylogénétique pour comprendre le comportement humain, il faut toutefois se poser la question de la distinction entre une réponse purement instinctive et l'existence d'un "réel sentiment de peur" chez les animaux. Il en reste néanmoins que certaines phobies seraient des atavismes de nos lointains ancêtres. Seligman (1971) les explique comme étant des "apprentissages préparés" au niveau phylogénétique, sélectifs, non-cognitifs, qui peuvent être acquis en un seul essai et hautement résistants à l'extinction. Par exemple, dormir la nuit, dans son lit, et entendre quelques bruits lointains ne devrait plus être une source de peur pour nous qui avons construit des maisons et inventé le verrou. Mais, pour nos ancêtres qui connaissaient des prédateurs nocturnes et vivaient dans les bois (et pour les animaux actuels qui connaissent des prédateurs nocturnes et vivent dans les bois), la nuit, alors que leurs capacités de fuite et de combat étaient réduites, le moindre bruit pouvait être annonciateur d'un danger de mort. Ainsi, les nourrissons, les jeunes enfants, mais aussi beaucoup d'adultes connaîtraient encore certaines formes de cette émotion qui maintenant ne devraient plus avoir cours, mais qui, dans un temps lointain étaient salvatrices.

Il est évident que face à de tels processus, les acteurs de l'environnement scolaire n'auraient que peu de possibilité d'action, mais Hautekèete et al. (1988) montrent en testant les réactions anxieuses à des stimulus prototypiques qu'il est difficile d'admettre que cette conception soit la meilleure, tout au moins si l'on ne prend pas en compte les processus plus élaborés pouvant intéragir avec ces bases phylogénétiques.

Les phobies et autres troubles anxieux pourraient aussi trouver leur source dans l'imitation. On sait par exemple, que chez de jeunes singes rhésus, l'observation de congénères réagissant par la peur face à des serpents, fait naître une phobie de ces reptiles (Mineka, 1985). Et les jeunes singes-observants, par la suite, victimes d'un apprentissage vicariant, réagissent par une peur importante lorsqu'ils seront eux-mêmes en présence de serpents vivants, ou de jouets ressemblant à des serpents. N'oublions pas que si nous réagissons par la peur dans certaines situations, c'est parce que nous avons appris que certains contextes particuliers auront pour nous des conséquences négatives.

Nous noterons que certaines études vont dans ce sens, comme celle d'Ollendick (1983) qui a relevé chez des parents d'enfants atteints de phobie des chiens, une méfiance importante vis-à-vis du "meilleur ami de l'Homme", les résultats interprétés par l'auteur comme conséquences de l'imitation inconsciente ou consciente des comportements parentaux. Tout adulte pourrait donc, dans ce système, avoir sa part de responsabilité quant au développement de l'anxiété chez un enfant, d'autant plus si cet adulte représente une source de connaissance et de pouvoir.

Mais l'ensemble des troubles anxieux est aussi sensible aux autres formes d'apprentissages. A ce propos, Lazarus (1991) insiste sur le fait que le traitement des psychopathologies, et leur prévention, s'appuie essentiellement sur la connaissance des processus d'apprentissage qui entrent en jeu dans l'élaboration, le maintien et le fonctionnement des structures cognitives émotionnelles. L'auteur affirme que lorsque des enfants ont un comportement récompensé ou puni par leurs parents ou enseignants, ou, quand une émotion qu'ils ressentent est suivie par des conséquences négatives ou positives, alors ces comportements et attitudes émotionnelles peuvent devenir des réponses habituelles dans tous les contextes suffisamment similaires. Lazarus (1991) voit les récompenses et les punitions comme les notions-clefs reliant les théories de l'apprentissage à celles du développement émotionnel, d'une part parce qu'elles expliquent l'apprentissage d'émotions comme la joie et la peine, et d'autre part parce qu'elles permettent à l'enfant de comprendre les "contingences sociales" qui l'entourent, et d'estimer leurs conséquences négatives et positives.

Vera (1993) reprend le modèle de Mowrer (1960), et donne un exemple de l'intervention conjuguée des deux principaux processus de conditionnement dans certaines manifestations anxieuses, que nous pouvons facilement reprendre pour le compte d'Agnès, une jeune élève qui connaît des crises d'anxiété très aiguës dès que l'un de ses professeurs, d'un regard, cherche un élève à interroger.

Suite à un quelconque événement, par exemple une récitation mal apprise qui lui a valu d'être la risée de ses camarades et de subir les remontrances de son enseignant et de ses parents, Agnès, dès qu'elle comprend qu'un élève doit passer sur la "sellette", prend conscience d'un danger la touchant directement : être ridicule face à ses camarades, avoir une mauvaise note, qu'elle connaisse parfaitement sa leçon ou non. Cette répétition d'associations visuo-idéatives (le regard de l'enseignant et sa recherche muette, associée aux sanctions d'une interrogation orale) constituerait le conditionnement classique de l'anxiété (Vera, 1993). Plus tard, Agnès découvrira que son anxiété est réduite lorsqu'elle baisse elle même le regard, ou fait semblant de chercher une règle dans son cartable (évitement) ou lorsque, dès que la peur monte, elle croise les doigts et se récite mentalement ce texte qui lui a valu tant de malheurs (rituel). Agnès est alors entraînée dans un processus de conditionnement opérant avec évitement d'une situation pénible. Elle répétera l'évitement et le rituel de plus en plus souvent, et tous ses comportements en seront affectés. Il est même possible, car elle se rendra compte un jour que ses stratégies sont peu efficaces, qu'elle augmente ses techniques d'évitement et "s'invente" des maux de ventres lorsqu'elle sait qu'une interrogation orale est devenue inévitable, et qu'elle généralise ses comportements anxieux à l'ensemble des situations sociales où elle se retrouve à parler devant un auditoire.

Cependant, Vera (1993), ou d'autres comme Cottraux (1989), relèvent que de nombreuses études contestent la validité de ce modèle de conditionnement en se basant essentiellement sur le fait que les rituels et évitements ne diminuent pas obligatoirement l'anxiété subjective d'un individu. Mais, il a bien sûr suffi que, quelques fois seulement, les évitements et rituels soient considérés comme des "récompenses" en diminuant l'anxiété, et qu'Agnès parce qu'elle avait croisé les doigts et baisé le regard n'ait pas été la cible de son enseignant, pour que le conditionnement se produise.

Wolpe (1958) a décrit les phobies comme "des peurs conditionnées", en se référant au conditionnement classique. Mineka (1985) tout en précisant qu'il ne faut pas avoir d'idées trop simplistes, affirme, en se basant sur des expériences réalisées aussi bien sur de jeunes singes que sur des enfants humains, que certains événements de l'enfance qui engendrent de la peur, peuvent entrer dans des processus de conditionnement et être à l'origine de phobies. Beck et Emery (1985) ont eux aussi décrit certaines réactions phobiques, comme issues de procédures de conditionnement d'évitement. Mais, si l'évitement peut être une réaction bénéfique, gageons que chez le sujet phobique son conditionnement, lorsqu'il y a conditionnement, ne connaît pas la phase normale d'extinction. C'est pourquoi la peur perdurerait et que chaque nouvelle situation serait appréhendée par rapport à l'objet de la phobie (Rusted et Dighton, 1991).

Mais bien sûr, les apprentissages de l'anxiété ne sont pas toujours aussi nets. L'enfant vit en famille, va à l'école, part en vacances, côtoie d'autres enfants, et surtout il est capable de penser par lui-même, d'analyser le monde d'une manière qui s'avérera bonne ou mauvaise. Ainsi, tout comme les adultes tentent toujours de le faire avec plus ou moins de résultats, l'enfant va essayer de comprendre ce qu'il ressent, les causes et les conséquences de ses actes, ce qui se passe autour de lui, et en ce sens, ce que les autres, en particulier ceux qui à ses yeux détiennent la connaissance, vont lui apporter, sera primordial quant au développement de son anxiété. Ollendick et Hoffman (1982) ont ainsi montré que la fréquence des symptômes chez les enfants était corrélée avec la réaction de la mère au stress. Ces résultats ont été confirmés par McFarlane (1987) qui a montré que les réponses des mères à un feu dans le bush australien étaient meilleurs prédicteurs de symptômes de stress post-traumatique chez les enfants, que l'exposition directe de l'enfant au traumatisme.

Il est évident que l'enfant apprend une partie de ses peurs en compagnie de ses proches. D'une façon parfois très claire, puisque vers trois ans, l'enfant posera des questions comme : "est-ce que je dois avoir peur?" ; "est-ce que c'est dangereux?". Mais parfois, c'est plus insidieusement que l'enfant apprend de ses proches. L'entourage d'un enfant peut lui fournir les premières façons de réagir face à la menace et donc à l'anxiété, à la peur. Un enseignant expliquera à ses élèves, lors d'une « leçon de chose », que la foudre est meurtrière, que s'ils entendent le tonnerre, il leur faut s'éloigner des arbres, rechercher une cage de Faraday, compter les secondes qui séparent l'éclair du tonnerre pour évaluer les risques, etc. Certains enfants, sans que l'on sache vraiment pourquoi, ressasseront ces informations et craindront l'arrivée de l'orage. L'origine d'une certaine anxiété, les prémices d'une peur irrationnelle (donc d'une phobie) sont ainsi posées, que cet épisode de la leçon de chose soit ou non par la suite accessible dans le discours de ces enfants. Un jour, ces mêmes enfants se retrouveront en pleine campagne, s'imagineront qu'un orage peut éclater, ou y feront face réellement. Ils se rappelleront qu'il faut compter pour avoir la vie sauve, ils chercheront les arbres du regard, examineront leur environnement avec en tête des variables de menace et de sécurité, etc. Ainsi, ils peuvent apprendre certains comportements typiques de l'anxiété: obsessions, compulsions, évitement, utilisation d'objets contra-phobiques. Ils apprendront aussi les premiers processus de détection de la menace, si importants dans l'expression symptomatologique des phobies, comme chercher d'un coup les nuages menaçants, ils éviteront la campagne...

Cet exemple ne doit, bien sûr, pouvoir s'appliquer qu'à des cas bien rares, mais il montre à quel point l'adulte est démuni face aux anxiétés des enfants. Ici, tout discours pourrait être anxiogène, et ses conséquences seraient imprévisibles. De plus, Rusinek et al. (1999) ont montré qu'en fonction de leur niveau d'anxiété-trait les enfants n'interprètent et ne ressentent pas de la même façon un événement scolaire. Il s'agissait dans cette expérience d'étudier l'interprétation émotionnelle d'un événement scolaire chez des enfants anxieux et non-anxieux. Soixante-dix-neuf enfants anxieux et 80 enfants non-anxieux, issus de classe de sixième, ont vécu le même événement : un "sermon" de leur directeur d'école concernant leurs notes du deuxième trimestre, sermon qui n'était adressé à aucun élève en particulier et qui contenait à la fois des avertissements, des encouragements et des félicitations. Après une semaine, les élèves ont été interrogés sur leurs souvenirs et en particulier sur l'intensité émotionnelle, la tonalité émotionnelle, la netteté, le partage avec les parents, le partage avec les amis et les ruminations, liés à cet événement. Les résultats montrent des biais d'interprétation chez les enfants anxieux à propos de la tonalité et l'intensité émotionnelle : ils ont interprété le sermon de leur directeur comme un événement beaucoup plus intense et négatif que les enfants non-anxieux, et cela qu'ils soient bons ou mauvais élèves. Les résultats montrent aussi que s'il n'y a pas de différence dans le partage de l'événement avec les parents et les amis, les élèves anxieux ont plus ruminé l'événement. Ils se sont donc plus inquiétés, et comme l'inquiétude pourrait être la source même de l'anxiété durant l'enfance (Vasey, 1993; Vasey et al., 1994), ils entrent dans un cercle vicieux du type : inquiétude « augmentation de l'anxiété » augmentation de l'inquiétude, etc.

Pour finir sur ces définitions de l'anxiété, nous noterons deux de ses formes non-pathologiques (bien qu'elles puissent le devenir), assez typiques de l'univers scolaire. Il s'agit d'abord de l'anxiété d'évaluation, ressentie en situation d'examen sur laquelle nous reviendrons par la suite. Il s'agit ensuite de la "mathophobie", c'est-à-dire d'une anxiété très forte liée au problème d'apprentissage des mathématiques (Suinn et Richardson,

1970; Lazarus, 1975) pouvant exister même chez des élèves ayant de bons résultats dans cette matière et qui ne peut être réduite à la simple anxiété des examens (Headley-Bourgeois et al., 1998).

Le Stress

Wolf et al. (1979) dénoncent le manque de définitions précises accordées au terme de stress. En effet, le terme connu et utilisé par tous, scientifiques ou non, prend des sens différents selon les divers domaines et personnes qui l'abordent. Et, dès qu'il s'agit de l'expliquer, les sens divergent selon que l'on appartient aux domaines psychologique, psychiatrique, médical, médiatique ou encore tout simplement au grand public. Essentiellement à cause des nombreuses confusions à son sujet, toute gestion du stress passe par une compréhension limitative du concept. Or, il n'existe pas de définition précise et consensuelle du stress, chacun en a sa propre représentation, chacun y met ses propres difficultés, les événements qu'il a vécus, ses propres réactions.

Même au niveau de la recherche, le stress n'est pas vu comme une même chose selon les auteurs. Wolff (1953) le place dans le schéma classique Stimulus ➔ Réponse, en le définissant comme un stimulus externe, une variable de l'environnement physique, comme le bruit, la chaleur, ou de l'environnement psychosocial, comme le deuil, le chômage ou le mariage. Au contraire, Moser (1992) propose un autre genre de définitions: "un organisme est exposé à des situations stressantes, lorsqu'il manifeste des signes ou des comportements de contraintes". C'est donc "l'état de stress" qui est pris en compte, et les agents du stress peuvent être très variables, et très mal définis. Le stress devient donc une réponse. Enfin, il est possible de concevoir le stress comme étant à la fois le stimulus, la réponse, et les processus de perception et d'évaluation de la situation. Le stress devient alors une relation dynamique entre l'organisme et la demande de l'environnement, les ressources individuelles pour faire face aux exigences de la demande et la perception de cette relation par l'organisme.

Lazarus (1966), adoptant ce point de vue, définit le stress comme un processus provenant d'un déséquilibre entre la demande de l'environnement et la capacité de l'individu à y faire face. Lazarus et Folkman (1984), définiront le stress psychologique de la manière suivante : « relation dynamique et réciproque entre la personne et l'environnement, évaluée par le sujet comme dépassant ses ressources et mettant en jeu son bien-être ». Eclairé par cette définition, le stress n'est alors plus un stimulus, ni une réponse, ni même une propriété de l'individu ou de l'environnement... Il est un tout. A tel point que part la suite il faut prendre garde de ne pas le confondre avec l'angoisse, l'anxiété.

Mais quelles qu'en soient les définitions et pour les raisons que nous avons déjà abordées, le stress est une constante adaptative dans l'environnement, et l'univers scolaire n'y échappe pas. Les élèves peuvent être stressés, les enseignants peuvent l'être aussi, que l'on considère les conditions de travail ou tout simplement les relations individuelles.

L'aspect le plus intéressant pour nous ne sera pas directement la définition du stress, mais celle de son pendant, le coping ("to cope" veut dire « faire face » en Anglais). Le coping est en fait, lors d'un événement stressant, l'ensemble des efforts cognitifs et comportementaux servant à gérer les demandes spécifiques internes et externes (et leurs conflits), qui mettent à l'épreuve et excédent les ressources d'une personne (Lazarus et Folkman, 1984, 1987). Les fonctions de base du *coping* seraient selon Billings et Moos (1982) au nombre de trois : agir directement pour éliminer ou réduire la demande et/ou augmenter les ressources pour gérer la demande ; gérer la tension qui est ressentie comme le résultat de l'expérience des demandes ; et redéfinir les demandes pour les rendre plus gérables. Le coping ne serait pas toujours adapté à la situation et demanderait plus ou moins de ressources et d'efforts à un individu (Hughes et al., 1994).

Folkman et Lazarus (1984, 1987) décrivant diverses stratégies de coping les regroupent en deux grandes classes : celles qui se centrent sur le problème et celles qui se centrent sur l'émotion. C'est-à-dire, celles qui réduisent les sources de stress, règlent les conflits, et celles qui réduisent l'état de stress que l'individu ressent.

Les stratégies centrées sur le problème, selon divers auteurs repris par Plancherel et Bolognini (1995) comprendraient des actions comme : "la recherche d'information", "la recherche de support social", "l'évitement de situations stressantes", "l'essai d'agir dans d'autres voies", etc. ; les stratégies centrées sur l'émotion incluraient "la recherche de ce qui est positif", "la confiance totale dans l'action des autres", "les stratégies pour ne pas se faire de souci", etc.

Il faut d'ores et déjà comprendre que déterminer les stratégies de coping efficaces que peut utiliser un individu sera très difficile, parce que le coping mis en oeuvre dans une situation précise et son efficacité dépendent de l'interaction d'une multitude de variables qu'il n'est pas possible d'envisager dans leur ensemble. Les stratégies de coping utilisées varient en fonction de la situation, de l'expérience passée de l'individu, de sa personnalité. Notons par exemple que le coping connaît une évolution au cours du développement ; comme le montrent Phelps et Jarvis (1994), les adolescents n'utilisent pas les mêmes stratégies de coping que les adultes. Il existe aussi, chez des adolescents, des différences dans l'utilisation des stratégies coping en fonction du sexe (Grant et Compas, 1995; Plancherel et Bolognini, 1995), les filles s'investissant plus dans les relations sociales, et exprimant plus leurs sentiments négatifs, et les garçons préférant oublier les problèmes par des occupations comme le sport. Bien sûr, cette différence entre les sexes peut ne représenter qu'une différence culturelle ou éducative.

Le coping pourra aussi, dans notre perspective, représenter les comportements mis en place pour gérer l'anxiété issue de situations scolaires.

Le stress est donc provoqué par une incapacité momentanée ou durable à contrôler son environnement ou à s'y adapter, et il est très lié à l'anxiété au moins par le fait que le contrôle de l'environnement dépend des interprétations que l'on en fait, et que l'anxiété oriente ces interprétations. Il est aussi très lié à l'anxiété par un autre phénomène qu'est l'inquiétude, bien que l'inquiétude ne soit systématiquement liée au stress. Dans les situations d'apprentissage en général, et donc les situations scolaires, le stress intervient constamment. Comprenons que dans toute tâche que nous devons réaliser, le stress et l'inquiétude vont être des mobilisateurs qui vont nous permettre d'être très efficaces, ou au contraire vont nous empêcher de bouger, en fonction des stratégies développées[12]. C'est en ce sens que l'action de l'anxiété a souvent été rapprochée du concept de stratégies de coping face aux événements stressants.

Comme nous le disions précédemment, si le coping est l'affrontement, alors l'anxiété va mobiliser des ressources et peut-être que les individus seront meilleurs dans leurs performances, un élève va apprendre trois fois plus que les autres ; si le coping est l'évitement, alors l'élève va aller au cinéma, et se persuader que de toute façon, il n'est pas capable de faire mieux, que de toute façon il ne peut pas comprendre, pas réussir, alors qu'il vaut mieux faire autre chose. Mais comme nous l'avons déjà noté, l'efficacité des stratégies de coping utilisées dépend essentiellement de la situation.

Conséquences de l'Anxiété et du Stress Chez l'Elève

L'anxiété et le stress vont avoir de nombreuses implications dans les apprentissages des élèves par rapport à plusieurs composantes, et dans divers domaines : la mémoire, l'attention, la performance, la gestion de l'action, etc. Une réflexion sur les conditions de travail, sur le contenu des tâches pourrait amener les enseignants à réduire les impacts souvent handicapants de ces deux phénomènes.

[12] Nous ne rentrerons pas dans cette discussion, mais notons que depuis près d'un siècle, des auteurs s'évertuent à définir deux sortes de stress, l'un bon, l'autre mauvais. Il serait en fait question pour le bon stress, d'un niveau de stress qui permet à l'organisme de mobiliser ses ressources de manière efficace et adéquate. Nous connaissons tous des personnes ne se disant efficaces que lorsqu'elles sont stressées. Dans les situations scolaires, le bon stress serait celui qui mène à des stratégies de coping permettant une augmentation ou tout du moins une « non-diminution » des performances.

Il y a bien sûr, pour ce qui est de la mémoire, des effets de l'humeur sur les apprentissages que nous pouvons facilement résumer en prenant en compte diverses théories largement étayées comme celle de Bower (Bower, 1981, 1987; Bower et Cohen, 1982) ou d'Isen (Isen et al., 1978; 1982) qui postulent que la mémoire est en grande partie organisée en fonction de la tonalité émotionnelle des événements et du matériel à apprendre, et que cette tonalité est en constante interaction avec l'état émotionnel même de celui qui apprend.

En ce sens, des expériences en mémoire implicite montrent que lorsque l'on présente du matériel (texte, mots, images...), les éléments anxiogènes sont mieux retenus par les individus les plus anxieux. Mais cela peut être aussi dû à la focalisation de l'attention puisque l'un des biais cognitifs les plus connus concernant l'anxiété est donc la focalisation de l'attention sur les stimulus menaçants de l'environnement (voir Sellal et Danion, 1995, pour une revue d'articles). Comme nous le verrons, l'élève anxieux recherche dans son environnement toute trace de menace, et interprète son environnement de telle sorte que toute ambiguïté est avant tout menaçante. Au niveau mémoriel, des effets différents seront donc observables en fonction de la tonalité du matériel et de l'état émotionnel des élèves.

Dans le même ordre d'idée, des théories comme celle de Eysenck (Eysenck et Calvo, 1992) postulent que l'anxiété occupe une partie de la mémoire de travail[13], et peut d'autant réduire les possibilités d'attention et d'encodage.

Pour Mathews et MacLeod (1987), l'anxiété est en fait à associer à la distribution des ressources de traitements. Quand deux tâches sont en compétition pour ces ressources, l'anxiété peut avoir un rôle de régulateur, les ressources de traitements seront distribuées en fonction du degré d'anxiété généré par les tâches, et les tâches les plus anxiogènes seront prioritaires, ce qui peut avoir de nombreuses conséquences facilement imaginables pour les élèves qui passeront des heures à travailler sur un devoir qu'ils jugent anxiogène et qui pourtant est sans importance aux yeux de leur enseignant, alors qu'ils abandonneront vite (ou n'auront même pas le temps d'y travailler) un devoir qui pour eux est peu anxiogène alors que l'enseignant le voit comme primordial. La présentation de la tâche est donc capitale à ce niveau. Nous remarquerons aussi que ce processus peut expliquer que certains élèves se désintéressent totalement d'une matière ou d'une autre, car pour leur cas personnel, ils jugent que le coût en stress ne vaut pas le bénéfice.

---

[13] La mémoire de travail (ou MDT) sera la structure de la mémoire humaine, qui maintient accessibles durant un cours laps de temps des informations issues de l'environnement ou de la mémoire à long terme (celle qui stocke nos souvenirs, la définitions des mots, etc.) afin que des "opérateurs" puissent agir dessus.

Le facteur attentionnel est souvent primordial lorsque l'on juge la réussite ou l'échec des élèves ; il suffirait de compter les "ne fait pas assez attention" et toute autre observation de ce genre sur les carnets de correspondance pour s'en rendre compte. Or, l'anxiété s'exprime pourtant par une attention accrue, mais une attention accrue et focalisée sur les éléments menaçants de l'environnement. Ceci ne prend, bien sûr, pas en compte les remarques que l'on peut trouver sur les carnets de correspondance concernant les "rêveries en cours" de beaucoup d'élèves, bien que ce qui est interprété comme de la rêverie par les enseignants peut être dans certains cas, le reflet de l'inquiétude des élèves sur une partie de l'environnement, une rumination mentale qui accapare leur attention. Mais tous les rêveurs ne sont pas des anxieux.

En fait, Eysenck et Grayden (1989) expliquent aussi que cette distractibilité est due à ces processus de focalisation sur les stimulus anxiogènes. Les sujets anxieux gardent une attention sur tout l'environnement pour prévenir la menace, ils sont donc plus distractibles, et dans leurs études, même en présence de stimulus distracteurs non-menaçants, mais proches des stimulus sur lesquels les sujets doivent focaliser leur attention, la distractibilité est plus importante pour les sujets anxieux.

Les études en écoute dichotique (c'est-à-dire faisant intervenir l'attention sélective et indépendante des deux oreilles par l'envoi de messages différents et simultanés à chacune, dont un seul est sensé focaliser l'attention) de Mathews et ses collaborateurs (1990) montrent que dans ces conditions, les informations sur lesquelles les sujets ne doivent pas porter leur attention, sont tout de même enregistrées par les sujets anxieux.

Dans le même ordre d'idée, Eysenck et Byrne (1994) montrent que les anxieux sont d'autant plus distraits par les stimulus qu'ils considèrent comme menaçants physiquement. Que penser alors de l'enseignant qui circule entre les rangs pendant une composition et qui regarde au-dessus des copies, qui se permet même des remarques. Les enfants anxieux focaliseront leur attention sur ce stimulus, et s'enchaînera toute une boucle de conséquences négatives : l'élève perdra du temps, il aura plus de difficulté à recentrer son attention, il pensera ne plus pouvoir réussir, car il n'aura plus assez de temps, craindra que l'enseignant ne s'en aperçoive en passant près de lui, focalisera son attention sur l'enseignant et non plus sur son travail, etc.

Motivation

L'anxiété et le stress jouent un rôle important chez l'élève dans la motivation, qu'il est possible de définir simplement, comme le moteur de l'action, par: "ce qui déclenche, ce qui oriente, ce qui arrête, ce qui soutient l'activité du sujet".

De nombreux liens peuvent exister entre la motivation, le stress et l'anxiété chez l'élève. Comme nous l'avons vu précédemment, le niveau d'anxiété généré par une tâche est en relation avec sa réalisation, donc d'une certaine façon avec la motivation qui pousse à cette réalisation. Un certain optimum pourrait même exister entre motivation et anxiété générée par une tâche, plus le caractère anxiogène serait important, plus la motivation le serait, jusqu'à un point de non-retour ou l'anxiété serait telle qu'elle démotiverait l'élève, ou même s'il restait motivé, l'empêcherait de travailler de manière efficace. Mais, le problème de la motivation est assez difficile à aborder, car il dépend de variables internes au sujet, de caractéristiques mêmes de la tâche, des contraintes de l'environnement (ici l'enseignant joue un rôle important).

Pour aborder un exemple de réflexion sur les liens entre motivation et anxiété, nous pouvons relever que selon certains auteurs comme Atkinson (1974, 1983), l'anxieux est davantage motivé par la peur de l'échec que par le besoin de réussite. Et les buts ne seront pas les mêmes en fonction de ce constat. Le besoin de réussite entraîne les sujets vers des tâches de difficultés moyennes, où le sujet peut penser avoir réussi mais pas trop facilement. La peur de l'échec entraîne elle, essentiellement vers des tâches plus difficiles (bien que toute tâche peut entraîner une peur de l'échec quelle que soit sa difficulté), car ce sont celles-ci que l'anxieux sait pouvoir rater, ce sont celles qui le motivent, celles pour lesquelles il a peur. Ces tâches anxiogènes sont malheureusement, celles qui entraîneront le plus d'échecs, et ainsi l'élève renforce sont anxiété en vérifiant les hypothèses qu'il avait fixées sur ses performances.

En considérant que d'une part les anxieux sont souvent de très mauvais manipulateurs d'idées, et que d'autre part ils ont appris à être performants, ce dernier constat nous amène à une réaction type des élèves anxieux dont les résultats scolaires sont généralement bons. Ils se sentent incompris, car ils affirment, bien convaincus, qu'ils ne vont pas réussir telle ou telle épreuve, alors que leur entourage leur répond que "c'est comme d'habitude", "ils disent ça et ils vont finir par réussir". Et cela est des plus frustrant pour ce type d'élève anxieux.

Gestion du temps et de l'activité

Les anxieux semblent très sensibles au temps de réalisation dans le sens d'une sous-estimation de leurs compétences pour le temps qui leur est imparti ("je n'y arriverais jamais en si peu de temps", alors que les ressources mobilisées le permettent en réalité), donc, on peut déjà envisager l'influence de pratiques pédagogiques particulières qui notamment exige de la rapidité.

L'anxiété va influencer en ce sens la gestion de l'action en fonction de l'urgence et de l'importance des tâches, l'anxiété est d'autant plus grande que la tâche semble présentée une menace urgente, ce qui fait que les enfants les plus anxieux ont généralement fini leurs devoirs à faire à la maison avant le samedi après-midi, mais qu'il en est certains qui reviendront sur le travail fini pour vérifier qu'il est bien fait.

Reprenant les principes de gestion des tâches énoncés par Dörner (1986), c'est-à-dire que les tâches sont effectuées dans un ordre dépendant de leur urgence, leur importance et du temps estimé pour leur réalisation, une vaste étude sur des élèves de classe de première, scientifiques et littéraires, différenciés en fonction de leur niveau d'anxiété a été effectuée par Neirynck et al. (1998). Il s'agissait d'observer la façon dont les élèves organisaient leur travail personnel en fonction des estimations d'urgence, d'anxiété, d'importance et de difficulté liées à leurs différents devoirs. Les résultats illustrent les propos que nous tenions plus avant.

En général, les élèves les plus anxieux, quelle que soit leur filière bien que ces différences soient encore plus importantes chez les littéraires, estiment les tâches comme étant plus anxiogènes, plus urgentes, plus difficiles que ne le font les non-anxieux. Concrètement, les élèves les plus anxieux commencent leur travail en même temps que les autres, et bien qu'ils mettent au final autant de temps à la réalisation, les anxieux finissent leur tâche beaucoup plus tôt, car il font moins de pause, de peur sans doute, de ne pas avoir le temps nécessaire pour finir. Il est donc facile de comprendre qu'ils s'accordent moins de pauses et s'épuisent plus, car ils ne savent se ménager ou gérer leur tâche

Nous noterons simplement que dans cette étude de Neirynck et al. (1998), il n'a pas été retrouvé que les anxieux reviennent plus facilement sur le travail achevé afin de le vérifier, mais c'est là un résultat marginal, puisque ce besoin de vérification est en fait inhérent à l'anxiété.

Pour ce qui est de la régulation de l'activité, si l'on se base sur Richard (1990), il existe des fonctions de régulation qui permettent de sélectionner les tâches et de les ordonner dans le temps, les contrôler, les réaliser et veiller à leur bon fonctionnement. Alors, il y a un choix délibéré des sujets, qui utilisent des stratégies cognitives issues d'une évaluation de la situation et des contraintes de fonctionnement. Les mécanismes de contrôle de l'activité sont soumis à des contraintes telles que les variations de l'attention, les conditions de l'évocation des connaissances ou encore la fixation en mémoire de travail des informations utiles. L'anxiété et le stress vont jouer un rôle dans chacune de ces activités.

Dörner (1986) a fait une expérience où des sujets adultes devaient faire semblant d'être négociants en charbon pendant une heure et avaient certaines tâches à réaliser dans ce laps de temps. Puis, les sujets évaluaient l'importance et l'urgence des tâches, et le temps estimé pour les réaliser. En général, les sujets réalisaient en premier des tâches qu'ils estimaient relativement importantes mais prenant très peu de temps à réaliser, puis des tâches importantes prenant du temps. Les tâches moins importantes, quel que soit le temps pris, ou les tâches prenant vraiment trop de temps étaient réalisées à la fin (ou pas réalisées du tout).

En fait, l'hypothèse est, que faire des tâches relativement importantes en premier, mais ne prenant pas trop de temps, n'étant pas trop difficiles, permet de se libérer d'une partie du stress engendré par la situation. Le sentiment de contrôle de la situation augmente par la même occasion, le sentiment d'incompétence diminue, ainsi que l'incertitude. Les séquences de réalisation des tâches sont donc en lien avec le stress, pour ne pas dire avec l'anxiété, que génèrent ces tâches et sans aucun doute, que le sujet ressent lui-même. En fait, les sujets anxieux, dans de tels apprentissages, vont avoir besoin, plus que les autres, de se rassurer, et vont ajuster leurs stratégies.

Selon Carver et Scheier (1988), il y a un continuel feed-back: les individus se fixent des buts et des intentions qu'ils utilisent comme points de référence et ils peuvent ainsi réajuster leur action par rapport à ces références si cela est nécessaire. Si un élève non-anxieux va pouvoir attendre la semaine de révision pour se mettre au travail, l'élève plus anxieux va apprendre ses cours au fur et à mesure, va planifier toutes ses révisions en prévoyant le retard éventuel, de façon à réduire son incertitude.

Si l'on se réfère à Simon (1967), l'anxiété due à la réalisation de tâches est un signal d'alarme pour l'individu, qui lui signifie les changements dans ses comportements prioritaires. Ce sont les conflits entre les buts que l'individu se fixe et les contraintes de l'environnement, les aléas, qui génèrent l'anxiété. Le sujet anxieux, par sa préparation, par son organisation, va tenter de gérer ces conflits avant même qu'ils n'apparaissent. Bien sûr, son investissement étant d'autant plus important, il en sera plus fatigué, et sans doute plus vulnérable, donc en fin de compte moins efficient. Toutefois, l'élève anxieux peut être tout de même plus performant que le non-anxieux car, comme le montrent de nombreux travaux, les stratégies compensatrices qu'il met en place réduisent le rapport « charge de travail / efficacité ».

Dans toute cette pré-gestion, dans cette programmation des tâches, l'anxiété amène aussi d'autres difficultés, c'est à dire que l'élève anxieux va être actif pour planifier, puis il va réaliser sa tâche, mais en cas d'aléas non prévus, il va plus facilement se désengager de la tâche que l'élève moins anxieux. L'élève anxieux est donc tout simplement, plus enclin à abandonner. En fait, l'élève anxieux a plus besoin d'efforts continus.

Selon Kuhl (1985), l'attitude d'abandon vient d'un déficit des processus de protection contre les intrusions d'intentions concurrentes à l'intention en cours - ce qui revient tout naturellement à l'inquiétude des anxieux. Si l'élève anxieux doute, il va se dire, "je vais échouer", "je n'aurais pas le temps", etc. Et il ne sera pas capable d'enlever cette nouvelle variable de ses intentions, il aura aussi beaucoup de mal à redéfinir de nouveaux buts qui pourtant lui permettrait de gérer son niveau d'anxiété. Et s'il n'y a pas d'abandon pur et simple, il y aura acharnement sur une sous-partie de la tâche (but inchangé) qui engendrera une diminution de la performance en générale.

Pour illustrer ceci, nous pouvons revenir sur une étude reprenant des conditions d'examen, menée par Olah et al. (1984). Ils ont montré qu'en situation de stress les sujets ayant de forts traits anxieux ont tendance à être plus passifs que constructifs, c'est-à-dire qu'ils pensent plus facilement : "je n'y arriverai plus", plutôt que : "il me reste 5 minutes par questions".

En plus, comme le révèle Carver et Scheier (1988), un phénomène des plus handicapants lié à l'anxiété s'ajoute à ce constat : ce sont les auto-reproches des sujets anxieux qui les empêchent d'avancer : "je m'y suis pris trop tard", "je ne comprends jamais rien", "je ne suis pas fait pour les études", etc. Ces auto-reproches sont à comprendre comme des pensées dysfonctionnelles sur le long terme en plus de leur influence dans le feu de l'action.

Pour synthétiser cette suite d'idées concernant la mémoire, la gestion du temps, des tâches, et l'anxiété, nous pouvons remarquer que différents travaux montrent que les sujets anxieux sont très sensibles à l'interaction entre la difficulté "subjective" et le temps de réalisation d'une tâche. En fait, le résumé des travaux serait de ce type :

- la baisse de performances des sujets anxieux est d'autant plus importante que les tâches sont estimées difficiles : le contrôle est moins important sur la tâche, ainsi que la planification des actions à réaliser, qui relève plus de l'incertitude
- les processus influençant l'efficacité des élèves peuvent être détectés par des temps de traitement de l'information plus longs : donc un ralentissement et un allongement des temps de réalisation des tâches, d'où aussi l'habitude de beaucoup d'élèves anxieux de prévoir des temps de travail bien plus importants que les tâches ne le nécessitent en vérité. C'est le comportement anxieux qui consiste à partir largement en avance pour prendre le train, juste au cas où un pneu viendrait à crever en route, bien que l'on sache que si un pneu vient effectivement à crever, le temps nécessaire pour le changer sera tel que le train partira seul
- l'anxiété a des effets défavorables pour les tâches nécessitant un traitement de stockage important : cela se rapporte bien sûr à ce qui a été proposé précédemment sur le phénomène d'occupation de la mémoire de travail. Il serait donc possible de dire que plus les tâches sont estimées difficiles, plus l'influence de l'anxiété y est négative, ce qui bien sûr ne signifie aucunement que les élèves anxieux réussissent moins bien, disons simplement que pour une même réussite, ils "dépensent plus d'énergie".

L'effet négatif de l'anxiété

En fait, de nombreuses études réalisées dans l'univers scolaire ont pu montrer que l'effet négatif de l'anxiété, lorsqu'effet négatif il y a, apparaît sur les tâches dont la réalisation est la plus longue et la difficulté la plus importante. Rodriguez et Zlotowicz (1972), par exemple, relient le phénomène de l'anxiété scolaire, ou plus précisément de l'anxiété générée par une épreuve, à cette simple question qu'ils posaient à leurs sujets : "lorsque vous faites un devoir en classe, avez-vous peur de ne pas avoir le temps de finir?". Les auteurs font donc encore une fois, de la contrainte de temps, la cause principale de l'anxiété chez les élèves durant un examen.

Si l'on veut comprendre le rôle de l'enseignant dans ces processus, il est possible de se référer à diverses recherches de Demangeon (1966, 1971, 1973), qui a pu constater que les élèves de certaines classes ont des niveaux d'anxiété plus élevés que des élèves d'autres classes, alors que l'anxiété doit se répartir normalement dans la population scolaire (Demangeon, 1966; Rusinek et al., 1998). Pour ce chercheur, cette anxiété plus importante dans certaines classes serait due à la façon employée par les enseignants pour permettre à leurs élèves de gérer le travail qu'ils doivent réaliser, au temps que les enseignants accordent.

Dans des situations d'évaluation, par habitude, certains enseignants font, en classe, des interrogations écrites qui peuvent être facilement réalisées dans les temps impartis si toutefois l'élève a suffisamment compris, travaillé et révisé. Ces interrogations ne sont pas génératrices d'une forte anxiété liée au temps. Il est même possible de penser que dans des cas comme celui-là, les élèves anxieux ayant plus révisés que les autres, s'étant mieux préparés, connaîtront un certain avantage. Mais, d'autres enseignants ont pour habitude de faire, en classe, des interrogations que seuls les meilleurs élèves ont une chance de terminer dans les temps impartis[14]. Bien sûr, les enseignants ont des raisons souvent très valables pour agir de la sorte, comme par exemple développer chez l'élève la capacité à faire des choix judicieux durant une composition, et ces mêmes enseignants dans leur notation tiennent compte la plupart du temps de leur mode d'évaluation - ce dont cependant les élèves n'ont pas vraiment conscience. Les élèves anxieux qui sont face à de tels devoirs, de telles contraintes, se sentent déstabilisés, ressentent l'incertitude, connaissent des processus de rumination de pensées anxieuses qui les ralentissent d'autant plus. Ce type de devoir est stressant, et ceci pour tous les élèves, les moins anxieux ressentiront aussi une perte de contrôle de leur environnement, et le contrôle de l'environnement qu'il soit effectif ou subjectif est l'une des variables les plus importantes dans l'apparition de situations de stress, dans

[14] La conception sous-jacente du "bon élève", le stéréotype, dans ce cas précis, est celui de l'élève qui va vite, or il est évident que rien ne prouve que l'intelligence soit corrélée avec la vitesse.

la génération de l'anxiété (Dubois, 1987; Moser, 1992). Une étude menée en milieu scolaire montre que l'effet inverse existe, et que des élèves ont de meilleures réussites dans des "situations d'apprentissage" quand ils ont, au préalable, et de manière générale, contrôlé leur environnement, le rendant ainsi moins stressant et limitant les effets négatifs de ce stress (Kramer et Rossellini, 1984; cités par Dubois, 1987).

L'anxiété de performance

Ces derniers exemples nous rapprochent du phénomène spécifique qu'est l'anxiété de performance : cette peur de ne pas être à la hauteur, de ne pas pouvoir y arriver, surtout dans les situations où l'on a déjà été peu performants, qui entre dans un cercle des plus vicieux, puisqu'elle est due en grande partie à ce que l'anxiété elle-même fait baisser les performances (Eysenck, 1992).

Dans le milieu scolaire, l'anxiété de performance est, bien entendu, principalement liée aux apprentissages, comme c'est le cas pour l'adulte, mais aussi à la situation d'examen qui, à elle seule, est une source d'anxiété particulière. Si l'on reprend la synthèse de Reuchlin (1991), l'anxiété générée par les situations d'examens connaît plusieurs raisons : une inquiétude centrée sur le sujet lui-même, sur ses interrogations à propos de la note qu'il va avoir, sur les notes que vont avoir ses camarades, au jugement qui sera alors porté sur lui par ses enseignants et par ses parents. Ces inquiétudes sont présentes durant l'examen lui-même et détournent l'attention, ce qui réduit la performance. Sarason (1975) fait de plus remarquer que ces inquiétudes, cette anxiété de l'examen est aussi accompagnée de symptômes physiques : sudation, tremblement, accélération cardiaque, tension musculaire, etc. Ajoutons à cela, comme le fait Reuchlin (1991) que des études comme celle de Culler et Holahan (1980) montrent que cette anxiété de l'examen est aussi corrélée avec la préparation dudit examen qui serait moins efficace chez les élèves anxieux, ce qui les rendraient d'ailleurs plus anxieux lors de l'épreuve et entraînerait pour eux de moins bonnes performances. Toutefois, cette explication ne serait valable qu'en fonction de l'âge de l'élève car, on explique souvent les réussites meilleurs des individus anxieux dans les études supérieures par une meilleure préparation.

Si l'on reprend les résultats de Calvo (1985), on se rend compte que cette anxiété de performance est réellement due aux interprétations que les sujets font de la tâche à réaliser. Dans son expérience, pour une même épreuve de raisonnement, sujets anxieux et non-anxieux obtenaient des résultats équivalents lorsque la tâche ne comprenait ni récompense, ni punition, par contre, lorsqu'était introduite une récompense pour la réalisation de la tâche, les sujets anxieux avaient de moins bons résultats et évaluaient la tâche comme plus difficile, comme générant plus d'anxiété.

Que penser alors du système scolaire pratiqué en France, dans lequel récompenses et punitions sont capitales par le fait même de la notation, mais aussi par le fait des redoublements (même si ces redoublements n'ont plus le même poids depuis plusieurs années). Peut-être faudrait-il envisager un système comme celui du Danemark dans lequel les élèves ne sont pas notés au sens strict durant leurs huit premières années de scolarité et ne peuvent pas redoubler durant leurs neuf premières années. Le feed-back nécessaire de ce système est un compte rendu régulier des progrès réalisés par l'élève, adressé à l'élève lui-même et à ses parents. Cette politique scolaire n'exclut pas, bien entendu, les possibilités qu'a un élève particulier de se situer par rapport aux autres, puisqu'il est même recommandé que les meilleurs aident les moins bons. De la même façon dans la méthode Freinet (1943/1994), connue en France, l'élève connaît une évaluation principale par rapport à lui même qui lui permet de mesurer ses progrès, mais fait face aussi à la réalité en se situant par rapport aux autres, c'est-à-dire en ayant connaissance des exigences scolaires correspondant à son groupe d'âge. On peut croire que par ces deux méthodes, Française et Danoise, on renforce essentiellement les côtés positifs dans l'évaluation, ce qui aurait comme effet de réduire le stress et l'anxiété. Malheureusement, il n'existe, à notre connaissance, aucune étude objective permettant de mesurer l'influence des deux systèmes sur l'anxiété et le stress.

Mais, maintes fois, nous l'avons précisé, l'anxiété de performance, comme l'anxiété en général, n'affaiblit pas obligatoirement les performances d'un élève. En fait, selon Galassi et al. (1981), en rapport avec ses propres évaluations des tâches et des situations, si une personne anxieuse est convaincue que la tâche qui l'occupe est réalisable, l'anxiété est un "plus" qui permet un effort supplémentaire, et n'entraîne que peu de perturbation des tâches concurrentes ; par contre si cette même personne ne se sent pas capable de réaliser la tâche, que cela soit dû à l'auto-évaluation qu'elle fait de ses capacités ou à des caractéristiques de la tâche comme le temps, elle va se désinvestir et souvent se retirer de l'entreprise.

Pour expliquer ce phénomène, Sarason (1975) suppose que les personnes anxieuses ont des mécanismes automatiques de pensées centrées sur soi qui se mettent en route ("je vais échouer") qui entrent en interférence avec les autres pensées centrées sur la tâche, ce qui en fin de compte, réduit la performance. En ce sens, et comme nous l'avons déjà précisé, Eysenck et Calvo (1992) proposent que les préoccupations anxieuses interfèrent avec l'attention portée à la tâche ce qui réduit les ressources cognitives nécessaires aux activités de traitement de la tâche, ce qui diminue la performance.

Attitudes Pratiques

La liste d'exemples concernant les effets du stress et de l'anxiété chez les enfants dans le domaine scolaire pourrait être encore bien allongée et ne ferait que renforcer l'idée d'effets assez handicapants, bien que parfois bénéfiques.

Mais de toutes ces études, et de bien d'autres concernant le stress dans le monde de l'entreprise, la gestion de l'anxiété par des méthodes thérapeutiques, il semble plus intéressant de dégager quelques attitudes pratiques qu'un enseignant pourrait adopter pour réduire, les effets du stress et de l'anxiété sur ses élèves. Il suffit parfois juste de bon sens pour comprendre qu'un comportement qui pour un adulte paraît anodin, peut être anxiogène, stressant, pour un enfant, comme maintes fois, nous en avons donner des exemples jusque maintenant.

Réduire les causes de stress et d'anxiété chez les élèves d'une classe a bien sûr pour but de leur rendre la vie plus agréable, d'éviter des problèmes d'apprentissages que ces émotions peuvent engendrer, mais le but en est aussi, même si ce problème n'a pas été traité dans ce chapitre, de rendre la vie de l'enseignant plus agréable. Il est en effet concevable, dans un cercle vicieux, qu'un fonctionnement stressé des élèves rendra l'enseignant à son tour stressé, ce qui entraînera de sa part des comportements stressants pour ses élèves, etc. Au même titre que des élèves non stressés permettront sans doute, en retour, de réduire le stress des enseignants.

Connaître ses élèves

Connaître ses élèves permet de ne pas faire d'erreur d'interprétation de leurs comportements : comme il en a été question, il s'agit de ne pas s'obstiner à croire qu'un tel est agressif alors qu'il pose sans cesse des questions par le seul besoin d'être rassuré, de croire qu'un autre n'apprend jamais ses leçons alors que s'il ne veut pas être interrogé à l'oral et préfère se faire disputer, et avoir une mauvaise note plutôt que de parler devant ses camarades, c'est qu'il souffre d'une timidité exacerbée, etc.

Ce n'est pas, bien sûr, le rôle de l'enseignant que de déterminer des profils psychologiques de ses élèves, surtout que n'ayant pas la formation adéquate il risquerait de faire d'autres erreurs. Mais, une action coordonnée avec des psychologues scolaires permettrait rapidement de savoir, quel élève est anxieux, stressé, et handicapé par ses émotions. Ou plutôt, pour éviter les "étiquettes", de savoir que tel ou tel comportement est signe d'anxiété ou de stress.

Il existe pour cela de nombreux tests psychologiques mesurant chez les enfants, l'agressivité, l'anxiété, la timidité, etc. (voir George et Vera, 1999 pour une synthèse), et ces tests sont rapides à passer, n'entraînent aucun jugement de valeur sur l'élève, sur son éducation ou son histoire. Par des tests permettant une analyse des peurs (Rusinek et al., 1998; Vera, 1996) on pourra essayer de comprendre dans une classe particulière les problèmes émotionnels qui se posent, en s'apercevant d'ailleurs que les peurs dans leur évolution avec l'âge sont dépendantes de bien des variables scolaires (Rusinek et al., 1998).

Comparant sa propre classe à celle des autres, un enseignant pourra savoir si ses propres attitudes sont, ou non, génératrices d'anxiété et de stress, alors, il ne passera peut-être plus dans les rangs durant un contrôle, pour vérifier par dessus leurs épaules, si les élèves répondent bien à ses questions ; il n'attendra plus trois minutes silencieuses avant de décider qui sera interrogé à l'oral ce matin juste pour repérer l'élève qui se cache, qui détourne les yeux, persuadé que celui-ci n'a pas appris.

Mais connaître ses élèves, ce peut être aussi, et tout simplement, faire un effort d'écoute, de discussion, de compréhension que l'instituteur prototypique du début du siècle ne faisait peut-être pas.

Identifier les Stresseurs

C'est le maître mot de la gestion du stress lorsque l'on dépasse le niveau individuel.

Dans le monde scolaire, dans une classe, nombre de stresseurs existent, aussi bien pour les élèves que pour leurs enseignants, avec souvent le fait même que chacun des acteurs est un stresseur pour l'autre. Parmi ces stresseurs, beaucoup sont identifiables, et sur ceux-là, bien souvent, l'action est très simple. Par exemple, bien que cela paraisse naïf, la voix d'un enseignant peut être stressante, il peut parler trop fort ou pas assez, alors un simple entraînement, ou juste une prise de conscience permet de réduire cette source de stress.

L'étude de ces stresseurs a surtout intéressé la psychologie du travail, car le monde de l'entreprise est d'une part porteur d'enjeux financiers, et d'autre part un univers où les stresseurs pullulent. Des centaines d'études sur le stress se sont donc focalisées sur ses causes et sa gestion dans le monde du travail, mais qu'est l'environnement scolaire si ce n'est un monde de travail. Alors, nous pouvons reprendre, succinctement, quelques données de l'entreprise et les appliquer à l'école.

Il est toujours très difficile de différencier les facteurs physiques, des facteurs psychosociaux, et des facteurs organisationnels, mais les agents stressants peuvent être regroupés en quatre grandes catégories de sources potentielles de stress fréquemment rencontrées à travers la littérature (Aubert et Pagès, 1989; Floru et Cnockaert, 1991) : le contenu de la tâche, les conditions de travail, l'organisation du travail, la carrière professionnelle, qui sera ici et pour nous, l'avenir de l'élève, à court ou long terme.

Le contenu de la tâche concerne surtout pour les élèves la charge de travail, qu'elle soit physique ou mentale, que l'on peut déterminer en fonction du rythme, de la durée, de la complexité de la tâche, du nombre de signaux à prendre en compte, ainsi que par le degré d'autonomie de l'élève. Pour résumer les études à ce sujet (Floru et Cnockaert, 1991; French et Caplan, 1973), disons que la surcharge de travail est stressante, tout simplement à cause de la définition même du stress : l'élève se sent excédé par des tâches qui dépassent ses capacités de travail. Mais la souscharge l'est tout autant, on dira alors qu'il y a sous-sollicitation, ce qui entraîne un certain ennui, une monotonie. Les tâches de l'élève ne devraient donc ni excéder ses capacités, ni être trop en deçà, et surtout, ne devrait pas l'entraîner dans la monotonie qui est cause de relâchement important de l'attention.

Nous pouvons aussi évoquer le manque de contrôle et d'autonomie (Ganster, 1988, cité par Floru et Cnockaert, 1991), comme nous l'avons déjà fait. Le besoin de contrôle de chacun est un facteur essentiel dans la gestion du stress. Des études dans des établissements scolaires autogérés renforceraient sans aucun doute cette affirmation au niveau de l'école. Il est facile d'imaginer que l'élève puisse avoir un certain pouvoir de décision quant à l'organisation des cours, de leur contenu, etc. Il existe d'ailleurs dans la méthode Freinet (1943/1994), la mise en place du plan de travail individuel pour la semaine, géré par l'élève lui-même, en entente sur son contenu avec l'enseignant, qui relève tout à fait de l'augmentation de l'auto-contrôle (qui réduit le stress). Dans ce cas (Hautekèete-Sence, 1998) l'élève va apprendre à auto-évaluer ses compétences, à prévoir et à programmer les apprentissages qu'il envisage. L'accord de l'enseignant sur ses propositions le sécurise dans ses attentes de réussite et le bilan de fin de semaine conforte sa confiance dans ses capacités de gestion et de contrôle de ses activités scolaires. Ceci relève tout à fait de l'augmentation de contrôle réductrice de stress, même si le but premier est en fait d'obtenir un niveau maximal de connaissances par un travail individuel motivé. En définitive, obtenir un niveau maximal de connaissances devrait donc être possible sans augmentation d'anxiété et du stress de l'élève.

Parfois, des comportements très simples de l'enseignant peuvent aussi aller dans ce sens. Pour prendre un exemple, même simpliste, imaginons qu'un élève, énervé, perturbe la classe. Il y a des réactions d'enseignants qui sans être plus ou moins bonnes pour le maintien de la discipline, sont en tout cas génératrices de plus ou moins de stress, et laissent aux élèves plus ou moins de contrôle sur leurs conditions de travail. Ainsi, l'enseignant se mettant en colère et criant se stressera et stressera ses élèves, leur montrera qu'il est et reste le chef et qu'ils n'ont qu'à obéir, toutefois pour un moment il aura le calme. Un autre enseignant tentant le raisonnement avec le perturbateur risquera de s'engager dans des discussions houleuses avec ses élèves. Les dialogues dans ces conditions étant souvent des dialogues de sourds car les références de chacun sont différentes, le sentiment de noncontrôle sera ici partagé par tous, tout autant que le stress. Par contre, l'enseignant qui demandera à l'élève de s'isoler au fond de la classe pour un moment, et de revenir participer au cours de son plein gré, une fois calmé, une fois qu'il jugera de lui-même qu'il peut reprendre part à l'activité collective, ne ressentira pas lui-même les manifestations physiologiques proches du stress, responsabilisera son élève, et donnera à sa classe entière une part de contrôle de son environnement. Cet enseignant, sans même le savoir, utilisera une forme adaptée du "time out", issu des méthodes comportementales de l'éducation et repris, par exemple, en thérapie de groupe pour enfants (George et Vera, 1999). Il va sans dire que bien des élèves énervés ne peuvent se calmer de la sorte ou trouveront la nouvelle situation plus agréable et alors ne voudront plus revenir participer à la classe. Il y a toujours des élèves qui n'en ont que faire de l'école et de ce qu'elle peut leur apporter, mais pour ceux-là, nous n'avons pas de solutions pratiques à apporter, si ce n'est de trouver un moyen de les remotiver. Mais un enseignant connaît ses élèves et peut de lui-même savoir comment il faut réagir.

Enfin, dans le contenu de la tâche, nous retiendrons enfin que pour des élèves, l'absence de signification couplée au manque de feed-back est des plus stressantes. Il ne s'agit pas ici d'un manque de signification des études en général, mais bien des contenu des cours. Combien de lycéens ont pu se demander à quoi pouvaient bien servir une dérivée ou une primitive dans la vie quotidienne, alors qu'il aurait suffi de les faire travailler sur une carte nautique pour qu'ils en comprennent un peu le sens. Les baignoires qui se remplissent, les trains qui se croisent et les skieurs qui pèsent 75 kilos sur des pistes neigeuses à 10% sont des exemples concrets, sans doute éculés, mais adaptables avec un peu d'imagination.

Les conditions de travail stressantes pour les élèves relèvent aussi des ambiances physiques : de nombreuses études ont montré les conséquences néfastes sur l'individu d'un bruit intense, d'une lumière éblouissante, d'une température excessive, etc. (Moser, 1992; Glass et Singer, 1972). Il s'agit aussi de la posture de l'élève devant son bureau, du poids excessif de son cartable, du surpeuplement des classes, de l'éloignement de l'école et de la maison, des contraintes temporelles du travail de l'élève (voir le chapitre de Claire Leconte-Lambert), etc.

L'enseignant n'a malheureusement que très peu de pouvoir sur ces facteurs de stress, mais il en a tout de même : il lui est toujours possible de discuter l'achat de matériel, il peut aussi réfléchir, avec l'aide de ses élèves, à l'organisation spatiale de sa classe, à sa décoration, etc.

Les facteurs de stress liés à l'organisation du travail concerneront pour les élèves le fonctionnement général de la classe. On pourra privilégier la collaboration, car l'isolement est stressant - même si encore une fois cette remarque est dépendante de l'individu, du moment et de l'activité. On pourra impliquer l'élève dans les décisions de la classe et de l'école. Une habitude de communication ouverte de la part des enseignants et de la direction des établissements empêchera des rumeurs stressantes, car sources d'incertitude, de se répandre. Le leitmotiv serait en fait de faciliter les relations entre tous les acteurs de l'environnement scolaire, d'éviter toute méfiance... Mais cela reste utopique.

Enfin, les facteurs de stress concernant l'avenir de l'élève sont des plus communs pour notre époque, et malheureusement l'enseignant n'y peut rien. Pour ce qui est du long terme, chaque élève s'entend rabâcher que les études ne mènent plus à grand-chose et en même temps que le baccalauréat est une étape nécessaire pour la vie professionnelle. Pour ce qui est du court terme, l'élève n'a pas réellement d'emprise, si ce n'est un surcroît de travail, sur son redoublement ou son passage en classe supérieure, et pourtant il se doute dès les premiers mois de l'année de ce que sera son proche avenir, avec toutes les conséquences que cela entraîne.

Conclusion

Même si l'anxiété et le stress sont des variables parmi tant d'autres dans le domaine scolaire, une prise en compte de leurs effets ne peut être qu'un plus pour l'élève. Il n'y a malheureusement pas de solution miracle pour lutter contre eux, surtout au niveau collectif, car quelle que soit l'émotion, elle est avant tout un ressenti individuel qui dépend de caractéristiques intrinsèques. Toutefois, il existe des manières de réduire le stress et l'anxiété générés par l'univers scolaire, qui dépendent bien souvent d'un effort de prise de conscience et d'imagination de la part des enseignants et de leur institution.

BIBLIOGRAPHIE

American Psychiatric Association (1994). Diagnostic and Statistical Manual of Mental Disorders, 4th Edition (DSM-IV). Washington: American Psychiatric Association.

André, C. & Sauteraud, A. (1996). Les thérapies comportementales et cognitives des troubles anxieux. Journal de Thérapie Comportementale et Cognitive, 6(4), 109-115.

Aubert, N. & Pagès, M. (1989). Le Stress Professionnel. Paris: Editions Klincksieck

Beck, A. T. & Emery, G. (1985). Anxiety Disorders and Phobias: A Cognitive Perspective. New-York: BasicBooks/HarperCollins Publishers.

Beck, A. T. & Freeman, A. (1990). Cognitive therapy of personality disorders. New-York: The Guilford Press.

Berg, I. (1993). Aspects of school phobia. In, C. G. Last (Ed.), Anxiety Across the Lifespan: A Developmental Perspective (pp. 78-93). New-York: Springer.

Billings, A. G. & Moos, P. H. (1982). Stressful life events and symptoms. A longitudinal model. Health Psychology, 1, 99-118.

Bower, G. H. & Cohen, P. R. (1982). Emotional influences in memory and thinking: Data and theory. In, M. S. Clark & S. T. Fiske (Eds.), Affect and Cognition (pp. 291-331). Hillsdale: Lawrence Erlbaum Associates.

Bower, G. H. (1981). Mood and memory. American Psychologist, 36, 129-148.

Bower, G. H. (1987). Commentary on mood and memory. Behaviour Reasearch and Therapy, 25, 443-456.

Calvo, M. G. (1985). Effort, aversive representations and performance in test anxiety. Personality and individual Differences, 6, 563-571.

Carver, C. S. et Scheier, M. F. (1988). A control process perspective on anxiety. Anxiety Research, 1, 17-22.

Cattell, R. B. & Scheier, I. H. (1961). The meaning and Measurement of Neuroticism and Anxiety. New-York: Ronald Press.

Chignon, J.-M. & Lépine, J.-P. (1997). Epidémiologie des troubles anxieux et névrotiques. In, F. Rouillon, J.-P. Lépine & J.-L. Terra (Eds), Epidémiologie Psychiatrique (pp.147-170). Saint-Quentin: Pharmacia & Upjohn.

Cottraux, J. (1989). Obsessions et Compulsions. Paris: PUF.

Darwin, C. (1874). L'expression des Emotions chez l'Homme et chez les Animaux. Paris: Costes.

Demangeon, M. (1966). Etude de l'anxiété en milieu scolaire chez des enfants de 10 à 12 ans. BINOP, 22, 89-127.

Demangeon, M. (1971). Une recherche sur l'anxiété par la comparaison de groupes appariés. Binop, 27, 153-227.

Demangeon, M. (1973). Etude différentielle de l'anxiété. L'Orientation Scolaire et Professionnelle, 2, 363-383.

Dorner, D. (1986). Intention memory and intention regulation. In, F. Klix & H. Hagendorf (Eds), Human Memory and Cognitive Capabilities Mechanisms and Performance. Elsevier : Science Publishers.

Dubois, N. (1987). La Psychologie du Contrôle: Les Croyances Internes et Externes. Grenoble: P.U.G.

Eysenck, M. W. & Byrne, A. (1994). Implicit memory bias, explicit memory bias, and anxiety. Cognition and Emotion, 8(5), 415-431.

Eysenck, M. W. & Calvo, M. G. (1992). Anxiety and performance: The processing efficiency theory. Cognition and Emotion, 6(6), 409-434.

Eysenck, M. W. (1992). Anxiety: The Cognitive Perspective. Hove: Lawrence Erlbaum Associates.

Floru, R. & Cnockaert, J.-C. (1991). Introduction à la Psychologie du Travail. Nancy: PUN.

Freinet, C. (1943/1994). Oeuvres Pédagogiques Tome I et II. M. Freinet Editeur, Paris: Seuil.

French, J. R. P. & Caplan, R. D. (1973). Organisational stress and individual strain. In, Marrow (Ed.), The Failure of Success (pp. 30-66). New-York: Amacon.

Galassi, J. P., Frierson, H. T. & Sharer, R. (1981). Behavior of hight, moderate and low test anxious students during an actual test situation. Journal of Consulting and Clinical Psychology, 49, 51-62.

George, G. & Vera, L. (1999). La Timidité chez l'Enfant et l'Adolescent. Paris: Dunod.

Glass, D. C. & Singer, J. E. (1972). Urban Stress: Experiments on Noise and Social Stressors. New-York: Academic Press.

Grant, K. E. & Compas, B. E. (1995). Stress and anxious-depressed symptoms among adolescents: Searching for mechanisms of risk. Journal of Consulting and Clinical Psychology, 63(6), 1015-1021.

Hautekèete, M., Carlier, P. & Dufour, C. (1988). Effets cognitifs et physiologiques de l'anxiété-trait et de l'anxiété causée par des stimuli externes. Actualités Psychiatriques, 4, 74-78.

Hautekèete-Sence, D. (1990). L'Agressivité Scolaire. Une Solution : L'Acquisition de Comportements Assertifs. Colloque « Carnot », Lille.

Hautekèete-Sence, D. (1998). "Cours de Psychologie de l'éducation" Communication personnelle.

Headley-Bourgeois, A., Neirynck, C., Hautekèete, M. & Hautekèete-Sence, D. (1998). La « Matophobie » : Un Type d'Anxiété Particulier ? Congrès de la Société Française de Psychologie, Nantes.

Howe, M. L., Courage, M. L. & Peterson, C. (1994). How can i remember when « I » wasn't there: Long-term retention of traumatic experiences and emergence of the cognitive self. Consciousness and Cognition, 3, 327-355.

Hughes, C. F., Uhlmann, C. & Pennebaker, J. W. (1994). The body's response to processing emotional trauma: Linking verbal text with autonomic activity. Journal of Personality, 62(4), 565-585.

Hyman, Jr., I. E. & Pentland, J. (1996). The role of mental imagery in the creation of false childhood memories. Journal of Memory and Language, 35, 101-117.

Isen, A. M., Means, B., Patrick, R., & Nowicki, G. (1982). Some factors influencing decision-making strategy and risk taking. In, M. S. Clark & S. T. Fiske (Eds.), Affect and Cognition. Hillsdale: Erlbaum.

Isen, A. M., Shalker, T. E., Clark, M. & Carp, L. (1978). Accessibility of material in memory and behavior: A cognitive loop. Journal of Personnality and Social Psychology, 36, 1-12.

Jalenques, I., Lachal, C. & Coudert, A.-J. (1991). L'Enfant Anxieux. Paris: PUF.

Kearney, C. A., Eisen, A. R. & Silverman, W. K. (1995). The legend and myth of school phobia. School Psychology Quaterly, 10(1), 65-85.

Kuhl, J. (1985). Volitional mediators of cognition-behavior consistency : Self regulatory processes and action versus state oritation. In, J. Kuhl & J. Beckman (Eds), Action Control. Berlin : Springer.

Lazarus, R. S. & Folkman, S. (1984). Stress, Appraisal and Coping. New-York: Springer.

Lazarus, R. S. & Folkman, S. (1987). Transactional theory and research on emotions and coping. European Journal of Personality, 1, 141-169.

Lazarus, R. S. & Smith, C. A. (1988). Knowledge and appraisal in the cognition-emotion relationship. Cognition and Emotion, 2(4), 281-300.

Lazarus, R. S. (1966). Psychological Stress and the Coping Process. New-York: Mc Graw-Hill.

Lazarus, R. S. (1991). Emotion and adaptation. Oxford: Oxford University Press.

Leveau, J. & Vera, L. (1993). Thérapies comportementales et cognitives chez l'enfant. Psychologie Française, 38(3/4), 265-272.

Markus, H. (1977). Self-schemata and processing information about the self. Journal of Personnality and Social Psychology, 35, 63-78.

Mathews, A. & MacLeod, C. (1987). An information-processing approach to anxiety. Journal of Cognitive Psychotherapie, 1(2), 105-115.

McFarlane, A.C. (1987). Post-traumatic phenomena in a longitudinal study of children following a natural disaster. Journal American Academy of Children and Adolescent Psychiatry, 26, 764-769.

Messer, S. C. & Beidel, D. (1994). Psychosocial correlates of childhood anxiety disorders. Journal of American Academy of Child and Adolescents Psychiatry, 33(7), 975-983.

Mineka, S. (1985). Animal models of anxiety-based disorders: Their usefulness and limitations. In, A. Tuma & J. Maser (Eds), Anxiety and Anxiety Disorders (pp. 199-244). Hillsdale: Erlbaum.

Monteil, J. M. (1993). Soi et le Contexte. Paris: Armand Colin.

Moser, G. (1992). Les Stress Urbains. Paris: Armand Colin.

Mowrer, O. H. (1960). Learning Theory and Behavior. New-York: Wiley.

Neirynck, C ., Headley-Bourgeois, A., Hautekèete-Sence, D. & Hautekèete, M. (1998). Anxiété et Stratégies d'Apprentissages. Congrès de la Société Française de Psychologie, Nantes.

Olah, A., Torestad, B. & Magnusson, D. (1984). Coping behaviours in relation to frequency and intensity of anxiety provoking situations. Reports of the Departement of Psychology, 629, University of Stocholm.

Ollendick, D. G. & Hoffman, M. (1982). Assessment of psychological reactions in disaster victims. Journal of Community Psychology, 10, 157-167.

Ollendick, T. (1983). Reliability and validity of the revised fear survey schedule for children. Behaviour Research and Therapy, 21, 685-692.

Parks, E. D. & Balon, R. (1995). Autobiographical memory for childhood avents: Patterns of recall in psychiatric patients with a history of alleged trauma. Psychiatry, 58, 199-208.

Phelps, S. B. & Jarvis, P. A. (1994). Coping in adolescence: Empirical evidence for a theoretically based approach to assessing coping. Journal of Youth and Adolescence, 23(3), 359-371.

Plancherel, B. & Bolognini, D. (1995). Coping and mental health in aerly adolescence. Journal of Adolescence, 18, 459-474.

Reuchlin, M. (1991). Les Différences Individuelles à l'Ecole: Aperçu et Réflexions sur quelques Recherches Psychologiques. Paris: P.U.F.

Richard, J. F. (1990). Les Activités Mentales : Comprendre, Raisonner, Trouver des Solutions. Paris : Armand Colin.

Ritvo, L. B. (1992). L'Ascendant de Darwin sur Freud. Paris: Editions Gallimard.

Rodriguez, H. & Zlotowicz, M. (1972). Peurs et angoisse dans l'enfance et à l'adolescence. Enfance, numéro spécial, 161-319.

Rose, M. P., McGlynn, F. D. & Lazarte, A. (1995). Control and attention influence snake phobics' arousal and fear during laboratory confrontations with a caged snake. Journal of Anxiety Disorders, 9(4), 293-302.

Rusinek, S., Hautekèete-Sence, D. & Hautekèete, M. (1998). L'évolution des peurs à travers l'enfance à partir de l'échelle de peurs pour enfants. Journal de Thérapie Comportementale et Cognitive, 8(1), 1-9.

Rusinek, S., Petit, F. & Graziani, P. (1999). Phobies des enfants et des adolescents: Le point de vue des Thérapies Cognitives et Comportementales. Cahiers du C.M.P.P., 3, 39-67.

Rusinek, S., Servant, D., Graziani, P. & Hautekèete, M. (1999). Existe-t-il un biais d'interprétation des événements d'enfance chez les patients adultes anxieux? L'Encéphale, 25, 358-363.

Rusted, J. & Dighton, K. (1991). Selective processing of threat-related material by spider phobics in a prose recall task. Cognition and Emotion, 5(2), 123-132.

Seligman, M. E. P. (1971). Phobias and preparedness. Behavior Therapy, 2, 307-320

Sellal, F. & Danion, J. M. (1995). Les biais de mémoire dans l'anxiété. Confrontations Psychiatriques, 36, 211-230.

Simon, H. A. (1967). Motivational and emotional controls of cognition. Psychological Review, 74, 29-39.

Spielberger, C. D. (1966). Anxiety and behavior. New-York: Academic Press.

Spielberger, C. D. (1972). Conceptual and methodological issues in anxiety research. In, C. D. Spielberger (Ed.), Anxiety: Current Trends in Theory and Research (Vol. II) (pp. 481-493). New-York: Academic Press.

Thompson, C. D., Skowronski, J. J., Larsen, S. F. & Betz, A. (1996). Autobiographical Memory: Remembering What and Remembering When. Mahwah: Lawrence Erlbaum Associates.

Thorne, A. (1995). Developmental truths in memories of childhood and adolescence. Journal of Personality, 63(2), 139-163.

Thorpe, S. J. & Salkovskis, P. M. (1995). Phobic beliefs: do cognitive factors play a role in specific phobias. Behaviour Research and Therapy, 33(7), 805-816.

Vasey, M. W. (1993). Development and cognition in childhood anxiety: The example of worry. Advances in Clinical Child Psychology, 15, 1-39.
Vasey, M. W., Crnic, K. A. & Carter, W. G. (1994). Worry in childhood: A developmental perspective. Cognitive Therapy and Research, 18(6), 529-549.
Vera, L. (1993). Trouble obsessionnel-compulsif: approche cognitivo-comportementale. Psychologie Française, 38(3/4), 217-222.
Vera, L. (1996). Echelle comportementale d'anxiété phobique (ECPA): Construction, validation et intérêt en clinique enfant-adolescents. Neuropsychiatrie Enfance Adolescence, 44, 429-438.
Vila, G., Porche, L.-M & Mouren-Siméoni, M.-C. (1999). L'Enfant Victime d'Agression. Paris: Masson
Wolf, F. S., Almy, T. P., Bacharach, W. H., Spiro, H. M., Sturdevant, R. A., & Weiner, H. (1979). The role of stress in peptic ulcer disease. Journal of Human Stress, 5, 27-37.
Wolff, H. G. (1953). Stress and Disease. Springfield: Thomas.
Wolpe, J. (1958). Psychotherapy by Reciprocal Inhibition. Stanford: Stanford University Press.

TABLE DES MATIERES

Le Management des écoles et le psychologue scolaire

Psychologie des organisations, analyse psychosociale du contexte et psychologie scolaire

L'activité de travail des enseignants : exemples d'apports de l'ergonomie à la conception des situations de travail scolaire

Chronopsychologie et éducation : des temps de l'école aux expériences d'aménagement des temps scolaires

L'anxiété et le stress des élèves. Approche théorique et pratique de leurs conséquences

---

Dumas-Titoulet Imprimeurs - 42100 Saint-Etienne

Dépôt légal : juin 2001 - Imprimeur n° 36438